Rainer Budde, Elke Seul (Hg.)

Es hat mich niemand gefragt …

Rainer Budde, Elke Seul (Hg.)

Es hat mich niemand gefragt ...

Erinnerungen an Krieg und Neubeginn

Aschendorff Münster

Herausgeber und Verlag haben sich bemüht, die Inhaber aller Bildrechte zu
ermitteln. Sollten dennoch Inhaber von Bildrechten nicht berücksichtigt
worden sein, mögen sich diese mit dem Verlag in Verbindung setzen.

© 2002 Aschendorffsche Verlagsbuchhandlung GmbH & Co., Münster

Das Werk ist urheberrechtlich geschützt. Die dadurch begründeten Rechte,
insbesondere die der Übersetzung, des Nachdrucks, der Entnahme von Abbildungen,
der Funksendung, die Wiedergabe auf fotomechanischem oder ähnlichem Wege
und der Speicherung in Datenverarbeitungsanlagen bleiben, auch bei nur auszugsweiser
Verwertung, vorbehalten. Die Vergütungsansprüche gemäß § 54 Abs. 2 UrhG werden
durch die Verwertungsgesellschaft Wort wahrgenommen.

Satz: Rhema – Tim Doherty, Münster
Lithographie und Herstellung: Aschendorffsche Verlagsbuchhandlung GmbH & Co., Münster, 2002

Gedruckt auf säurefreiem, alterungsbeständigen Papier ∞

ISBN 3-402-05460-4

Inhalt

Was wir noch sagen wollten …
7

Franz Große
Das Ausmaß des Leidens ist nicht vermittelbar
9

Hermann Twenhöven
Der General mit den zwei Aktentaschen
27

Lothar Ester
… und ich will es nicht vergessen
37

Erich Bomke
Es hat mich niemand gefragt …
67

Günther Drescher
Mit 18 Jahren hinter russischem Stacheldraht
77

Kurt Bomke
Einsam, machtlos und wütend
149

Heinz Dulisch
Flucht aus Ostpreußen
155

Johannes Tovar
… nur sagen durfte niemand etwas
167

Klaus Meyer
Ein Regime sitzt am längeren Hebel
171

Die Autoren
187

Was wir noch sagen wollten ...

Drei Generationen sind seit Ende des Zweiten Weltkrieges ins Leben getreten. Seine Brutalität wiederholt sich seitdem weltweit. Zögernd, doch unüberhörbar, findet die missbrauchte Generation des so genannten „Dritten Reiches" ihre Sprache wieder. Sie hat geschwiegen, weil sie sich für Folter und Mord an Millionen unschuldiger Menschen zwar nicht mitschuldig, aber mitverantwortlich gefühlt hat. Die Generation der Großeltern hat deshalb den Missbrauch ihres Idealismus, ihrer Kindheit und Jugend verdrängt.

Die heutige Generation wird sich immer stärker bewusst, dass einseitige Geschichtsdarstellung, Verdrängen und Verschweigen von menschlichen Einzelschicksalen verhindern, aus der Geschichte – vor allem aus der eigenen – zu lernen. Geschichte wiederholt sich nicht, hat aber immer wieder neue Bezüge zur Gegenwart.

Es ist daher eine wichtige Aufgabe für alle Menschen, die die Jahre zwischen 1933 und 1945 und der schweren Zeit danach erlebt haben, ihr eigenes Schicksal festzuhalten, aufzuarbeiten und die Erfahrungen an nachfolgende Generationen weiterzugeben. Nur so und nicht anders entwickelt sich in jungen Menschen die Erkenntnis: Wenn die friedvolle Zeit, die Europa seit 1945 beschert worden ist, auf festen Fundamenten fortbestehen soll, dann muss jeder aktiv und bewusst dazu beitragen. Jeder muss auf seine Art Bausteine für dauerhaften Frieden formen.

Der Rotary Club Warendorf hat sich dieser Aufgabe gestellt und seine älteren Mitglieder gebeten, ihr Lebensschicksal zwischen 1933 und 1945 in Vorträgen darzustellen. Das Aufarbeiten der für den Einzelnen dramatischen Ereignisse ist keinem der Autoren leicht gefallen. Fast alle haben berichtet, dass dieses Hervorholen aus den Tiefen des verdrängten Bewusstseins schwere Stunden und Albträume verursacht hat. Daraus ist eine beeindruckende Dokumentation der Geschichte einer missbrauchten Generation entstanden. Der Präsident des Rotary Clubs Warendorf, Rainer Budde, war der Initiator, diese Schicksale in Form eines Buches unter der redaktionellen Leitung von Elke Seul festzuhalten. Mitglieder des Rotary Clubs Beckum haben bereitwillig die Initiative mit Beiträgen aus eigenem Erleben unterstützt.

So ist dieses Buch entstanden, das weder Schuldfragen klären, noch Verantwortungen abschieben will. Es will lediglich eines mit größter Intensität vermitteln: Krieg und Diktaturen sind das Schlimmste, was Menschen treffen kann. Friede, Freiheit, Gerechtigkeit und vor allem soziale Gerechtigkeit,

Vermittlung zeitloser Wertvorstellungen, die einem unseligen Zeitgeist widerstehen, sind Maßstäbe für das Zusammenleben aller Menschen.

Rainer Budde Warendorf, im April 2002
Elke Seul

Franz Große

Das Ausmaß des Leidens ist nicht vermittelbar

Mai 2000. Weltweit berichten die Medien über das Ende des Zweiten Weltkrieges vor 55 Jahren. Gedenkstunden, nachdenkliches Besinnen, Schuldzuweisungen, Schuldgefühle, Wiedergutmachungsforderungen, Verdrängungen, Rechtfertigungen, Vergessen wollen, Schweigen:

Der Zweite Weltkrieg hinterließ ein Erbe, das die Welt so gründlich veränderte.

Auch die eigene Erinnerung an diese Zeit, oft verdrängt, aber noch irgendwie präsent, bricht immer wieder durch, verbunden mit den Gedanken und der Angst, Ähnliches könne sich wiederholen. Der erträumte Friede in dieser Welt nach dem Zweiten Weltkrieg war doch nur ein Traum, wie es die Nachkriegszeit bewies.

Frieden ist selbst in kleinen Kreisen leicht zerbrechlich und nicht etwas Selbstverständliches. Soziale Schieflagen, Armut, Gleichgültigkeit mit zeitgeprägten Wertvorstellungen und mangelnde Kritikfähigkeit geben Räume frei, die Gefahren für demokratische Grundordnungen werden. Und was das bedeutet, hat meine Generation bitter und leidvoll erfahren müssen.

Eigentlich wollte ich wie viele meiner Geburtsjahrgänge (1922 ± x Jahre) den Krieg vergessen.

Gleich nach dem Waffenstillstand war das Sprechen über das Erlebte dieses furchtbaren Krieges mit all seinen Grausamkeiten ein Austausch von Schicksalen unter Betroffenen, weil die Sprache eine gemeinsame Erlebnissprache dieser Zeit war.

Fast jeder aus meinem Jahrgang gehörte irgendwie mit dazu: Hitlerjugend, Kriegsdienst, Gefangenschaft, Bombenterror, grausame Vertreibungen mit tausendfachen Morden an Frauen und Kindern, unvorstellbares Leiden in den Konzentrationslagern, erst unter Hitler und dann nach dem Krieg vor allen Dingen im Osten Europas. Durch die Bombardierung von militärisch völlig unbedeutenden Städten in den allerletzten Kriegstagen, voll gestopft mit Flüchtlingen, vorwiegend Kindern und Frauen (zum Beispiel Dresden/Swinemünde), wurden durch Amerikaner und Engländer noch Zehntausende getötet.

Über 50 Prozent meiner Volksschulklasse kehrte nicht aus dem Krieg zurück, etliche krank und verwundet, oft nach jahrelanger Gefangenschaft, körperlich und seelisch am Ende. Viele schwiegen über das, was sie selbst erlebt hatten, wohl wissend, was der Krieg an Grausamkeiten ausrichten kann und was Krieg wirklich bedeutet: der Tiefstpunkt der Menschlichkeit. Wer kann das nachempfinden, wenn nicht selbst erlebt!

Die heutige Generation in Deutschland lebt seit über 50 Jahren ohne Krieg, in einem noch nie gekannten Wohlstand mit vielfältigen sozialen Sicherheiten, in einem Rechtsstaat und in Freiheit.

Die Erinnerung an den Nationalsozialismus mit seinen schicksalsschweren Folgen, insbesondere an den Krieg, verblassen, nicht zuletzt durch neue Kriegsdrohungen. Noch lebende Zeitzeugen meldeten sich selten zu Wort. So wird das Geschichtsbild dieser Zeit immer mehr von denjenigen geprägt, die diesen Abschnitt der Geschichte nicht selbst miterlebt haben.

Ich will versuchen, aus der Erinnerung meinen Lebensabschnitt aus dieser Zeit – auch mit Hilfe meines Tagebuches – in Einzelbeispielen wiederzugeben, wohl wissend, dass das Aufgeführte unvollständig die damaligen Zeitabläufe tangiert und meinem damaligen Alter nach lückenhaft sein muss. In der Erinnerung blieben Vorkommnisse mehr oder weniger konkret, auch die genaue zeitliche Einordnung von Geschehnissen nach über 50 Jahren ist oft nicht eindeutig, wenn auch bestimmte extreme Situationen zeitlich und gefühlsmäßig sekundengenau und innerlich unverkennbar überdeutlich auftauchen. Insgesamt zurückgeblieben ist aber ein subjektives Nachempfinden von Stimmungszuständen für einzelne Zeitabschnitte: Kindheit, Schule und Jugendzeit, Elternhaus, Heimat, religiöses Leben, Jungvolk und Soldatenzeit, Gefangenschaft, Krankheit, Neuanfang.

1922 bin ich in einer kinderreichen Familie in Westfalen geboren. Mein Vater war Beamter, geprägt durch eine katholische Erziehung, dem Kaiserreich und später dem Zentrum zugetan, Marineoffizier im Ersten Weltkrieg.

Über allem stand bei ihm die große Familie und die vielen Kontakte zu seiner verzweigten Verwandtschaft. Mein Großvater väterlicherseits, geboren 1855, geistig frisch bis zu seinem Tode kurz vor meiner Einberufung zur Kriegsmarine im April 1941, vermittelte mir in etlichen Gesprächen seine Geschichtsabschnitte als Zeitzeuge des 19. und Anfang des 20. Jahrhunderts, ein nicht einfacher Lebensabschnitt, für das Verständnis meiner damaligen Zeit aber sehr hilfreich. Mein Großvater mütterlicherseits fiel im Ersten Weltkrieg.

Den Tagesablauf in unserer Familie mit tausend alltäglichen Dingen regelte meine Mutter. Auf unsere Ausbildung und religiöse Erziehung legte sie größten Wert. Ein fest vorgegebener Tagesrhythmus mit Alters entsprechenden Aufgaben für die Kinder schafften meinen Eltern offensichtlich mehr Freizeit als es heute oft eine Kleinfamilie hat.

Vom Küchendienst bis zum Teppich klopfen war der Tagesablauf für uns Kinder fest geregelt.

In Erinnerung bleiben mir insbesondere aus der frühen Kindheit die vielen Aktivitäten und gemeinsamen Spiele in unserer Familie. Fast täglich kamen in unser Haus mit elf Kindern noch andere zum Spielen hinzu. Ich selbst empfinde meine Kindheit rückwirkend als glücklich, geborgen in einer Familie, in der es keine Langeweile gab, aber sehr viele frohe Stunden.

Die Volksschulzeit mit über 70 Schülerinnen und Schülern in einer Klasse konfrontierte mich mit Lebenssituationen anderer Kinder, die ich bis dahin nicht kannte: bittere Armut vieler Kinder.

Viele Familien waren arbeitslos geworden, da ein größerer Betrieb in unserer Stadt schließen musste, ein soziales Netz fehlte damals. Wir selbst waren nicht reich und konnten uns keinen Luxus leisten, aber gehungert oder gefroren oder wohnungslos ohne Licht und Heizung und ohne warme Kleidung: das kannte ich bis dahin nicht. Unser sehr engagierter Volksschullehrer organisierte damals eine Milchspeisung für die Kinder, die ohne Essen und Trinken zur Schule kamen. Mit einem Handwagen fuhren wir zu einem Bauernhof und holten für die Kinder eine große Kanne mit warmer Milch, eine bittere Notwendigkeit. Eine bestimmte Menge Milch musste in der Kanne bleiben. Diese wurde zu Familien gebracht, deren Notlage dem Lehrer bekannt war. Auch Eltern- und Kircheninitiativen unterstützten meine Mitschüler und Mitschülerinnen.

Das gehörte zu einem Bild, das ich nie vergessen habe: Als wir Schüler mit Handwagen und Milchkanne bei einer Familie ankamen – übrigens alles während der Unterrichtszeit – fanden wir ein dunkles kaltes Zimmer vor, eine blasse Frau stillte ein Kind und ein zweites Kind saß, nur mit einem Hemd bekleidet, auf einem Topf und weinte. Dieses Bild beschäftigte mich tagelang und ich begann die Menschen zu verstehen, die damals durch unsere Stadt zogen und nach Brot und Arbeit riefen.

In Erinnerung ist mir, dass diese soziale Notlage, die offensichtlich in ganz Deutschland bestand, bedrückende Gespräche in unserer Familie bestimmten, nicht ohne Sorge vor radikalen Veränderungen in Deutschland, Gespräche, die mir Angst machten. Vor allem war es dieses Thema, das ein anderes Bild aus dieser Zeit fest in meinem Gedächtnis hinterließ: Am Eingang zu einem Wahllokal hielten zwei Männer Wache vor zwei unterschiedlichen Wahlplakaten. Beide waren Väter von Mitschülern unserer Schule, beide wollten ein anderes Deutschland mit Arbeit und Brot, beide standen sich feindlich gegenüber. Auf dem einen Bild war Hitler, auf dem anderen eine erhobene Faust abgebildet. So meine erste Begegnung mit dem Nationalsozialismus und dem Kommunismus, Begriffe, die ich damals noch nicht kannte. Den Standort der Plakate könnte ich noch heute genau beschreiben, das Wahllokal steht ebenfalls noch.

Ich merkte den Widerspruch in meinem Denken und Fühlen: das Recht dieser Männer auf Brot und Arbeit einerseits – ich dachte an meine Schulklasse – und andererseits im Unterbewusstsein das Gefühl einer Bedrohung. Damals begann ich genauer zuzuhören, wenn in unserer Familie über diese Fragen gesprochen wurde.

Der Nationalsozialismus war zu dieser Zeit für uns ohne Konturen, während der Kommunismus sehr häufig Gesprächsstoff wurde. So erfuhr ich schon früh über die Zustände in Russland, während zu dieser Zeit Hitler in unserer Stadt noch kein Thema war, Stalin als Bedrohung aber sehr. Weiter erkannte ich, dass es bei meinen Eltern und Geschwistern – ich war der Zweitjüngste von elf Kindern – eine klare Trennungslinie zu diesen Parteien gab, wesentlich mitbestimmt durch Glaubensfragen und Furcht vor den Kommunisten. „Religion ist Opium für das Volk", dieser Satz wurde mir deutlich übersetzt und bestimmte auch schon früh mein Denken.

Meine Eltern, insbesondere mein Vater, vertrauten fest auf Hindenburg und das Zentrum. Hitler gab er keine Zukunftschancen, die Meinung meines Vaters: ein Gefreiter und ein Generalfeldmarschall: Niemals!

So kam es, dass ich über Hindenburg und das Zentrum schon früh eine positive Meinung vermittelt bekam.

Meine religiöse Erziehung war streng katholisch, Tischgebete waren selbstverständlich, ebenso Fastengebote, sonntags morgens Gottesdienst, nachmittags Christenlehre, werktags morgens Schulmesse und ab dem zehnten Lebensjahr jede dritte Woche morgens im örtlichen Krankenhaus Messe dienen: das hieß, 5 Uhr aufstehen.

Insgesamt blieb in mir aber aus dieser Zeit ein Gefühl der Sicherheit in der Familie, aber auch der Bedrohung durch die politische Entwicklung.

Als 1933 Hitler für uns überraschend die Macht – legitim gewählt – übernahm, war mein Vater fest im Vertrauen auf Hindenburg davon überzeugt, dass dieser Mann sich nicht lange halten würde. Eine große Fehleinschätzung.

Hindenburg starb am 2. August 1934. Dieses Datum brauche ich nicht nachzuschlagen, es ist fest in meinem Gedächtnis geblieben, da an diesem Tage die Hoffnung meines Vaters und unserer Familie auf eine politische Wende begraben wurde.

Ganz andere Vorkehrungen ergriff meine Mutter, weil sie die Konfrontation mit den christlichen Kirchen kommen sah.

Pfingsten 1933 trat ich in den katholischen Schülerbund Neudeutschland (ND) ein, der in unserer Stadt von einem meiner Brüder geleitet wurde. Damals waren bereits alle typischen Kleidungsmerkmale, wie sie beim ND sonst getragen wurden, verboten, ebenso jedwelche Aktivitäten wie zum Beispiel Wanderungen oder Zelten. Nur auf kirchlichem Grund und Boden durften wir tätig werden. Ein in der Nähe gelegenes Kloster mit großen Freianlagen, von hohen Mauern umgeben, nutzten wir unter anderem daher für unsere Treffen, nachdem unser ND-Heim von der Hitlerjugend zerstört worden war.

Im Jahr 1933 unternahmen meine Eltern mit uns Kindern eine Wallfahrt nach Trier zum „Heiligen Rock". Die Wallfahrt wurde mit über drei Millionen Pilgern zu einer Protestbewegung der katholischen Bevölkerung. Der katholische Ordnungsdienst vor dem Dom in Trier wurde verboten, diesen übernahm in einer Nacht-und-Nebelaktion die Sturmabteilung Hitlers (SA) in ihrer Uniform mit unerwarteter Höflichkeit gegenüber den Pilgern. Gleichzeitig wurde eine Rede Hitlers bekannt, in der er seine positive Einstellung zur christlichen Religion beteuerte. Nur wenige Monate später aber verschwanden die ersten Theologen in Konzentrationslagern, die als Arbeitslager bezeichnet wurden. Die Hetze gegen das Christentum konnte ich jeden Morgen auf dem Weg zur Schule in einem großen Aushang des „Stürmer" – eine Hetzschrift der NSDAP – lesen. Diese Zweigleisigkeit war in den ersten Jahren der Hitlerregierung typisch.

In der Öffentlichkeit sammelte Hitler ab 1933 Pluspunkte für seine Politik, gleichzeitig vernichtete er alle und alles, wer und was ihm im Wege stand, und zwar durch seine Organisationen, ohne selbst persönlich als Täter in Erscheinung zu treten. Selbst Morde an eigenen Führungsleuten wurden durchgeführt und als Recht und Ordnung deklariert, Hitler selbst aber blieb für die Öffentlichkeit immer im Hintergrund.

Wie war es möglich, dass diese Entwicklung ohne entscheidende Gegenwehr blieb? Die Beantwortung dieser Frage und Erkundung aller Fakten zu diesem Thema und dann das umfassende Wissen dazu weiterzugeben, sind meiner Meinung nach zurückblickend der wichtigste Schutz vor Wiederholungen solcher Katastrophen durch Vorbeugung und Handeln. Der Beginn auch anderer Diktaturen, zum Beispiel unter Stalin, zeigen Parallelen zu dem Taktieren Hitlers.

Die Stimmung in Deutschland in den 30er Jahren wurde wesentlich durch den verlorenen Ersten Weltkrieg, die Folgen dieses Krieges (Versailler Vertrag), der hohen Arbeitslosigkeit (6,3 Millionen) und der politischen und persönlichen Perspektivlosigkeit bestimmt. Die Reparationskosten ließen dem Staat keine finanziellen Möglichkeiten, soziale Sicherheiten aufzubauen, die bitter notwendig gewesen wären. Vor diesem Hintergrund, so meine Einschätzung aus der Erinnerung und aus vielen anderen Quellen, gewann Hitler in der öffentlichen Meinung an Ansehen: Arbeitsprogramme senkten die Arbeitslosigkeit, ein Arbeitsdienst für alle wurde eingeführt, (pro Tag 0,25 Mark) natürlich mit politischer Schulung. Das Konkordat mit dem Vatikan war Hitlers erster Staatsvertrag, eine sehr hohe Aufwertung für Hitler, und eine scheinbare Sicherheit für die Kirche.

Hindenburg entschied sich für Hitler, eine große Enttäuschung für alle, die auf Hindenburg gesetzt hatten. Dem Ermächtigungsgesetz am 24. März 1933 stimmten alle Parteien bis auf die SPD zu, eine große Vollmacht für Hitler, praktisch ein Freifahrtschein für sein Handeln mit schweren Folgen, aber von der Bevölkerung zunächst begrüßt, in der Hoffnung, dass es in Deutschland besser werden würde. Das Winterhilfswerk wurde eingerichtet, bei aller Kritik sicherlich eine soziale Stabilisierung. Buchstäblich jede und jeder „Volksgenossin" und „Volksgenosse" musste auf der Straße und in den Wohnungen dafür sammeln. Einmal im Monat wurde für das Mittagessen sonntags „Eintopf" vorgeschrieben. Es folgten Bauten von Wohnungen im größeren Umfang, wie es bis dahin nicht möglich gewesen war. Die soziale Lage und die Sicherheit in Deutschland besserten sich. So etwa habe ich diese Zeit in Erinnerung, sicherlich mit geprägt aus Erzählungen älterer Menschen zur damaligen Zeit, aber auch aus eigenen Sammelaktionen für das Winterhilfswerk.

Schritt für Schritt wurden alle Lebensbereiche auf den Nationalsozialismus eingeengt: Samstags kein Schulunterricht, dafür Sport und Wehrkunde mit Unterricht in Weltanschauung, ein neuer und wichtiger Begriff des Nationalsozialismus als massiver Gegensatz zu jeder Religion. Ahnenforschung und Arierlehre wurden Bestandteile des Unterrichtsstoffes. Die Mischehe, im Sprachgebrauch der damaligen Zeit die Ehe zwischen unterschiedlichen Konfessionen, wurde in dieser Bedeutung abgeschafft und stand jetzt für den Begriff der Ehe zwischen Ariern und Nicht-Ariern mit kriminellen Aspekten. Als Ausdruck neuer Wertvorstellungen wurden Gymnasien und andere Schulen und Hochschulen umbenannt und mit neuen Lehrplänen versehen. Naturwissenschaftliche Fächer waren erwünscht. Das Parteibuch spielte eine große Rolle, es war die Eintrittskarte insbesondere für öffentliche Ämter. Viele Straßen und Plätze wurden nach Adolf Hitler benannt und Hakenkreuz-Fahnen sah man im ganzen Stadtbild. Tätigkeiten und Äußerungen auf religiösem Gebiet wurden selbst im Gottesdienst bespitzelt. Die Begrüßung des damaligen Bischofs aus Paderborn – vorher ein großes Ereignis – konnte nur unmittelbar vor der Pfarrei, dort war noch Kirchengrund, erfolgen. Die anwesenden Menschen wurden fotografiert. Ein Bild, auf dem meine Schwester im Kommunionkleid den Bischof mit einem Blumenstrauß begrüßt, habe ich mir besorgt und besitze es heute noch.

Für uns Jugendliche wurde ab dem zehnten beziehungsweise ab dem 14. Lebensjahr 1936 die Pflichtmitgliedschaft zum Jungvolk, Hitlerjugend und Bund Deutscher Mädchen eingeführt.

Ab dieser Zeit erlebte ich den politischen Druck auch auf unsere Familie. Die zustehende Schulgeldermäßigung wurde mir nach zwei ergebnislosen Aufforderungen des Ortsgruppenleiters, in die Hitlerjugend einzutreten, in einem dritten Schreiben an meinen Vater gestrichen. In unserer Familie war damals keiner Mitglied der Partei oder ihrer Organisationen. Wesentlich gefährlichere Schwierigkeiten gab es aus gleichem Grunde für meinen Bruder, der kurz vor dem Abitur stand. Er leitete damals den ND. Die Versetzung meines Vaters zur Leitung einer größeren Dienststelle, aber ohne die damit fällige Dienstgradbeförderung, dürfte einen gleichen Grund gehabt haben.

Zu diesem Zeitpunkt wurde die Zwangsmitgliedschaft für alle Jungen und Mädchen wirksam. Im Jungvolk (zehn bis 14 Jahre) konnte man bis zum 18. Lebensjahr bleiben, wenn man eine Führungsrolle im Jungvolk bekam.

Denn nach dem Willen der NSDAP sollte die Jugend sich selbst führen. Der damalige Pfarrer der Gemeinde, ein Bekannter meines Vaters, riet uns sehr, eine solche Stelle für mich anzustreben. So wurde ich mit 15 Jahren Jungzugführer im Jungvolk, der Dienst in der Hitlerjugend blieb mir dadurch erspart.

Wie ich diese Zeit ohne Unterstützung und den Rat meines Elternhauses, nicht weniger Lehrer und eines großen Bekanntenkreises überstanden hätte, weiß ich nicht; denn der Begriff „Weltanschauung", wurde besonders für die Jugend richtungsweisend für ihre Erziehung propagiert. Immer deutlicher wurden dadurch die Ziele des Nationalsozialismus. Wichtig für mich wurden unter anderem zwei Lehrer unserer Schule mit einer klaren Haltung, großem Fachwissen und beispielhaftem persönlichen Verhalten.

Sie vermittelten zeitlose Wertvorstellungen, auch in und durch ihre Fachgebiete, eine wichtige Orientierungshilfe nicht nur für die damalige Schulzeit, in der diese Aussagen geschickt im Unterrichtsstoff untergebracht und Nebensätze oft zu Hauptsätzen wurden. Einer dieser Lehrer war degradiert und strafversetzt worden, weil er sich geweigert hat, mit „Heil Hitler" morgens die Schüler zu begrüßen.

Zur Judenverfolgung habe ich zwei konkrete Erinnerungen: Alle Kunden, die in einem größeren jüdischen Geschäft unserer Stadt einkauften, in dem auch meine Schwester beruflich tätig war, wurden fotografiert. Ein SA-Mann in Uniform hinderte die Bevölkerung am Betreten des Geschäftes. An den Schaufenstern stand groß „Jude" geschrieben. Am Morgen nach der Nacht, in der in fast ganz Deutschland Synagogen zerstört wurden, erfuhr ich erst im Gymnasium – ich war Fahrschüler – von der Verwüstung der örtlichen Synagoge. In meinem Wohnort gab es keine Synagoge. Ein Schüler brachte eine auf der Straße gefundene Schrift aus der Synagoge mit und wurde hierfür vor allen Schülern scharf von einem Lehrer zurechtgewiesen. Er musste die Schrift wieder zurückbringen. Dieser Tag brachte auch einen Einschnitt in unsere Schule. Es gab ein tastendes Pro für den Lehrer und ein tastendes Kontra zu dem Vorgang selbst, was natürlich heftig diskutiert wurde. Die sonst noch ganz offenen politischen Gespräche unter uns Schülern wurden plötzlich vorsichtiger durch das Bewusstwerden, dass die Gewaltbereitschaft gegen politisch nicht geduldete Menschen, Religionen und Sachen nicht nur punktuell in Deutschland, wie schon geschehen, sondern im ganzen „Reich" zentral gesteuert möglich waren, also grundsätzlich gewollt und von allen politischen Machtzentren gebilligt. Aber auch das fand Zustimmung, wenn auch nur von sehr wenigen Schülern.

Überdeutlich wurde dadurch der Wille der Machthaber, Recht nicht mehr zu beachten.

So selbstverständlich und klar war uns Schülern das bis zu diesem Zeitpunkt nicht. Damals begann auch die Propaganda auf vollen Touren gegen das Christentum zu laufen. In Erinnerung blieb mir die Aussage: „Was geht uns eine 2000 Jahre alte jüdische Leiche aus Palästina an". So kam es, dass wir Schüler uns jetzt zu kleineren Gruppen zusammenfanden in der Hoffnung, dass unsere Meinungen unter uns blieben. Das war ein Irrtum. Einem langjährigen Freund und Klassenkameraden von mir wurde die Aushändigung des Abiturzeugnisses wegen politischer Unzuverlässigkeit verweigert, andererseits wurde er aber sofort nach gut bestandenem Abitur zum Wehrdienst einberufen. Der Kommandant seiner militärischen Einheit setzte dann aber die Aushändigung des Abiturzeugnisses durch.

Ich selbst musste mich bei der Marine auf Grund einer Meldung aus meinem ehemaligen Schulbereich wegen wehrzersetzender Äußerung bei der Kriegsmarine verantworten. Wir wussten, dass nur eine ganz kleine Gruppe von ehemaligen Mitschülern für die Denunziationen in Frage kamen. In beiden Fällen wurden wir von Offizieren der Wehrmacht in Schutz genommen, eine Hilfestellung, die im Offizierskorps der Kriegsmarine, insbesondere bei der U-Bootwaffe, immer wieder zu beobachten war. Dazu ein anderes Beispiel: Weihnachten 1944. Am Tage vor Weihnachten kam zu der Weihnachtsfeier ein NS-Führungsoffizier in brauner Uniform, das erste und letzte Mal, dass ich bei der Marine einen NS-Führungsoffizier gesehen habe. Er sprach über Weihnachten im nationalsozialistischen Sinne. Danach sprach der Kommandeur der Schule, einer der höchst ausgezeichneten U-Bootoffiziere des Krieges und schilderte, wie er in seinem Elternhaus christliche Weihnachten gefeiert habe. „So werden wir es auch hier halten". Am nächsten Morgen Offiziersbesprechung: Der Kommandeur las nur einen Satz vor: Punkt 24 des Parteiprogramms der NSDAP, das Recht zur freien Religionsausübung. Dieser Kommandeur sagte mir einmal: „Denken Sie daran, dass nach dem Krieg Männer zum Aufbau gebraucht werden." Das war nach dem 20. Juli 1944 – dem Tag des misslungenen Attentats auf Hitler.

Vor diesem Hintergrund werden viele die Bitte meines langjährigen Schulkameraden und Freundes, seinen Tod offensichtlich ahnend, nicht verstehen. Auf seinem Totenzettel sollte Folgendes stehen: „Sollt' einst in fremder Erde ich meine Ruhe finden, sprech' sterbend ich: Es werde! Ein Kreuz und Helm soll künden, warum den Tod ich fand: Für Gott und Vaterland". Das schrieb er mir 1944. Diese Sätze werden umso mehr viele nicht begreifen, da 1944 im Zusammenhang mit dem Attentat auf Hitler sein Vater von der Gestapo verhaftet wurde und monatelang bis zum Kriegsende in Gewahrsam bzw. unter Aufsicht blieb und nur durch die rechtzeitige Befreiung durch die Amerikaner gerettet wurde. Er war anschließend der erste Bürgermeister der Stadt nach der Besetzung durch die Amerikaner. Gleichzeitig wurde die Nichte meines Freundes, meine jetzige Frau, von der Gestapo verhaftet, weil sie in einer katholischen Jugendbewegung tätig war. Meinem Freund selbst hatte die Schule wegen politischer Unzuverlässigkeit das Abiturzeugnis verweigert. Für diejenigen, die die damalige Zeit nicht kannten, möchte ich hinzufügen, dass es damals in den Todesanzeigen der Gefallenen hieß: „Für Führer, Volk und Vaterland gefallen". Das Wort „Führer" sollte aber auf keinen Fall in seinem Totenbrief stehen. Mein Freund ist Ende 1944 in Italien gefallen.

Von der Vernichtung der Juden in Konzentrationslagern habe ich erst nach dem Kriege erfahren. Ich weiß, dass dieses Nichtwissen oft als Schutzbehauptung bezeichnet wird. Als nach dem Kriege nach und nach die millionenfache Ermordung der Juden bekannt wurde, erschien uns das erst so unglaublich, dass mein Vater sagte: „Ähnliches hat man über Deutschland auch nach dem Ersten Weltkrieg gesagt und mit Bildern versucht, dieses zu belegen. Damals sollte vermittelt werden, dass deutsche Soldaten des Ersten Weltkrieges Kindern in besetzten Gebieten Hände abgehackt hätten, Meldungen, die mit gefälschten Bildern dokumentiert werden sollten." So wurde das Unglaubliche erst sehr zögernd den Menschen bewusst und glaubhaft, weil es einfach zunächst unmöglich erschien, dass so etwas, besonders auch in diesem Ausmaße und dieser Brutalität, geschehen sein könne mit millionenfacher Vernichtung der Juden, eine der schwersten und grausamsten Hypotheken Deutschlands aus der Hitlerzeit.

Wie sehr in Deutschland immer mehr in den 30er Jahren mit einem Krieg gerechnet werden musste, konnte man auf Schritt und Tritt damals erleben: Luftschutzübungen, Ausbau von Luftschutzkellern, Ausgaben von Volksgasmasken, Wehrerziehung schon bei Kindern, Alarmübungen und vieles andere mehr. In den Haushalten fingen die Menschen langsam an zu hamstern, obwohl es streng verboten war. Zu sehr war offensichtlich noch die Notlage aus dem Ersten Weltkrieg in Erinnerung.

Den 3. September 1939 werde ich nie vergessen. Ich hörte die Rede Hitlers mit der Kriegserklärung an Polen im Radio. Damals habe ich als 16-Jähriger den Spruch meines Vaters wohl nicht ganz begriffen: „Krieg ist das Schlimmste, was einem Volk passieren kann". Und doch kam damals bei Kriegsausbruch unter uns jungen Leuten ein Gefühl auf, das sicher nicht alle so akzeptieren können: du hast die Pflicht, mit deinem Leben dieses Land, deine Heimat zu verteidigen. Dass trotz des Nationalsozialismus viele Deutsche in diesem Moment ähnlich fühlten und dachten wie ich und viele meiner Klassenkameraden, kann man verstandesmäßig nicht erklären. Ähnliches erlebte kurze Zeit später ja auch Russland, als ein ganzes Volk sich hinter den Diktator Stalin stellte. Viele glaubten damals in Deutschland, dass jetzt die Wehrmacht die Führung übernehmen würde und die Machtstellung der NSDAP verdrängen könnte. Die Wehrmacht selbst stand in einem guten Ruf und war nicht selten die Rettung für Hitlergegner, die mit Zugriffen der NSDAP und Gestapo rechnen mussten. Insbesondere war die Gestapo in der Bevölkerung sehr gefürchtet und verhasst.

Den Wehrdienst zu verweigern, hätten wohl alle meine Bekannten als Verrat an unserem Vaterland gesehen, abgesehen davon, dass es fast sicher den Tod bedeutet hätte. In dieser Situation bekam ich damals einen unschätzbaren Rat meines Vaters. Eigentlich wollte ich nach dem Abitur Mathematik und Physik studieren, wie schon zwei meiner Brüder. Mein Vater riet mir aber, mich aktiv zur Kriegsmarine zu melden, da ein Studium zu dieser Zeit nicht möglich war. Seine Begründung: Nach einem Krieg würden die Karten immer wieder neu gemischt und die Ausbildung bei der Kriegsmarine sei intensiver, lebensnäher und berufsorientierter als in anderen Truppenteilen.

Ein ganz anderer wichtiger Gesichtspunkt für meine Entscheidung, zur Marine zu gehen, war aber folgender: ich konnte dann nicht zur SS eingezogen werden, da es eine Marine-SS nicht gab im Gegensatz zu anderen Waffengattungen. In unserer Nähe war eine große SS-Einheit stationiert, die während der Musterung schon Schüler für sich aussuchten. Auch einem Mitschüler aus meiner Klasse erging es so gegen seinen massiven Willen; er fiel schon sehr bald bei einem Einsatz der Waffen-SS nach seiner Einberufung zur SS, gegen die er sich nicht erfolgreich wehren konnte.

Im April 1941 wurde ich nach dem Abitur zur Kriegsmarine eingezogen. Buchstäblich von heute auf morgen standen wir aus dem Schülerleben in diesem Krieg, der uns unbarmherzig, unberechenbar, hart, kalt traf. Trotzdem fühlten wir uns unserem Vaterland gegenüber in der Pflicht. Ich durchlief nach der Grundausbildung viele Ausbildungsstationen, unterbrochen durch Kommandos im Atlantik, in der Ost- und Nordsee, im Skagerrak, Ärmelkanal und Mittelmeer mit Sperrbrechern, Minensuchbooten, Räumbooten und U-Booten, unterbrochen immer wieder von Lehrgängen.

In der heutigen Bevölkerung sind die Härten des Dienstes auf U-Booten eher bekannt als die auf anderen Kriegsschiffen, vielleicht auch deshalb, weil sie in Wehrmachts- und anderen Berichten im letzten Krieg und heute kaum Beachtung fanden. Ganz anders war das bei den U-Bootfahrten, als mein Kommandant das Ritterkreuz bekam, aber auch nach weniger erfolgreicheren Fahrten, die oft nicht weniger dramatisch verliefen.

In Erinnerung ist mir von den Minensuchboot-Fahrten ein Unternehmen zum Minenlegen bis in die Themse bei stürmischer See. Unser Boot war voller Minen. Zu unserem Schutz begleitete uns unter anderem der Zerstörer „Heinemann". Nach einer in der völlig dunklen Nacht besonders hell wirkenden riesigen Explosion versank der Zerstörer an Backbordseite, nicht all zu weit von uns am 25. Januar 1942. Helfen konnten wir nicht, wir hätten in unser eigenes frisch gelegtes Minenfeld zurücklaufen und das noch nicht beendete Minenlegen abbrechen müssen. Mit den Minen an Bord waren wir auch wehrlos. Das war sehr, sehr bitter.

Ich wurde schon bald zum Leutnant zur See befördert mit dem Patent als Kapitän auf großer Fahrt. Mein letzter Dienstgrad war Oberleutnant zur

Auf der „Wilhelm Gusthoff" 1944

See. Unser Ziel war es damals, Kommandant auf einem U-Boot zu werden. Viele meiner Crewkameraden sind von Feindfahrten nicht zurückgekehrt. Das Kriegsende erlebte ich in Hamburg und begriff, dass ich diesen Krieg lebend überstanden hatte, aber nicht warum. Wiederholt war ich dem Tode durch Glückszufälle entgangen, so zum Beispiel durch die verspätete Aushändigung von Marschpapieren zu einem Vorpostenboot im Kanal. Das Vorpostenboot wurde wenige Tage später versenkt. Oder 1942 in Italien, damals erreichte uns der Führerbefehl zum Auslaufen aller U-Boote. Die Amerikaner landeten in Nordafrika. Zusammen mit den Engländern versenkten sie mehrere französische Kriegsschiffe, die nach der Besetzung Frankreichs durch Deutschland in nordafrikanische Häfen ausgewichen waren. Kurzzeitig kämpften Franzosen gegen Amerikaner und Engländer in Nordafrika. Ein nicht erfreulicher Abschnitt des Krieges für die Franzosen. Es gab viele Tote auf französischer Seite.

Der Führerbefehl kam an einem Freitagnachmittag. Freitags lief aber kein Boot aus, auch nicht auf Befehl Hitlers. Mein Kommandant meldete damals das Boot für Samstag 00:01 Uhr seeklar, ebenso das neben uns liegende U-Boot. Da erreichte mich unmittelbar vor dem Auslaufen unseres U-Bootes der Befehl, auf das Nachbarboot umzusteigen, da es durch Krankheit einen Ausfall dort gegeben hatte. Mein Boot überlebte zwar schwer beschädigt die Fahrt, das andere U-Boot wurde im Planquadrat neben uns vor Algier aber versenkt. Wir erlebten die Versenkung im Horchgerät mit.

Da unser U-Boot nicht mehr tauchklar war und wir nur noch zwei Torpedos hatten, versuchten wir in vorwiegend Überwasser- und Nachtfahrten Messina zu erreichen, begünstigt durch vorteilhafte Wetterverhältnisse. Bei äußerst schlechten Sicht- und Sehverhältnissen trafen wir urplötzlich auf einen Geleitzug von größeren Kriegsschiffen, die Kurs Ost liefen. Es bestand unmittelbare Kollisionsgefahr mit dramatischen Minuten. Im Überwasserangriff gingen wir sofort auf Schussposition. Kurz vor dem Schuss entdeckte der Kommandant einen Flugzeugträger und wechselte kurz entschlossen das Angriffsziel. In diesem Manöver wurden wir von Scheinwerfern erfasst und sofort begann die Beschießung, die wohl deshalb nicht zum Erfolg führte, weil einerseits die Wetterverhältnisse sehr schlecht waren und wir andererseits fast in Berührungsnähe mit den englischen Einheiten fuhren. Wir wurden zum Tauchen gezwungen, blieben aber mit unserem beschädigten Boot knapp unter Seerohrtiefe. Offensichtlich wagten die Engländer in ihrem Geleitzug nicht, Wasserbomben zu werfen. Zum Glück verloren sie uns aus ihrer Ortung und der Tagesanbruch stand bevor und damit die Möglichkeit, dass deutsche Flugzeuge von Sizilien aus angreifen konnten. Als wir dann Messina erreichten, lagen mehrere italienische Kriegsschiffe im Hafen, eine große Überraschung für uns, da sie offensichtlich nicht eingesetzt worden waren. Dafür begrüßte und beglückwünschte uns ein italienischer Admiral, und wir dachten uns unseren Teil.

Hitler sah und hörte ich 1942 in Berlin im Sportpalast. Wir waren von der Marineschule Mürwik abkommandiert nach Berlin, angeblich zu einer Skagerrak-Feier zur Erinnerung der Seeschlacht von 1916. Anwesend waren im Sportpalast Tausende von Offizieren und Offiziersanwärtern aus allen Waffengattungen einschließlich der Waffen-SS. Die Vorderfront des Sportpalastes füllte sich kurz vor 12 Uhr mit höchsten Offizieren, Oberbefehlshabern und politischen Führungskräften, (Räder, Dönitz, Keitel, Himmler, von Milch und viele andere hohe Offiziere). Kurz vor 12 Uhr trat Keitel an das Rednerpult und kündigte an, dass in wenigen Minuten Hitler zu uns sprechen würde, bis dahin wussten wir vom Kommen Hitlers nichts. Sofort danach erklang der Badenweiler-Marsch und Hitler schritt durch den Mittelgang auf das Rednerpult zu. Er ging sehr langsam an uns vorbei, und da ich fast unmittelbar vor dem Rednerpult saß, musste er an unserer Reihe direkt vorbeikommen. Ich hatte das Gefühl, dass dieser Mann versuchte, jeden Einzelnen anzusehen. Diese Konzentration an geballter Kriegsbefehlsmacht konnte einschüchtern, und ich glaube, dass es auch der Grund war für dieses riesige Aufgebot an höchsten Offizieren.

Hitler sprach etwa eineinhalb Stunden sehr ruhig und nach meinem damaligen Empfinden erstaunlich sachlich. Zusammenfassend blieb in Erinnerung: „Wenn wir den Krieg verlieren, beherrscht der Kommunismus Europa".

Das Maß von kriegsbedingten Belastungen und Leiden zu vermitteln, ist einfach unmöglich. Wie groß die Belastung in dieser Kriegsnot gewesen ist, kann man daran ermessen und vielleicht vermitteln, wenn man weiß, dass viele Menschen vor dem Willen zum Überleben kapitulierten oder in der Kapitulation – der Belastung bewusst – eine Alternative in diesem unglaublichen Chaos sahen.

Meine Entlassung aus der Gefangenschaft verdanke ich einem Zufall. Auf einem großen freien Feld waren Tausende von Gefangenen zusammengetrieben. Es gab keinerlei Schutz gegen Regen, Sonne, Hitze und Kälte und kaum etwas zu essen oder zu trinken. Die Überwachung des Gefangenenenlagers geschah auf der einen Seite des Lagers durch die Engländer, auf der anderen Seite durch die Russen, die auf der Gegenseite der Elbe, die unsere Grenze zu der russischen Zone bildete, standen. Die Berichte aus der russischen Zone von den Menschen, die durch die Elbe schwimmend in unser Lager sich retteten, waren grauenhaft. Oft schossen die Russen auf schwimmende Flüchtlinge und in unser Lager hinein. Die überlauten, ausgelassenen Feiern der Russen klangen Tag und Nacht über die Elbe zu uns ins Lager. Wir versuchten uns in die Erde einzugraben, auch wegen der Schießerei der Russen über die Elbe weg in unser Lager hinein. Ich hatte den festen Willen, so schnell wie möglich aus diesem Chaos herauszukommen, zumal aus unserem Lager Arbeitskräfte wie auf einem Sklavenmarkt in alle Herrenländer verschickt wurden. Außerdem mussten wir damit rechnen, dass der Russe, wie in den angrenzenden Regionen, unser Lager übernehmen würde.

Da geschah etwas, was ich bis heute nicht erklären kann. Ein mir völlig unbekannter Mann kam zu mir, gab sich als höherer deutscher Offizier zu erkennen. Rangabzeichen wurden nicht mehr getragen, aber das Soldbuch besaßen wir noch. Er fragte mich, ob ich entlassen werden wolle. Die Frage war mir so unwahrscheinlich, dass ich mit der Antwort zögerte, auch aus

Vorsichtsgründen. Der Mann gab mir einen Personalbogen, den ich bereits schon einmal ausgefüllt hatte und jetzt wieder wahrheitsgemäß ausfüllen sollte bis auf die Angabe über den Regierungsbezirk meines Wohnortes, den musste ich ändern. Er nahm den Schein mit und verabschiedete sich kurz. Ich habe diesen Mann nie wieder gesehen. Ein nicht geringes Unbehagen blieb in mir zurück.

Am nächsten Morgen wurde mein Name unter Tausenden von Gefangenen aufgerufen und ich wurde aufgefordert, mich an einer bestimmten Stelle des riesigen Lagers zu melden. Dort stand ein Lastwagen, der mich mit etwa 20 anderen Gefangenen in ein Entlassungslager (Munsterlager) brachte. Wenige Tage später wurde ich von dort als landwirtschaftlicher Arbeiter entlassen, vorher aber eingehend verhört. Ein amerikanischer Vernehmungsoffizier wurde stutzig und fragte ironisch, erst Schüler, dann Abitur, dann aktiver Seeoffizier und jetzt landwirtschaftlicher Arbeiter? Ich wusste aber, dass nur landwirtschaftliche Arbeiter entlassen wurden und ich merkte, dass der Offizier mir nicht glaubte, dass ich landwirtschaftlicher Arbeiter sei. Da rettete mich meine Marinevergangenheit. Er entdeckte in meinem Soldbuch, dass ich der U-Bootwaffe angehörte und dazu hatte er zu meiner großen Überraschung eine positive Beziehung. Er hinterfragte diese Zeit sehr genau. Gut, dass er kein Engländer war. Als U-Bootfahrer hätte ich schlechte Karten gehabt, wie viele U-Bootfahrer in England. Und gut, dass die geografischen Kenntnisse des Amerikaners nicht besonders gut waren, denn mein Heimatort lag nicht im Regierungsbezirk Minden, wie ich angegeben hatte.

Ein schwarzer Amerikaner fuhr uns 20 als landwirtschaftliche Arbeiter angeforderte Kriegsgefangene dann mit einem Lastwagen in den Regierungsbezirk Minden mit dem Auftrag, uns an einem bestimmten Arbeitsamt abzugeben und registrieren zu lassen. Da ich das Problem kommen sah, habe ich sofort zu Beginn der Fahrt mich auf den Führersitz des LKW neben den amerikanischen Fahrer gesetzt und ein Gespräch mit ihm angefangen. Zu meiner großen Überraschung sprach er ein gutes Deutsch und das Erste, das er mir auf Deutsch sagte, hieß: „Krieg Scheiße". Darin waren wir uns schnell einig.

Dann erzählte er mir von seinen Problemen als Schwarzer in Amerika, das er kurz so zusammenfasste: Ein schwarzer Amerikaner ist immer ein guter Soldat, ein schwarzer Amerikaner zu Hause in seiner Heimat hat aber große Probleme, die er für sich und seine Familie nach der Rückkehr nach Amerika voraussah. Da ich von dem Arbeitsamt nicht angefordert worden war und das Arbeitsamt mich nicht haben wollte, stand ich zur Verwunderung des Amerikaners plötzlich allein mit ihm da. Auf der Karte zeigte ich nun meinen Heimatort. Er zögerte zunächst, diese Fahrt anzutreten, da der Umweg doch erheblich war und er auch dafür keinen Befehl habe und außerdem das Benzin nicht reiche. In dieser kritischen Situation fragte mich der

Amerikaner plötzlich, ob meine Mutter Eier und Speck zu Hause hätte. Er merkte meine Überraschung und begründete seine Frage damit, dass er nur Eierpulver bekäme und Hunger auf ein solches Essen hätte. Ich bejahte sofort seine Frage, wusste aber zu diesem Zeitpunkt nicht einmal, ob meine Eltern noch lebten, geschweige denn ob meine Mutter in diesen Zeiten Eier und Speck zu Hause haben konnte. So fuhr ich mit dem Amerikaner, der zögernd die Fahrt antrat, nach problemlosem Auftanken bei einer Militäreinheit, einer ungewissen Situation entgegen. Auf der Weiterfahrt hielt er wiederholt unter Obstbäumen an, schüttelte selbst die Bäume so, dass das Obst auf den Lastwagen mit Kippvorrichtung fiel und gab mir zu verstehen, dass das Obst für meine Mutter sei. Als ich endlich unser Haus sah und bald auch meine Mutter, fiel mir ein riesiger Stein vom Herzen. Meine erste Frage: „Hast du Eier und Speck im Hause?" hat meine Mutter nie vergessen. Das Obst auf dem Wagen kippte er einfach vor unsere Haustür. Er blieb noch einige Zeit bei uns und aß eine ganze Pfanne mit Eiern und Speck und erzählte über seine Situation in den USA, obwohl solche Kontakte strikt verboten waren. Dieser Mut, sich über Befehle und öffentliche Meinungen der Sieger einfach hinwegzusetzen und das zu tun, was er für richtig hielt, das war mir neu. Wie er das wohl seinen Vorgesetzten verkaufte, wenn überhaupt! Gerne hätte ich diesen schwarzen Amerikaner wieder getroffen. Wir haben uns sehr bei ihm, einem Schwarzen, bedankt, der in Hitlers Rassenlehre so überhaupt nicht passte.

Von meinen Brüdern und Schwägern war ich der erste Angehörige unserer Familie, der aus dem Krieg nach Hause zurückkam. Zwei meiner Brüder kehrten erst Ende 1949 aus russischer Gefangenschaft krank zurück, aber lebend haben wir das Chaos alle überstanden.

Das war bei unserer großen Familie damals keine Selbstverständlichkeit, sondern eher eine Ausnahme.

Nach der ersten Freude des Wiedersehens wurde mir sehr bald die große Sorge und Not meiner Eltern während des Krieges und in der Folgezeit bewusst. Über vier Jahre war ich im Krieg und in dieser Zeit nur zwei Mal für wenige Tage, davon ein Mal Weihnachten, zu Hause gewesen. Verständlich, dass meine Eltern in diesen wenigen Urlaubstagen ihre Sorgen mir gegenüber zu verbergen suchten. Jetzt aber erlebte ich selbst, was sie mir bisher erspart hatten: Die große Sorge um ihre Kinder und die eigenen Kriegssorgen. Mehrere Angehörige unserer Familie waren noch nicht aus dem Krieg zurück und wir wussten nicht, ob sie noch lebten, die Letzten kamen Ende 1949 wieder.

Jede Post wurde mit Bangen entgegengenommen und bei aller Freude über ein Lebenszeichen bestand immer die Furcht, eine Todesmeldung zu bekommen.

Zwei seiner Söhne sollte mein Vater nicht wiedersehen, da mein Vater bald nach dem Kriege starb, ein schwerer, schmerzhafter Verlust für unsere

Familie. In all den Jahren des Krieges und der Nazizeit waren die Gedanken, viele Briefe und Gebete meiner Eltern, wie ich es ja selbst noch erleben konnte, bei ihren Kindern. Dafür bin ich meinen Eltern sehr, sehr dankbar.

Kurz nach der Entlassung aus der Gefangenschaft erkrankte ich während der Inkubationszeit, bezogen auf meinen Entlassungstag, an Typhus, eine Krankheit, die ich im Lager niemals überstanden hätte. Monatelang konnte ich mich von dieser Erkrankung nach langem Krankenhausaufenthalt nicht erholen.

Mir wurde aber bald klar, dass auch die Nachkriegszeit große Kraftanstrengung verlangte, um in diesem neuen Leben fertig zu werden. Denn ein neues Leben war es im wahrsten Sinn des Wortes, auf allen Gebieten gab es grundlegende Veränderungen.

In mein Tagebuch hatte ich bereits während des Krieges einmal den Satz geschrieben: Fass das Ziel fest ins Auge, dann wirst du den Weg finden.

Und ebenfalls schrieb ich damals dazu: Mein Wunsch ist es, nach dem Krieg einmal Arzt zu werden.

1948 gab es in Münster die erste Vorlesung für Vorkliniker. Die äußeren Umstände waren mehr als primitiv, es war ja fast alles durch Bomben zerstört worden, aber es war ein Anfang. Politisch hat damals uns junge Menschen vor allen Dingen Professor Ludwig Erhard – der spätere Wirtschaftsminister und Bundeskanzler – sehr viel Mut gemacht mit seinem Fachwissen, aber vor allem mit seiner Ausstrahlung der absoluten Ehrlichkeit.

Fast wäre in letzter Minute mein Wunsch, Arzt zu werden, noch gescheitert. Bei der Immatrikulation war mir mein Studentenausweis bereits ausgehändigt worden, aber noch nicht mein Studienbuch. Als ich es in Empfang nehmen wollte, wurde mir mitgeteilt, dass ehemalige Offiziere in der englischen Besatzungszone nicht studieren durften. Ich musste meinen Studentenausweis wieder abgeben und ging schwer enttäuscht aus dem Sekretariat nicht ohne den Vorsatz, dem englischen Verbindungsoffizier, der für die Ausführung dieser Bestimmung an der Universität in Münster verantwortlich war, noch einmal gründlich meine Meinung zu sagen. Seine Sekretärin wollte mich absolut nicht vorlassen, ich erreichte das aber dennoch und war überrascht, dort einen sehr jungen Marineoffizier sitzen zu sehen, der nicht viel älter sein konnte als ich es selbst war. Er hörte meine deutlichen Worte völlig teilnahmslos an, fragte mich dann, wo ich Offizier gewesen wäre und erst als ich ihm sagte, dass ich bei derselben Einheit, nämlich bei der Marine wie er gewesen wäre, stellte er Fragen nach wo, wann und wie. Dabei stellte sich Erstaunliches heraus. Ausgerechnet dieser Offizier war auf einem der zwei Zerstörer, die wir unter anderen vor Algier 1942 versenkten. Die Überraschung war auf beiden Seiten groß. Da mir die Umstände dieser Versenkung damals noch sehr deutlich und zeitgenau bekannt waren, konnte ich ihm auch schildern, wie es uns gelungen war, den vielen Wasserbomben, die uns zugedacht waren, zu entkommen, wenn auch schwer beschädigt. Dieser englische Offizier sorgte dann dafür, dass ich doch in Münster studieren konnte. So hat mein Studentenausweis, der noch nicht vernichtet war, zwei Immatrikulationsnummern: Die Erste wurde durchgestrichen, die Zweite neu eingetragen nach der Anweisung des englischen Verbindungsoffiziers.

Die Erinnerung an diese schicksalsschwere Zeit wird in mir bestehen bleiben, eine pauschale Bewertung scheint mir unmöglich. Zu unterschiedlich waren die Anforderungen, die das Leben mir und meiner Generation schon in jungen Jahren stellte.

Wie Recht doch mein Vater gehabt hatte, als er mir zu Beginn des Krieges sagte: „Krieg ist das Schlimmste was Völker treffen kann"!

Friede, Freiheit, Gerechtigkeit, insbesondere soziale Gerechtigkeit, Vermittlung zeitloser Wertvorstellungen und dem Zeitgeist widerstehen sind Maßstäbe für das Zusammenleben insbesondere der Völker; offensichtlich ein schwieriger Lernprozess, wie die Geschichte seit Jahrtausenden beweist.

Hermann Twenhöven

Der General mit den zwei Aktentaschen

Wenn ich Erinnerungen an Krieg, Kriegsende abrufe, lässt sich ein Ereignis aus dem Jahre 1944 nicht verdrängen. Ich war im Krieg lungenkrank geworden und kam in ein Lazarett nach Meschede im Sauerland. Ende 1943 hatte ich eine Notapprobation erhalten und war Feld-Unterarzt geworden. Eingesetzt werden sollte ich damals aber noch nicht, da ich noch meine Erkrankung auskurieren musste. Meschede wurde stark bombadiert, weil in nahe gelegenen Industrieanlagen Teile der V1-Rakete gebaut wurden. Außerdem lagen diese Anlagen an einer wichtigen Bahnlinie.

Als eines Tages die Fabrik in der Nähe der Bahn getroffen wurde, gab es viele Verletzte. Ich wurde deshalb kurzerhand beauftragt – obwohl ich noch nicht ganz gesund war – einen Notverbandsplatz einzurichten. Ein Volkssturm-Mann beschwerte sich über meine Eigenmächtigkeit, weil ich für meine Initiative nicht die Erlaubnis der Parteifunktionäre eingeholt hatte. Ich habe mir aber nichts sagen lassen und nur darauf hingewiesen, dass ich schließlich Wehrmachtsangehöriger sei und keinen Parteifunktionär um Erlaubnis fragen müsse. Diese Antwort hat dem Volkssturm-Mann überhaupt nicht gefallen. Er zeigte mich bei seinen Vorgesetzten wegen „Partei beleidigenden Äußerungen" an. Eigentlich machte ich mir wegen dieser Anzeige keine Sorge, schließlich waren die Medizinstudenten – so wurde uns jedenfalls immer wieder gesagt – die „Lieblingskinder Hitlers". Dieses Zwischenspiel trug aber dazu bei, dass ich dem Regime gegenüber immer kritischer wurde und vieles hinterfragte. Allerdings laut durften solche Gedanken auf keinen Fall geäußert werden. Denunzianten und Spitzel lauerten darauf, kritische Äußerungen bei den entsprechenden Stellen anzuzeigen. Im wahrsten Sinne des Wortes „ohne großen Prozess" waren schon Todesstrafen verhängt worden.

Während der Zeit in Meschede gab es ständig Tieffliegerangriffe auf die Bahnlinie. Wir hatten eine „fliegende Ambulanz" eingerichtet und waren mit dem Krankenwagen unterwegs, um Verletzten zu helfen und Tote zu bergen. Einige Wochen vor Ostern 1945 – der Himmel war wolkenlos blau – waren wir auf der Strecke bei Wennemen einem Angriff der Tiefflieger ausgesetzt, obwohl der Sanitätskraftwagen mit einem großen Roten Kreuz gekennzeichnet war. Als wir merkten, dass die Flieger direkt unseren Krankenwagen beschossen – obwohl das nach Genfer Konvention verboten war – flüchteten wir schnellstens in den Straßengraben. Das war unser Glück. Als wir nach dem Angriff wieder in unser Krankenauto zurück wollten, brannte es lichterloh. Wir waren nur knapp heil davongekommen.

Das war eigentlich das letzte, bedeutende Erlebnis im Zweiten Weltkrieg, deshalb habe ich es auch an den Anfang meiner Erinnerungen gestellt.

Vor dem Abitur 1938 hatte ich mich freiwillig zum Wehrdienst gemeldet, um ohne Unterbrechung das Medizinstudium durchziehen zu können.

So wurde ich im Mai 1938 zunächst zum Arbeitsdienst einberufen, um anschließend zur Wehrmacht eingezogen zu werden. Obwohl als Landjunge nicht gerade verwöhnt, gefiel es mir beim Reichsarbeitsdienst (RAD) nun gar nicht. Das Führungspersonal war nicht gut. Obschon wir nicht besonders schlecht behandelt wurden, herrschte irgendwie ein rüder Ton. Ich hatte den Eindruck, das es sich meistens um irgendwelche gescheiterte Existenzen handelte.

Ein Ereignis, das mich ganz persönlich betraf, ist mir im Gedächtnis geblieben. Zum Verständnis muss ich über meine Zeit vom 13. bis zum 18. Lebensjahr berichten.

Aufgewachsen in einem sauerländischen 500-Seelendorf kam ich mit zwölf Jahren zur höheren Schule. 1933 war Hitlers Machtergreifung. Überall wurden Jugendverbände aufgestellt: Für die Zehn- bis 14-Jährigen das so genannte Jungvolk und für die 14- bis 18-Jährigen die Hitlerjugend. Das Jungvolk galt als Unterorganisation der Hitlerjugend. So auch in unserem Dorf. Alle Volksschüler zwischen zehn und 14 Jahren wurden Pimpfe. Ich als einziger Pennäler im Dorf blieb draußen. Zumal meine Eltern meinen Beitritt auch nicht wollten.

Schon durch das Verlassen der Volksschule war ich etwas isoliert. Jetzt war ich praktisch ganz allein. Meine Eltern sahen das schließlich ein und ließen mich dem Jungvolk beitreten. Ich machte dann begeistert mit und war bald der Anführer. Als ich 14 Jahre wurde, blieb ich als Führer beim Jungvolk, zumal ich dann am Samstag – dem „Staatsjugendtag" freigestellt wurde. Bis zum Abitur machte ich Karriere und wurde Pimpfenführer für mehrere Dörfer.

Das führte nun im Arbeitsdienst zu dem oben angedeuteten Erlebnis: Eines Tages im Juli erschien der Lagerführer persönlich zum Morgenappell. Ein Kamerad und ich mussten vortreten. Der Lagerführer verkündete feierlich, wir seien nach Erreichen des 18. Lebensjahres in die NSDAP aufgenommen worden. Das brachte uns einen freien Tag und den Spott der Kameraden. Wahrscheinlich wurde uns diese Ehre zuteil, weil wir Pimpfenführer gewesen waren.

Nach der Entlassung aus dem Arbeitsdienst musste ich schon vier Wochen später zum Wehrdienst in einem Infanterieregiment in Bielefeld antreten. Der Dienst war hart. Aber irgendwie fand ich alles erträglicher als beim Arbeitsdienst. Für den Geist, der damals bei der Wehrmacht herrschte, eine Anekdote, an die ich mich genau erinnere:

An einem Morgen im Januar 1939 erschien zum Morgenappell auch der Kompaniechef höchst persönlich. Er fragte kurz: „Männer, wisst Ihr, was heute für ein Tag ist?" Stille. Darauf der Hauptmann: „Heute ist der Geburtstag seiner Majestät, Kaiser Wilhelm II. Die Kompanie hat dienstfrei."

Im Juni oder Juli 1939 musste unsere Truppe in kriegsmäßiger Ausrüstung in einem viertägigen Marsch zum Truppenübungsplatz Wahn bei Köln marschieren. Das war für eine Friedensausbildung eine ganz schöne Anforderung. Der Marsch war alles andere als ein Spaziergang. Trotzdem war ich stolz, ihn geschafft zu haben. Die Erkenntnis, dass es sich hier nur um eine Vorbereitung für einen bevorstehenden Krieg handelte, kam mir erst später. Bei Beginn des Überfalls auf Polen wurden wir in die Eifel in den Bereich des Westwalls verlegt „zur Sicherung unserer Westgrenze." Allerdings wurde nur immer wieder Angriff geübt.

Ich war inzwischen Gefreiter und wie das im Kommissdeutsch hieß „zum Unteroffiziersdiensttuer" ernannt worden. Da kam für mich ein großer Glückstag. Alle Medizinstudenten und alle, die auf ihrem Abiturzeugnis stehen hatten, sie beabsichtigten Medizin zu studieren, sollten noch vor dem Trimesterbeginn am 2. Januar 1940 zum Studium abkommandiert werden – in Uniform natürlich.

Zwei oder drei Tage vor Weihnachten erhielt ich einen Marschbefehl – so nannte man das damals – nach Bonn. Dort sollte ich mich bei dem Standortältesten melden und an der Uni immatrikulieren lassen. In Bonn stellte man mir freundlicherweise gleich einen Urlaubsschein aus mit dem Ratschlag, die Immatrikulation aber vorher zu erledigen und mir eine „Bude" zu suchen.

Das Trimester in Bonn war für mich eine herrliche Zeit. Es herrschten noch friedensmäßige Verhältnisse. Und wir Wehrmachtsstudenten hatten gleichzeitig die Vorteile eines Studenten und eines Soldaten.

Die Herrlichkeit hatte leider am Ende des Semesters ein Ende. Alle Medizinstudenten der Armee wurden nach Riesenburg – eine Stadt in Westpreußen – zusammengezogen. Dort war der riesige Komplex einer ehemaligen Landesheilanstalt zu einer Kaserne umgewandelt worden. Hier sollten wir von Waffen tragenden Soldaten in Sanitätssoldaten umgeschult werden. Da die Sache offenbar in überstürzter Eile vorbereitet worden war und das Stammpersonal aus militärisch unerfahrenen Sanitätsoffizieren und Unteroffizieren bestand, herrschten ein für uns als aktive Soldaten unvorstellbares Chaos und Disziplinlosigkeit. Wir fühlten uns in jugendlicher Arroganz diesen Leuten hoch überlegen. Aber in Wirklichkeit waren wir doch noch recht naiv und unerfahren.

Ein Beispiel, das ich nicht gerade als Ruhmesblatt in meiner Lebensgeschichte anführen kann: Von dem Gebäudekomplex der ehemaligen Anstalt war ein Teil hermetisch abgeschlossen und noch zusätzlich weiträumig umzäunt. Manchmal hörten wir aus dieser Gegend auch Schüsse. Es ging das

Gerücht, hier seien von der SS Landesverräter gefangen gesetzt worden. Auf unsere Nachfragen erhielten wir nichts sagende Antworten. Wir gaben uns damit zufrieden. Aber zwei Söhne höherer Offiziere blieben misstrauisch und machten Meldung. Was daraus geworden ist, haben wir nicht erfahren. Später habe ich es mir nicht verzeihen können, dass ich mich den Kameraden nicht angeschlossen habe.

Zu Beginn des Frankreichfeldzuges wurden wir gruppenweise zur kämpfenden Truppe nach Frankreich geschickt. Wir hatten nur den Befehl, eine Sanitätseinheit des VI. Armeekorps aufzusuchen. Dort würde man uns schon irgendwie einsetzen. Ein abenteuerlicher Befehl. Mit der Eisenbahn kamen wir fast nach Luxemburg. Dann verlegten wir uns aufs Trampen, immer mit der Frage an den Fahrer: „Gehört Ihr zur VI. Armee, da müssen wir hin." Meist hieß es, gestern sei der Stab noch hier in der Nähe gewesen, jetzt sei er weiter vorn. „Fahrt nur mit. Nach vorn ist immer richtig." Schließlich trafen wir auf einige Sanitätswagen mit den Zeichen der VI. Armee. Es handelte sich um eine Teileinheit einer Krankentransportabteilung, die einer Vorausabteilung als provisorischer Hauptverbandsplatz zugeteilt war. Diese hatte den riskanten Auftrag im Bereich der Burgundischen Pforte durch die Maginotlinie durchzustoßen, damit diese dann von hinten aufgerollt werden konnte. Wir wurden von dem Stabsarzt, der die Gruppen führte, freudig aufgenommen, da er ohnehin viel zu wenig Leute hatte. Abends kam es zu einem größeren Gefecht. Wir richteten in aller Eile unseren Verbandsplatz her. Aber wir waren völlig unzureichend ausgerüstet. Zunächst kamen einige Deutsche, nur relativ leicht verwundet. Dann kamen viele, viele verwundete, gefangene Franzosen. Wir waren völlig überfordert. Da traf zu unserem großen Glück eine kleine Gruppe gefangener französischer Sanitäter ein, die uns sofort zur Hilfe zugeteilt wurde. Der Führer war ein Kapitain (Stabsarzt), der tatkräftig zugriff und seine Leute einsetzte. Als Elsässer sprach er fließend Deutsch. Ich weiß nicht warum – aber ich kam gleich in nahen Kontakt zu ihm.

Ich habe von diesem Mann, der Jesuit und Arzt war, sehr viel gelernt. Wir haben Seite an Seite gearbeitet, er hat mir alles gezeigt, was ich wissen musste, aber über Politik haben wir nie gesprochen. Ich habe den damals 40-jährigen Kapitain nie mehr wieder gesehen. Vergessen habe ich ihn bis heute nicht. Eine andere Erinnerung aus jenen Tagen: Ein vollständiges französisches Regiment ergab sich uns Sanitätern. Diese Menschen waren völlig demoralisiert.

Nach Ende des Frankreich-Feldzuges 1940 erhielt ich als Unteroffizier Heimaturlaub. Die Urlaubsfreude dauerte nicht lange, dann hieß es, sich auf den Weg zu machen zur Sanitätstruppe der VI. Armee nach Zakopane in Polen. 20 Kilometer entfernt lag Bukovina, wo wir einquartiert wurden. Dort hatten wir ein ruhiges Leben. In dem polnischen Wintersport-Gebiet bin ich hauptsächlich Ski gelaufen – die Skier ließ ich mir von einem polnischen Dorfschreiner anfertigen. Grundsätzlich war es uns streng verboten, Kontakte mit der polnischen Bevölkerung aufzunehmen. Das Verbot hat weil die hier lebenden Goralen – ein slawischer Volksst Tatra – sehr freundlich zu uns waren. Sie hatten meist eine k schaft und verkauften uns Soldaten Gänse, Hühner und Eier. Polnisc haben wir auch gerne mit nach Hause genommen.

In dieser Zeit hörten wir immer Gerüchte, dass Juden zum Straßenbau eingesetzt werden. Wir haben das niemals selbst gesehen und deshalb solche Gerüchte einfach nur zur Kenntniss genommen. Ich kann mich nicht an irgendwelche Judenhass schürenden Parolen erinnern.

1941 hatten wir das Glück, unser Studium fortsetzen zu können. Über Iserlohn, wo wir sechs Wochen auf Stroh in einer Halle lagerten, kamen wir nach Bonn zurück. Wieder genoss ich alle Vorteile des studentischen Lebens. Das änderte sich auch nur geringfügig, als wir statt in Privatquartieren in der Kaserne wohnen mussten – offiziell jedenfalls. Da keine Ausgangsbeschränkung angeordnet worden war, brauchte auch niemand pünktlich in der Kaserne zu sein. Lediglich ein Mal in der Woche war Antreten zum Appell in der Lehrakademie angesagt.

Da wir ja als Medizinstudenten die „Lieblingskinder Hitlers" waren, hatte die Partei großes Interesse daran, uns auf die Parteilinie einzuschwören. Das geschah auf so genannten „Parteiabenden", wo wir uns entsprechende Vorträge und Propagandaparolen anhören mussten.

Das alles reichte nicht, um uns zu linientreuen Nationalsozialisten zu machen. Im Gegenteil. Die kritische Haltung der Wehrmachtsstudenten wuchs von Tag zu Tag. Ein Beispiel: Es gab im Bonner Stadttheater regelmäßig Opern- und Theateraufführungen. Wir alle wurden in der damaligen Zeit immer wieder angehalten, sparsam mit Energie umzugehen. Es hat dafür sehr genaue Vorschriften gegeben. Nur die Parteifunktionäre hielten sich nicht an die Sparvorschriften. Sie fuhren ungeniert abends vor dem Theater in ihren dicken Limousinen vor. Eine Studenten-Klique montierte deshalb eines Abends die Reifen der Autos ab und stellte stattdessen entsprechende Plakate auf, die die Vorbildfunktion der Funktionäre einforderten. „Wir wollen Euch helfen, Benzin zu sparen", stand auf den Plakaten. Die eigentlich skandalöse Geschichte wurde nie publik gemacht. Im Gegenteil. Sie wurde verschwiegen, es wurden auch keine Nachforschungen angestellt, so dass wir ungeschoren davon kamen.

An einem so genannten „Kameradschaftsabend der Studentenkompanie" – zu dem sich viel damalige politische Prominenz eingefunden hatte – führten wir Studenten ein selbst verfasstes Musical auf. Den Text eines Songs habe ich noch im Gedächtnis:

Wir waschen uns mit Einheitsseife,
wir putzen uns den Einheitszahn,
wir tanzen nach der Einheitspfeife,
wir nähern uns dem Einheitswahn.
Wir essen syn- und hypothetisch,
was wir trinken ist genormt.
Und leben nur noch theoretisch und
sind nach Din-A-1 geformt.
Die Kinder zeugen wir am Fließband,
die Quanti- schlägt die Qualität.
Man kommandiert uns wie Heloten,
Befehl du sollst, Befehl du musst.
Wir sind die größten Idioten
und haben's nur noch nicht gewusst.

Ich erinnere mich genau: Die geladenen Gäste haben ob solcher forschen Gesänge buchstäblich den Atem angehalten.

Um eine solche „Entgleisung" aufzufangen, lud einige Zeit später der Kreisleiter der NSDAP zu einem Abend mit Bier und Zigaretten ein. Er redete uns massiv ins Gewissen. Er habe auch Söhne und könnte sich vorstellen, dass man in jungen Jahren etwas kritischer und hitzköpfiger sei. Er legte uns aber sehr energisch und nachdrücklich ans Herz, uns künftig etwas angepasster zu verhalten.

Die Mahnung half nicht allzu viel. Die Schilder mit den üblichen Durchhalte-Parolen, die in allen Straßen angebracht waren, haben wir serienweise abgeschraubt. Stattdessen skandierten wir in der Straßenbahn diese Parolen in entsprechender Betonung!

Zu dieser Zeit stand der U-Boot-Krieg auf dem Höhepunkt. Immer neue Meldungen erreichten uns, wie viele Brutto-Register-Tonnen der Feinde wieder versenkt worden waren. Wir Studenten haben Mülltonnen, die an der Straße standen, in den Teich am Poppelsdorfer Schloss geworfen nach dem Motto: „Wir können auch Tonnen versenken." Wir erhielten lediglich von offizieller Stelle eine Verwarnung.

Unseren Kommandeur in Bonn habe ich heute noch als „Supergenie" in Erinnerung. Er schaffte es, die Partei in dem Glauben zu lassen, er sei ein überzeugter Nazi. Das war er aber auf keinen Fall. Wir Studenten wussten es besser. Eines Tages ging ich mit vier Freunden in ein Godesberger Hotel, in dem die Parteiprominenz verkehrte. Dort gab es im Gegensatz zu anderen Restaurants noch Wein und so gar halbe Hähnchen. Hier verkehrte auch der Standortkommandant von Bonn. Wie das unter Studenten nun einmal ist, wir waren fröhlich und nicht so angepasst leise, wie es sich für ein solches Hotel gehört hätte. Der Chef des Hotels ließ uns ausrichten, sofort leiser zu sein, andernfalls würden wir rausgeschmissen. Der General hörte das an seinem Tisch und wies den Hotelchef zurecht: „Lassen Sie die jungen Leute, sie haben ein Recht darauf, fröhlich zu sein."

Dieser General ging nach dem Attentat auf Hitler, nach dem auch für die Wehrmacht der „deutsche Gruß" eingeführt worden war, immer mit einer Aktentasche in jeder Hand durch die Stadt. Warum er das tat? Damit er den rechten Arm nicht zum „deutschen Gruß" erheben konnte. Er amüsierte sich auch köstlich, wenn wir zum Gruß den Arm nicht nach oben, sondern zur Seite streckten.

1944 hatte ich mich mit einer Tuberkulose infiziert. Es handelte sich um Miliar-Tuberkulose und keine Sepsis, bei der sich die Keime im ganzen Körper ausbreiten. Diagnostiziert wurde aber eine Sepsis, gegen die es damals auch nur Sulfonamide gab. Ich habe dieses Medikament „kiloweise" geschluckt. Anscheinend wurde dadurch auch die Miliar-Tuberkulose gedämpft. Zum Ausheilen der Krankheit wurde ich 1944 nach Meschede verlegt und war damit nicht weit von meinem Heimatort entfernt.

Jeder wusste, dass dieser Krieg ein ganz schlimmes Ende nehmen würde. Aber niemand sprach darüber, aus Angst davor, denunziert und eventuell erschossen zu werden. Der Glaube der Nazis an den Endsieg war allerdings ungebrochen. Man machte alles so weiter, als wäre der Sieg greifbar nahe. Das zeigte sich unter anderem an folgendem Beispiel: Ein Bruder meines engsten Freundes war gefallen und sollte in der Heimat mit militärischen Ehren beigesetzt werden.

Dazu erschien ein sechsköpfiges Kommando aus der Garnison in Arnsberg. Der Vorschrift entsprechend breitete der das Kommando befehligende Feldwebel die Reichskriegsflagge über dem Sarg aus. Daraufhin riss der Vater des Gefallenen wütend die Flagge vom Sarg mit den Worten: „Unter diesem roten Tuch wird mein Sohn nicht begraben." Der Feldwebel erklärte, ohne die Flagge könne er die Ehrung nicht durchführen. Mein Freund und ich, die wir beide als Feldunterärzte natürlich in Uniform waren, haben dann den etwas hilflosen Feldwebel so lange beschwatzt, bis er sich bereit erklärte, auch ohne Flagge die Ehrung vorzunehmen. Er sagte auch gleich, zu seinem eigenen Schutz müsse er die Angelegenheit melden. Namentlich konnte er nur meinen Freund nennen. Mein Name tauchte nicht auf. Als dann die Sache bei unserem Kommandeur in Bonn auf dem Tisch landete, ließ dieser alle seine Verbindungen spielen. Mein Freund wurde nach Süddeutschland abkommandiert und dort von einer Stelle zur anderen versetzt, so dass sich seine Spur bei dem nach der Invasion langsam einsetzenden Chaos verlor.

Mittlerweile stand der Amerikaner vor unseren Dörfern. Damals habe ich die ersten Häftlingskolonnen gesehen, die sich mühsam dem Amerikaner entgegen schleppten. Noch heute habe ich das Entsetzen, das mich bei diesem Anblick befiel, in Erinnerung.

Dann marschierten die Amerikaner in Meschede ein. Unser Chefarzt und ich wollten mit der weißen Fahne das Lazarett übergeben. Die amerikanischen Panzerrohre standen schießbereit auf uns gerichtet. Der amerikanische Sanitätscaptain ging durchs Haus und ordnete an: „Keiner darf den Platz verlassen, weitermachen wie bisher."

Der Captain kam am anderen Morgen wieder. Ich erhielt den Auftrag, alle Waffen einzusammeln. Das habe ich getan, allerdings die Schlagbolzen aus den Pistolen habe ich vor dem Abgeben heraus geholt und weggeworfen.

Probleme hatten wir mit der Ernährung der rund 100 Kranken in unserem Lazarett. Wir trugen unsere Sorgen dem amerikanischen Captain vor. Am nächsten Tag kam ein Jeep angefahren, auf dem eine tote Kuh lag. Das Fleisch sicherte unsere Mahlzeiten zumindest für einige Tage.

Bald darauf wurde unser Lazarett nach Beringhausen bei Meschede verlegt. Ein anderer Captain hatte nun das Sagen. Ein Mann, vor dem unser Stabsarzt eine unbeschreibliche Angst hatte. Zum Glück sprach ich gut Englisch und konnte immer übersetzen. Allerdings, wenn mir etwas nicht passte, was der Amerikaner sagte, dann tat ich so, als verstände ich es nicht. Dieser Captain hatte übrigens stets die Beine auf dem Tisch, wenn wir ins Zimmer kamen. Er bot mir eine Zigarette an. Ich rauchte zwar nicht, nahm die Zigarette aber trotzdem an, in dem ich über die Beine des Amerikaners hinweg auf den Tisch langte und die ganze Schachtel wegnahm. Ich gab sie unserem Stabsarzt, der ein leidenschaftlicher Raucher war. Übrigens, von diesem Zeitpunkt an legte der Captain nie mehr in unserer Gegenwart seine Beine auf den Schreibtisch.

Einige Wochen später kamen die Engländer, sie benahmen sich korrekt, waren aber sehr distanziert. Als Wachtruppe hatten sie Polen in englischer Uniform mit polnischen Hoheitszeichen eingesetzt. Alles lief sehr korrekt ab. Wir hatten keinen Stacheldraht um unser Lazarett, wurden aber gut bewacht.

Während meiner Gefangenschaft durfte ich im Winter 1945/46 öfter nach Hause – zu Fuß natürlich. Die körperliche Bewegung an frischer Luft war für eine endgültige Genesung sehr hilfreich. Anfang Februar 1946 wurde ich entlassen.

Sehr bald meldete ich mich in Münster bei der Universität an, um mein Studium abzuschließen. Mir fehlten noch drei Semester. Ich wohnte damals in Wolbeck bei Verwandten auf einem Bauernhof. Zu der Zeit war Münster eine Trümmerwüste. Zwischen Schloss und Bahnhof stand kein Haus mehr.

Bevor ich aber die Zulassung zum Studium erhielt, musste ich einen seitenlangen Fragebogen ausfüllen. Ob ich in der NSDAP oder anderen Parteiorganisationen gewesen sei? Ich schrieb hin: Nein. Folglich erhielt ich meine Immatrikulation. Aber in Ruhe studieren konnte ich immer noch nicht. In Bestwig/Sauerland – in der Nähe meines Heimatdorfes – waren die Unterlagen von der Hitler-Jugend auf der Straße gefunden worden. Auch meine Karte war dabei, so dass damit meine Immatrikulation wieder in Frage gestellt worden wäre. Die Karte spielte mir jemand zu, und ich vernichtete sie schleunigst. Daraufhin besorgte ich mir zwei Schachteln Zigaretten und ging ins Sekretariat der Universität. Ich bat um meinen Fragebogen mit dem Hinweis, diesen noch vervollständigen zu müssen. Der Sekretär gab ihn mir und steckte sich die Zigaretten ein. Ich blieb lange in der Ecke des Raumes sitzen. Als der Sekretär einmal abgelenkt war, verschwand ich schnell mit dem Fragebogen.

Lothar Ester

... und ich will es nicht vergessen[1]

Für Ursula und Matthias

„*Seit gestern bin ich ein Gefangener und befinde mich bereits in der Mitte Frankreichs. Es muss getragen sein. [...] Meine Situation beschreibe ich Dir nicht; der Hohn des Volkes ist furchtbar.*"

Theodor Fontane an seine Frau, 6. Oktober 1870[2]

Beim Appell wird der Marschbefehl ausgegeben: Sonntag, 25. März 1945, Abmarsch aus Detmold. Zu Fuß geht's über Augustdorf, Sande, Verl, Wiedenbrück, Batenhorst nach Beckum. Unterwegs erster Jaboangriff, keine Verluste. Bis Karsamstagmorgen, 31. März 1945: Einquartierung im Finanzamtskeller in Beckum. Dann Marsch über die Autobahn bis Hamm. Erste Feindberührung: Jabos, Panzer, Flammenwerfer. Rückzug bis Vorhelm – schwere Kämpfe, starke Verluste. Rückmarsch bis Beckum, Herzfeld, Cappel. Erneut Feindberührung: Jabos, Panzer, Flammenwerfer. Von Ostermontag auf den 3. April 1945: Überquerung der Glenne – vor Müdigkeit in stinkigem Strohhaufen eingeschlafen.[3]

Wenn man die heute verfügbaren Informationen zusammenträgt und mit meinen Erinnerungen in Bezug setzt, ergibt sich folgendes Bild: Bei jenen jungen Soldaten handelt es sich um Fahnenjunker, die den Reserveoffizierbewerber-Lehrgang VI in Detmold besuchen. Jetzt werden sie in Regimentsstärke Richtung Ruhrgebiet in Marsch gesetzt. Dort sollen sie sich dem Feind entgegenwerfen. Der ROB-Lehrgang VI taucht somit in den Kriegstagebüchern der Wehrmacht auf.

Aus einem Meldebuch: „Heute früh wurde ich mit meinem Fahnenjunker-Regiment in Stärke von etwa 1400 Mann gegen den Feind westlich Ahlen mit dem Auftrag eingesetzt, den weiteren Vorstoß des Feindes aufzuhalten. Wir wurden bis östlich von Beckum zurückgeschlagen. Ich habe außer einigen schweren Infanterie-Waffen keine weiteren schweren Waffen und habe etwa die Hälfte meiner Leute verloren."[4]

In strömendem Regen treffen wir unseren Inspektionschef, den „Alten": „Jungs, macht jetzt, dass Ihr zu Eurer Mutter kommt! Hier ist eine Karte –

Grenadier Lothar Ester – Sommer 1944

alles Gute!" Nach gastlicher Aufnahme und einem guten Essen in einem Bauernhaus westlich von Eikeloh – und das „zwischen den Fronten" – gelangen wir unter abenteuerlichen Begegnungen mit übermüdeten Amis, strammen SS-Leuten bei Erwitte und befreiten russischen und französischen Kriegsgefangenen über Eringerfeld, Flugplatz Störmede zum Ettinger Hof bei Rüthen – das Sauerland liegt so nah.

Im Morgengrauen des 6. April 1945 erreichen wir dann das Sauerland. Neues Hindernis: das Überqueren der Möhnestraße Brilon – Belecke, die laufend von kleinen Autos befahren wird. Jeeps hatten wir noch nie gesehen! Dennoch überqueren wir gegen 16 Uhr die Möhnestraße. Alles geht gut. Nun wollen wir parallel zur Straße bis zum Bahnhof Scharfenberg vorstoßen – bewaffnet im Niemandsland? Auf halbem Weg treffen wir auf starke amerikanische Kolonnen, die uns anscheinend noch nicht bemerkt haben. Alles liegt flach. Plötzlich kommen aus dem Wald – aus Richtung Brilon – drei Reichsarbeitsdienst-Führer, schwer bewaffnet, auf uns zu. Sie umstellen uns. Wir erhalten unheimliches Feuer: von vorne durch die Amis, von hinten durch die RAD-Späher aus dem nahen Ruhrkessel. Wir robben zurück – den Amis genau in die Arme! Wir müssen uns ergeben. Gefangen also! Eine Stunde von zu Hause entfernt. Nur einer fehlt: Jupp Greitemann. Er fiel an unserer

Seite. Von einem RAD-Feldmeister wurde er erschossen, weil er sich ergeben wollte. Bei uns große Empörung hierüber.[5]

Aus einem Bericht der Briloner Tageszeitung „Westfalen-Post" vom 9. Mai 1997: „Es ist mucksmäuschenstill, und betroffen verfolgen die Schüler, die sich im Scharfenberger Wald versammelt haben, was ihnen Schulamtsdirektor a.D. Lothar Ester erzählt. Hier an dieser Stelle sei sein Kamerad Josef Greitemann nur einen Monat vor Kriegsende erschossen worden und zwar nicht von alliierten Soldaten, sondern von einem deutschen Feldmeister, weil er sich den Amerikanern ergeben wollte, erzählt der ehemalige Soldat. Für die 60 Schüler der Eduard-Pape-Hauptschule aus Brilon ist der Ausflug in den Scharfenberger Wald Teil ihres Geschichtsunterrichts. Mit ihren Rädern sind sie dorthin geradelt, wo ihr Lehrer mit einigen Schülern erneut ein Holzkreuz errichtet hat, das an Josef Greitemann erinnern soll. Lothar Ester liest den jungen Leuten aus seinem Kriegs-Tagebuch vor und stellte fest: „Für mich ist dieses Kreuz ein Denkmal. Es soll Anstoß geben und ein Mahnmal zum Frieden sein." Von Hamm aus, wo sich ihre Einheit aufgelöst hatte, waren die sechs sauerländischen Soldaten Anfang April 1945 gen Heimat aufgebrochen. Durch besetztes Gebiet schlugen sie sich in sechs Tagen bis in den Scharfenberger Wald durch. Dann heißt es in Lothar Esters Tagebuch: „Auf halbem Weg treffen wir auf starke amerikanische Kolonnen ..."

Die Inschrift auf dem Kreuz sagt:

Zum Gedenken
an
Josef Greitemann
aus Grimminghausen bei Schmallenberg
geboren am 2. Juni 1926
erschossen am 6. April 1945

Über Wülfte, wo wir die erste Nacht unter starker Bewachung in einem Hühnerstall verbringen, geht es am nächsten Morgen zum Forsthaus zwischen Marsberg und Bredelar. Auf einer großen Wiese beziehen wir ein provisorisches POW-Camp. Auf dem Rasengelände liegen schon in ausgerichteter Kreisform an die 150 Gefangene, flach bäuchlings auf dem Boden, alle mit dem Kopf zur Mitte ausgerichtet. Ringsherum stehen Schützenpanzer, Panzer und wohl an die 100 US-Soldaten, um die kampfmüden, erschöpften und hungrigen Gefangenen zu bewachen. Durch die „Platzanweiser" ergeht die Weisung, uns in gleicher Regelmäßigkeit auf den Rasen ringförmig zu legen. Vom Balkon des Forsthauses herrscht uns ein US-Offizier in barschem, aber akzentfreiem Deutsch an und treibt uns zur eiligen Durchführung. Ab und zu fällt ein Warnschuss von den bewachenden Soldaten. Uns wird dann vor Einbruch der Dunkelheit durch den Offizier zugerufen, dass wir ständig auf dem Bauch liegen bleiben sollen, uns weder aufzurichten noch umzudrehen hätten und keinerlei Gespräche führen dürften. Die Nacht wird bei dem anhaltenden Regen, der uns völlig durchnässt, kühl und lang. Es bedarf schon einiger Regenwurmtechnik, wenn das Bedürfnis sich bemerkbar macht, Wasser zu lassen. Dann buddelt man unauffällig mit den Fingern an der passenden Stelle ein kleines „Auffangbecken" im gepflegten Rasenniveau und lässt mit zeitlicher Verzögerung das Wasser so ab, dass der Wasserspiegel keine bedrohliche Flut für den ohnehin verlegenen Mann verursacht. So harren wir aus in einer in jeder Hinsicht unfreundlichen Nacht mit fröstelnden Gliedern, einem leeren Magen und einer durstigen Kehle – ständig von Scheinwerfern angestrahlt und beobachtet. Es ist der erste Tag in Gefangenschaft![6]

Wohl jeder ehemalige POW erinnert sich an die waghalsigen, oft lebensgefährlichen „Reiseunternehmen auf Sattelschleppern". Dass die westalliierten Soldaten Fußmärsche weitgehend meiden und die Gefangenen davon profitieren, wird zu einem Schlüsselerlebnis der das Marschieren gewohnten Deutschen. Es verdeutlicht schlaglichtartig den hohen Grad der technischen Ausrüstung und damit die Überlegenheit des „Feindes". Auch hierdurch wird die militärische Niederlage einsichtig, begründbar und letztlich auch akzeptierbar. Bei Gesprächen im Lager wird später immer wieder über die tollkühnen Fahrkünste der farbigen Amerikaner berichtet, die den Gefangenen Angst und Schrecken eingejagt, aber auch Respekt abverlangt haben. Mein Weg führt in die Gefangenenlager am Rhein, zuerst nach Remagen (südlich von Bonn) und später nach Rheinberg (bei Kleve).

Die POW-Camps waren nach einem einheitlichen Muster „eingerichtet": ein Quadrat mit rund 300 Meter Seitenlänge, an allen vier Ecken ein mit Maschinengewehren bewaffneter Doppelposten auf einem Wachturm. Das war's dann schon – bis auf einige Zelte für die Verwaltung und – wenn's die überhaupt mal gibt – für die Verpflegung. Die „Behausungen" muss man sich selbst erstellen: Es wird ein Loch in die Rheinwiesen gegraben mit Hilfe einer Latte oder – wenn man Glück hat – eines Stahlhelms. Einen Großteil der „Verpflegung" besorgt sich jeder Gefangene selbst: Unkraut, Gras, Wurzeln dieser Pflanzen, vermischt mit dem ausgegebenen heißen Wasser – Suppe genannt; das ist das „Geheimrezept" für die „POW-Frühlingssuppe".

Der Warendorfer Künstler Wilhelm Götting, der als Kriegsgefangener auch in Rheinberg war, hat das Lagerleben in einer Federzeichnung festgehalten, die mein Sohn Matthias für mich erstanden hat.

Wenn die Gefangenentransporte per Sattelschlepper für uns alle ein ungewohntes und nicht selten gefährliches Erlebnis bedeuteten, so waren die Transporte in Güterwagen der Eisenbahn geradezu gemein, schikanös und

Federzeichnung von Wilhelm Götting: „Sonniger Tag" im Kriegsgefangenenlager Rheinberg, Frühjahr 1945

Bleistiftzeichnung von Wilhelm Götting: „Waffenstillstand im Lager Kreuznach – Tot am Morgen", 8. Mai 1945

unmenschlich. Es ging quer durch Holland und Belgien in die verschiedenen Provinzen Frankreichs oder zur normannischen Küste zwecks Weitertransport nach Großbritannien oder in die USA. Ich erinnere mich, dass von vielen Brücken, die unser Zug mit offenen, verdreckten Kohlenwagons unterquert, die Bewohner Pflastersteine, die sie in Handkarren angefahren haben, und andere schwere Gegenstände in die überfüllten Güterwagen werfen. „Jeder Wurf ein Treffer!?" In Namur laden wir drei tote Kameraden aus unserem Wagon. Und wenn wir das – Gott sei gedankt – überstanden haben, bedenkt uns der entgegenkommende Lokführer mit einer Dusche heißen Wassers. Allerdings gibt es auch positivere Erfahrungen, wie ein ehemaliger Kriegsgefangener zu berichten weiß: So versuchen bei Aufenthalten auf freier Strecke wiederholt Zivilisten und Kinder vergeblich, uns mit Wasser und Verpflegung zu versorgen.[7]

Es geht über Moers, Krefeld, Aachen und Maastricht nach Namur. Es ist schon dunkel, als wir die Stadt erreichen. Im Eiltempo jagt man uns vom Bahnhof durch die Straßen in ein Lager. Einige können nicht mehr laufen. Im Lager gibt es die typisch amerikanischen Dosen: Kekse und salzige Kartoffeln. Aber kein Wasser! Gott sei Dank hat es am Nachmittag geregnet, so dass in dem Lager, dessen Örtlichkeit ich in der Dunkelheit nicht klären kann, überall große Wasserlachen und Pfützen entstanden sind. So legt man sich eben auf die Erde und trinkt aus den Pfützen. Zum ersten Male erlebe ich, was eigentlich „Durst" ist.

Ein ehemaliger Kriegsgefangener berichtet: Niemals vergesse ich die Wasserpfützen von Namur in Belgien, aus denen wir Kriegsgefangene – nach tage- und nächtelanger Fahrt im Viehwagon – unsere Lippen nässten; oder auch jenes Regenwasser, das wir – heimlich und unter Gefahr – vom Dach des Wagons sammelten, um es löffelweise an die Kameraden zu verteilen.[8]

In Namur bescheren mir junge Belgierinnen auf dem langen Marsch vom Bahnhof zum Lager eine besondere Überraschung: Sie ziehen mich aus der Reihe der marschierenden POW, zur Gegenwehr fehlt mir jegliche Kraft, und schlagen unter anderem mit einer dünnen, rundlichen Eisenstange auf mich ein. Einige Zähne treten erfolgreich den „Weg ins Freie" an und der geborstene Oberkiefer erinnert mich noch heute an diesen ersten „Kontakt".

Schon am nächsten Tag fahren wir wieder mit der Bahn, diesmal nicht in offenen, sondern geschlossenen Wagons, in Richtung Westen. Die hygienischen Zustände und die unzureichende Verpflegung fordern unter den geschwächten POW weitere Opfer. An Paris vorbei erreichen wir nach einigen Tagen Rennes, die Hauptstadt der Bretagne. Hier werden wir zunächst in einem großen zentralen Camp auf freier Fläche zusammengepfercht. Rund 50 Männer kommen in ein Zelt, bewacht von amerikanischen Posten. Und da auch hier die hygienischen Zustände unmenschlich sind, nimmt das Sterben der Kameraden rasant zu: kein Wasser, nur eine riesige Latrine mit „Donnerbalken". Ich habe inzwischen stark abgenommen, die ständig durchnässte Uniform ist der Gesundheit nicht zuträglich. Die Ansteckungsgefahr ist wegen der unerträglichen Enge groß. Ich erkranke schwer. Der Lagerarzt bestätigt lediglich lakonisch: „Diarrhöe". Durchfall, Ruhr, Blut im Stuhl, Schwindel bei jedem Aufstehen „aus dem Bett" – der platt gelegene Lehmboden ersetzt hier die gewohnte Schlafstätte. Minutenlang halte ich mich beim Aufstehen an dem Zeltgestänge fest, bis das Gleichgewicht wiederhergestellt ist. Dann beginnt die Suche nach dem teuer erstandenen Eimer im Zelt, dem „Behelfsklo", das ich dann ständig mit mir herumtrage. Für eine halbe Scheibe matschiges Maisbrot habe ich dieses (im wahrsten Sinne des Wortes) notwendige Gerät erstanden. Und da ich inzwischen sauerländische Kameraden gefunden habe, die mir, dem Jüngsten unter ihnen, beistehen, komme ich auch jedes Mal unversehrt von der Latrine zurück. Josef Kahle, Oberfeldwebel, Carl Kruse, Stabsgefreiter, beide aus Olsberg, und Zimmermeister Franz Schulte aus Brilon, tragen mich zeitweise zur Latrine oder zu den Zählappellen, wo ich dann auf meinem Eimer sitzend die oft stundenlange Prozedur überstehe.

Arbeit, welcher Art auch immer, ist nicht vorgesehen, wäre aber auch schlichtweg aus Krankheitsgründen nicht möglich. Wir werden an jedem Morgen – trotz der inzwischen einsetzenden Hitzeperiode – an großen Plakatwänden, auf denen die Opfer der Konzentrations- und Vernichtungslager zu sehen sind, vorbei geschleust. Schlimme Bilder – von der Existenz der Vernichtungslager habe ich durch Berichte meines ältesten Bruders Franz, der Oberarzt an der Ostfront war, wohl gehört, aber an ein solches Ausmaß an Grausamkeit und Menschenverachtung niemals gedacht. Nach jedem Zählappell und auch nach dem täglichen „Vorbeimarsch" werden zahlreiche tote POW auf einem Leiterwagen von den einigermaßen kräftigen Kameraden aus dem Lager gebracht.

Wie der kanadische Historiker James Bacque in den späten 1980er Jahren die Öffentlichkeit mit Nachdruck daran erinnert hat, war es die offizielle Politik amerikanischer Generäle, den in den letzten Kriegstagen und nach der Kapitulation in Gefangenschaft genommenen deutschen Soldaten den Kriegsgefangenen-Status zu entziehen und ihnen monatelang lediglich ein kaum ausreichendes Existenzminimum an Verpflegung zuzugestehen. Es war offensichtlich nicht so sehr die schwierige Versorgungslage als vielmehr der moralisch verbrämte Gedanke der Vergeltung und des amerikanischen Sendungsbewusstseins, der zu den katastrophalen Zuständen in vielen Lagern führte.[9]

Aus einem Bericht eines POW: Es war das so genannte Todeslager. Die Landser starben hier wie die Fliegen. Jede Nacht wurden zig Tote an einen Zaun gelegt, von wo sie dann im Laufe des Tages abtransportiert wurden. An einem Morgen lagen dort 128 Tote. Soviel mir in Erinnerung ist, dauerte es vier Tage, bis wir etwas zu essen bekamen, und das war eine fingerdicke Scheibe Weißbrot, die wir uns zu acht Mann teilten, so dass jeder ein Stück bekam, das etwas größer als ein gewöhnlicher Würfel war. Das Lager war ein großes, freies Feld, es gab keinen Baum, keinen Strauch, und das Gras, das vorher hier gewachsen war, das hatten die Landser bereits sorgfältig mit den Wurzeln ausgegraben und in Blechbüchsen gekocht und gegessen. Um nicht auf der freien Fläche schlafen zu müssen, hatten wir uns zu zweit oder dritt Löcher ausgehoben, in denen wir lebten und schliefen. Das ganze Lager war mit ausgehobenen Löchern übersät. Wenn man zur Toilette oder irgendwo anders hinwollte, musste man auf den erhöhten Rändern der Löcher entlang balancieren.

In den ersten Wochen gab es kein Essen. Heute, Freitag, 27. April 1945, gab es die erste Verpflegung: Eine Scheibe Brot für zehn Personen, sprich ausgehungerte Kriegsgefangene. Wir suchten weiter nach Löwenzahn, Sauerampfer – alles, was die Umgebung bot, wanderte schnellstens in den Kochtopf. Der Kochtopf bestand aus einer großen Konservendose von fünf Litern. Hier wurde all das „Grüne" gekocht, heute als Suppe oder morgen als Gemüse, klein geschnitten, solange die Rheinwiesen noch etwas Grünes hergaben.[10]

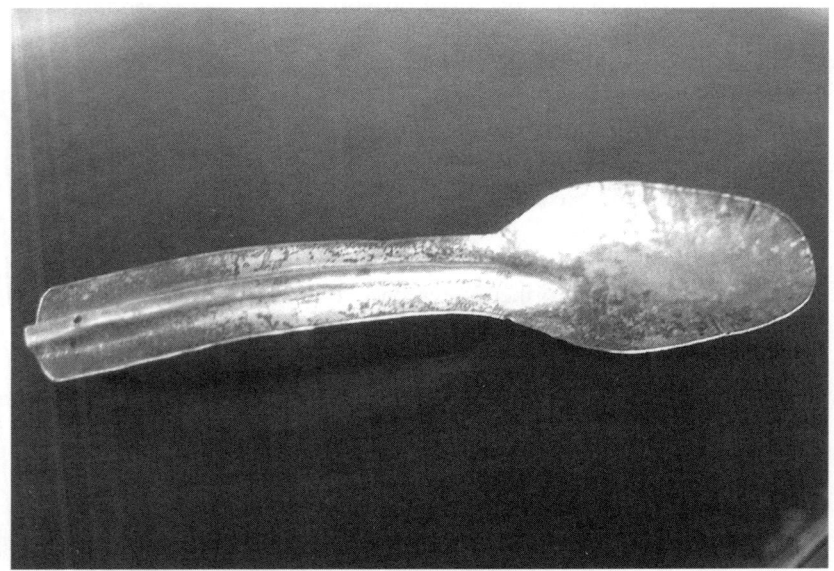

Mein „Eßlöffel", gefertigt aus einer amerikanischen Blechdose im Lager Rennes (1945)

Nun gab's an diesem Tag eine wirkliche Überraschung, wir bekamen drei rohe Kartoffeln für vier Mann und ein Kochgeschirr voll Wasser mit Chlor durchsetzt für alle. Wir glaubten, es sei Weihnachten. Aber wir schrieben den 29. April 1945 ... Einen Tag später, Montag, 30. April 1945, war ein großer Tag, es gab zwei Löffel Rosinen und zwei Scheiben Brot für vier Mann im Erdloch.[11]
Auch wenn diese Originalberichte sich zum Teil auf die Lager in den Rheinwiesen beziehen, besser ist's in Rennes wahrlich nicht gewesen!

In den Berichten der „Wissenschaftlichen Kommission der Bundesregierung für die Dokumentation des Schicksals der deutschen Kriegsgefangenen des Zweiten Weltkriegs" kann man nachlesen, dass nach Kriegsende 1 065 000 deutsche Kriegsgefangene in französischer Hand waren.[12] Die Franzosen haben offenbar penibel darüber Buch geführt, wer aus Gefangenschaft flüchtete und wer wieder gefangen genommen wurde. Auf den Kopf genau: 171 029 brachen aus, 81 507 erreichten die Heimat, 89 522 Gefangene wurden wieder gefasst. Aber die Zahlen der Toten kennt man nicht, obwohl man doch über die Zahl der Entlassenen genaue Notizen gemacht hat. Im Bericht der „Wissenschaftlichen Kommission" heißt es zu diesem Thema: „Die Erwartung, die Mortalität unter den Gefangenen im Bereich einer westlichen Gewahrsamsmacht mit genauen Zahlen belegen zu können, bleibt unerfüllt. Zum Verständnis trägt jedoch bei, dass unter den Verhältnissen in den ersten Monaten nach Kriegsende auch im Westen manches dunkel blieb, dunkel bleiben musste. Das Chaos verdarb so manch gute Absicht, die sich auf dem Papier fürsorglich, menschlich und übereinstimmend mit dem Genfer Recht ausnahm."[13]

Ein französischer Lagerkommandant verglich den Zustand der Lager bei der Übergabe an die Franzosen mit Buchenwald und Dachau. In einem Bericht von „Le Monde" vom 30. September/1. Oktober 1945 heißt es: „So wie man heute von Dachau spricht, werden die Menschen in zehn Jahren überall in der Welt von Lagern wie Saint Paul d'Egiaux sprechen, wo gegen Ende Juli 17 000 von den Amerikanern übernommene Menschen so schnell starben, dass in wenigen Wochen zwei Friedhöfe von je 200 Gräbern gefüllt waren."[14]

Während wir von den Wachsoldaten, die sehr oft von Farbigen gestellt werden, einigermaßen gut behandelt und unterwegs, soweit das überhaupt möglich ist, auch vor Übergriffen der Bevölkerung geschützt werden, ist der Wechsel zwischen diesen und den uns gegenüber feindlicher eingestellten Angehörigen der „Polnischen Befreiungsarmee" eine radikale Verschlechterung. Das bekannte „Spiel": Zigarette des Postens hinter den Warndraht werfen und dann von

POW suchen oder holen lassen, endet oft tödlich; es ist ja schließlich verboten, den Warndraht zu überschreiten …

Die „Parolen" grassieren, tagtäglich gibt's neue: „Das Heimkehrdatum steht nun endlich fest – der Hl. Stuhl zu Rom hat sich eingesetzt – wir werden entlassen." Die Wirklichkeit ist grausam: An einem Morgen Anfang Juni 1945 stehen auf den Wachttürmen nicht mehr Polen, keine farbigen Amerikaner mehr, sondern dunkelhäutige französische Kolonialsoldaten.

Die amerikanische Flagge ist durch die französische Trikolore ersetzt worden. Vor den Toren sehen wir französische Offiziere und andere Dienstgrade. Man hat uns, Tausende hoffnungsfroher Menschen, in aller Heimlichkeit an die Franzosen übergeben. Wir fühlen uns verraten und verkauft. Unbeschreibliche Szenen spielen sich in den nächsten Tagen ab. Selbstmord und Selbstverstümmelung. Mehrmals werden wir von den Amerikanern und Franzosen gezählt. Nie stimmt die erwartete Kopfzahl. Fluchtversuche enden tödlich im Stacheldraht. Die französischen Militärärzte werden aktiv. Die Untersuchung geschieht höchst oberflächlich, das heißt rein äußerlich. Wir fühlen uns wie am Sklavenmarkt.[15]

Inzwischen bin ich vom zentralen Zeltlager in das „Fabriklager" (Lager 1101) in Rennes überstellt worden, ein Lager, das in einer alten Fabrikanlage eingerichtet worden ist. Der Traum von der Entlassung ist ausgeträumt; hier werden wir auf unsere künftige Arbeit unter französischer Obhut vorbereitet. Zuerst werden Kommandos für die „deminage" (Minenräumung) zusammengestellt. Im Landserjargon heißt diese Truppe schlicht „Himmelfahrtskommando".

Auf einige unvergessliche Erlebnisse will ich hier eingehen. Inzwischen haben wir uns mit Papier, das wir aus den Verpflegungssäcken „gewinnen", versorgt. Die „Papierflut" hat vor allem auf zwei Bereiche des PG – so heißen wir jetzt: Prisonniers de Guerre – bislang waren wir Prisoners of War – enormen Einfluss: Wir schreiben Kirchenlieder und Psalmen, Gebete, Volkslieder und Gedichte auf, tauschen sie aus und schreiben sie ab – eine wahrlich sinnvolle Beschäftigung. Mein „Gebets- und Gesangbuch", dessen Einband ich aus dem Silberpapier von der Innenhaut eines Ami-Brotsacks fertigte, begleitet mich bis heute. Es ist ein Schatz: „Autoren" sind unter anderem Kardinal Newman, Rainer Maria Rilke, Hermann Claudius, Angelus Silesius, Georg Thurmair, Gertrud von le Fort, Reinhold Schneider, Augustinus, Friedrich Wilhelm Weber, aber auch Kameraden aus dem „camp des prisonniers", wie zum Beispiel Hans Fritz, der das Lied „Weihnachten eines PG" verfasst hat, das im Anhang abgedruckt ist. Die zweite „Beschäftigungswelle", die sich im Lager ausbreitet und dann von Camp zu Camp, von Depot zu Depot geht, ergibt sich ebenfalls aus der trostlosen Gefangenensituation. Wir schreiben die ausgefallensten Rezepte ab – „man nehme 35 Eier" – je mehr, desto ansprechender ist die Vorfreude ...

Auch über unerfreuliche Vorkommnisse – pars pro toto – muss ich berichten. Hunger und Durst führen oft zu unverständlichen Reaktionen. Der erste französische Lagerkommandant kommt täglich in unsere „Behausung". Er lässt sich regelmäßig melden, alle müssen dabei aufstehen, einige fallen vor Schwäche um, nur seine Dogge schnuppert ungestört und unbeeindruckt. Wir beschließen, den Hund „bei Gelegenheit" zu fangen, ihn zu töten und unseren kargen Speiseplan damit etwas „aufzulockern". Gesagt, getan. Nach zwei Wochen sehen sich die Beteiligten in einem Abwasserkanal der Stadt Rennes wieder: der Metzger aus dem Bergischen, der Koch aus Bayern und einige, die neben diesen beiden PG ihre Schlafplätze haben. Im Abwasserkanal hat die französische Bewachungsmannschaft einen Bereich von rund 100 Metern mit Stacheldraht auf beiden Seiten abgesperrt, der Ein- und Ausstieg erfolgt durch einen Kanaldeckel, der im Camp liegt ... und fertig ist das Gefängnis im Gefangenenlager. Da mein Liegeplatz neben dem des Kochs ist, gehöre ich auch zu den „Verurteilten": Acht Tage Bau! Jeder, der schon einmal eine Großstadtentsorgung gesehen hat, kann sich das Vegetieren in dieser Enge, auf einem nur 1,50 Meter breiten Randstreifen ohne „Flüssigkeit" vorstellen, von dem „Aroma" ganz zu schweigen. Verpflegung gab's natürlich nicht.

Unter „strengsten Sicherheitsmaßnahmen", das heißt unter den Augen der Hungernden, wird die tägliche Minibrotration aufgeteilt. Im Fabriklager geschieht das „unter Ausschluss der Öffentlichkeit". Unser Kompaniefeldwebel verzieht sich in eine Kammer und schneidet das Brot in gleich große Teile: ein Schnitt durch die Mitte des Brotes und drei Schnitte quer, das ergibt acht quadratische Brocken Maisbrot. Damit dieses Brot „genießbar" wird, tragen wir es – in kleine Scheiben geschnitten – auf einem Stück Pappendeckel vor uns her. Wir erhoffen uns ein „Nachbacken" mit Hilfe der Sonne. Der besagte Kompaniefeldwebel hat sich nun Gedanken gemacht, wie er zu einem „Nachschlag" beim Brotverteilen kommen kann. Und so führt er nicht einen, sondern zwei Schnitte durch die Mitte des Brotlaibs, so dass bei jedem Brot eine große Scheibe für ihn abfällt. Das war dann auch seine letzte „Tat" für seine Kameraden.

Eines Morgens sehen wir, wie aus einem Nachbarcamp die bislang in deutsche Uniformen gekleideten PG ihre Kleidung wechseln, sie erhalten aus amerikanischen Lastwagen heraus den khakifarbenen Amidress. Und dann bekommen sie noch Ausgang! Fröhlich streben sie den wartenden Transportern zu, die sie wohl in die Stadt fahren. Am Abend kehren diese „Ehemaligen" froh gelaunt zurück, stürzen sich auf die inzwischen von den Amis ausgelieferte Verpflegung und trinken, trinken, trinken. Am nächsten Morgen werden wir alle von dem ohrenbetäubenden Motorenlärm amerikanischer Panzer geweckt – die Amerikaner umstellen das Camp und laden die Insassen in Sattelschlepper. Der Weg führt, wie wir später erfahren, zum nahen Flughafen. Im Jalta-Abkommen vom 11. Februar 1945 zwischen Roosevelt (USA), Churchill (GB) und Stalin (SU) hatten sich die Westalliierten verpflichtet, die Soldaten der KONR (Komitee zur Befreiung der Völker Russlands) unter General Andrej Wlassow der „Zwangsrepatriierung" (so der Wortlaut im Abkommen) zuzuführen – und unsere „Nachbarn" waren Angehörige der russischen Wlassow-Armee in der deutschen Wehrmacht. Wie andere Vorkommnisse auch widerspricht diese Aktion dem Internationalen Recht und der Genfer Kriegsgefangenenkonvention. In Russland erwartet sie der Tod durch Erschießen.

Einmal in der Woche kommt Pater Lorenz Roosen in unser französisches Lager, er ist noch Gefangenenseelsorger bei den Amerikanern. Wichtig für uns ist, dass er einer der unsrigen ist, ebenfalls Kriegsgefangener in Rennes. Er spricht zu seinen Mitgefangenen – wir nehmen ihm das Gesagte ab, es ist uns Trost und Hilfe. Noch nie hatte ich als Messdiener für einen Gottesdienst eine Ablösung gebraucht – hier dienen wir mit sechs PG, jeweils 15 Minuten für zwei. Schweißgebadet und oft völlig erschöpft treten wir nach einer Viertelstunde ins Glied zurück – besser: wir setzen oder legen uns.

Nach schweren Wochen im Lager 1101 in Rennes geht's zum Depot 116 – es liegt in einem kleinen bretonischen Dorf mit Namen Pleyber-Christ im Department Finistère südlich von Morlaix. Dieses Lager ist in einer ehemaligen Wehrmachtsbäckerei untergebracht. Hier erleben wir eine durchaus korrekte Behandlung durch den französischen Lagerkommandanten. Er war vier Jahre in deutscher Gefangenschaft, spricht deutsch und revanchiert sich – soweit es ihm möglich ist – für die anscheinend gute Behandlung im Schwabenland. Die Verpflegung ist „schwach ausreichend", das Lagerleben wird von deutschen Feldwebeln geregelt. Des Nachts „ergänzen" wir unseren Speisezettel mit Kartoffeln, Zwiebeln und Zuckerrüben, die wir gemeinsam mit französischen Dorfbewohnern auf den nahen Feldern „organisieren" – die ersten friedlichen Kontakte mit Franzosen werden hier im Depot 116 und auf den Feldern der Umgebung geknüpft.

Nach vierzehn Tagen „récréation" in Pleyber-Christ kommt eines Morgens der Spieß und erklärt mir, dass „das Sterben in freier Natur günstiger ist als hier im Lager". Er sucht einen weiteren „cultivateur", der der Landwirtschaft an der bretonischen Küste „auf die Beine helfen soll". 17 hat er schon gefunden – und nun trifft mich seine Wahl. Daran denkend, dass ich keinerlei Ahnung von bäuerlicher Arbeit habe, sage ich ihm, dass ich doch nur Schüler sei.

Das überzeugt ihn keineswegs, er nimmt meine „carte d'identité", auf der als Beruf Schüler verzeichnet ist, und ergänzt die Berufsbezeichnung zu „Landw.-Schüler". Wenige Minuten später stehe ich schon auf einem Kleinlaster „Opel-Blitz", ehemals ein Wehrmachtsfahrzeug. Gepäck hat man nicht, meinen gesamten „Besitz" trage ich am Körper. Auf geht's. Von einem Bauernhof zum nächsten ...

Erste Formen der Kontaktaufnahme zwischen „patron" und Gefangenen ähnelten unter diesen Umständen nicht selten Szenen auf dem Sklavenmarkt. Die Muskeln des Gefangenen werden befühlt, die Statur begutachtet und seine Arbeitskraft genau taxiert. So beschreibt ein Zahntechniker seine erste Begegnung mit seinem künftigen Patron: Nach dem Morgenappell wurde ich aufgerufen – zur Lagerkommandantur! Vom deutschen Lagerpersonal wurde mir auf dem Wege dorthin schon mitgeteilt, dass für eine ‚ferme' – Bauernhof – mit viel ‚parc' – Wiesen und Weiden – ein Kriegsgefangener gesucht wird. Und, dass mein, des Alters wegen bereits entlassener Vorgänger nur Gutes über diese Außenstelle gesagt hätte.[16]

Ein anderer PG berichtet: Auf dem Appellplatz werde ich Madame Herbin und ihrer Familie vorgeführt. Ich stand inmitten des Platzes, und Madame mit Sohn, Tochter und Onkel diskutieren über die Tauglichkeit des Kriegsgefangenen. Ich merke, dass sie mich nicht für fähig hält, die Landarbeit zu verrichten. Dann sagt sie dem Interprète (Übersetzer) ihre Bedenken: dass ich zwar groß genug, jedoch zu ‚maigre' – mager – sei. Und nicht kräftig genug! Dazu sei ich auch kein ‚cultivateur' – Bauer ... Ich sage dem Interprète, dass ich zum Arbeiten willig sei und auch Interesse an bäuerlicher Arbeit habe, was meine mangelnde Muskelkraft aufwiegen würde. Als ich so da stand, in meinem knöchellangen, viel zu weiten Wehrmachtsmantel, und zum „Kauf" angeboten werde, kommt mir die Situation vor wie auf dem Sklavenmarkt im alten Rom.[17]

Am zweiten Tag der „Verkaufstour" stehen nur noch zwei „Schmächtige" hinter der Plane auf dem Lastwagen, die auf jeder „ferme" hochgeschlagen wird. Einer der beiden bin ich. Auf dem Hof Kerleguer in Lambézellec bei Brest entschließt sich Madame Marie Hautin, mich, den „mickrigsten" der beiden übrig gebliebenen Kriegsgefangenen, zu nehmen. Ihr Gatte, Monsieur Felix Hautin, stimmt zu, die Söhne Henri, Yves, René und Felix schauen schon skeptischer drein, die Töchter Yvonne, Annick und Madeleine machen auf unbeteiligt. Der Altknecht Seik, ein ehemaliger bretonischer Matrose, dreht abwartend an seinem gezwirbelten Bart. Mir wird im Pferdestall ein Verschlag zugeteilt – Thamise und Bayard scharren mit den Hufen. Da ich kein französisches oder bretonisches Wort kenne und der Patron kein Wort deutsch spricht – bis auf die Schimpfwörter, die er von den deutschen Fallschirmjägern, die den Hof besetzt hatten, gehört hatte, bedeutet er mit freundlicher Miene, nachdem die französischen Wachsoldaten gerade mit dem Opel den Hof verlassen haben, dass ich ins Haus kommen soll. Mein Platz ist von nun an „reserviert" – ich sitze zwischen Seik und Henri, dem ältesten Sohn. Alle sind freundlich, die Patronne macht einen vertrauensvollen Eindruck – ich komme mir gar nicht mehr als der „sale-boche" vor.

Monsieur Hautin nimmt das große runde Weißbrot – wie gern habe ich dieses Spezialbrot in den Jahren im hofeigenen Backes gebacken – in seine kräftigen Hände, kratzt mit seinem Messer ein Kreuz auf das Brot und schneidet das „Hauptnahrungsmittel" des Franzosen an. Jeder, der am Tisch sitzt, bekommt eine große Scheibe. Ich bin als Letzter dran; da das kreisrunde Brot einen Durchmesser von rund 40 Zentimeter hat, erhalte ich die größte Scheibe. Das heißt mich hoffen.

Mein Patron, Monsieur Felix Hautin, ein vorbildlicher Vater, ein Fachmann in seinem Beruf, ein Freund der deutsch-französischen Annäherung

Nach dem Abendessen bringen mich Henri und Yves in eine Schlafkammer im Dachgeschoss. Ich habe ein Bett und ein Zimmer für mich. Die vier Jungen schlafen in den beiden anderen Dachkammern. Ich komme mir vor „wie Gott in Frankreich". Mon dieu – merci beaucoup! Meinen Käfig im Pferdestall, er war der Vorschrift entsprechend mit Stacheldraht und Vorhängeschloss gesichert, habe ich nur zweimal in den Jahren auf Kerleguer aufsuchen müssen. Jedes Mal wenn die Kontrolle mit den Gendarmen des Ortes und einem Offizier des „Depots 113 Brest/Kommando Lambézellec" – so war die offizielle Bezeichnung unserer Gruppe – kam, flitze ich in den Pferdestall, ziehe meine im Verschlag hängende deutsche Grenadiers-Uniform an und „mime" den Gefangenen.

Das Schimpfwort „boche" mussten die Deutschen als Kriegsgefangene in Frankreich zwar oft hören. Zugleich entstanden aber neue Bande. So wird wiederholt berichtet, dass sich Franzosen als die Fürsprecher der deutschen Gefangenen erwiesen: „Auf den Dörfern, wohin ich auch kam …, hatten wir echte ‚Beschützer'. Das waren die Dorfbewohner, die selbst in Kriegsgefangenschaft in Deutschland waren, dort gut behandelt worden waren und nicht nur im Gespräch mit uns, sondern auch offiziell offenbar darauf achteten, dass wir gut behandelt wurden."[18]

Das trifft in meinem Fall besonders auf Jean Kerjean, einem Bauern aus der benachbarten Bauerschaft Guipavas und Freund des Hauses Hautin, zu. Er war jahrelang Kriegsgefangener in einer Offenbacher Lederfabrik gewesen. Nun bietet er sich, der gut deutsch spricht, als mein „interprète" und Beschützer an. Außer meiner Patronne und meinem Patron habe ich ihm am meisten zu verdanken. Er besorgt mir sofort einen Zivilanzug, nachdem mich wegen Görings Selbstmord vorbeifahrende französische Bauarbeiter „zur Rechenschaft ziehen" wollen, da sie mich als PG identifizieren. Auf Vorder- und Rückseite der Uniform befinden sich schließlich, in weißer Farbe aufgetragen, die beiden Buchstaben PG – die deutsche Uniform ist bei vielen Bretonen nach wie vor ein Reizmittel.

Cecile Keravé, der Tochter des auf einem Staatsgut lebenden pensionierten Admirals, habe ich in der Anfangszeit viel zu verdanken – sie ist die einzige Bewohnerin von Kerleguer, die mit mir auf Englisch radebrechen kann. Oft reiten wir am Sonntagmorgen nach dem Kirchgang durch die „champs" und die bretonische Wallheckenlandschaft – auf unseren schweren Ackergäulen, ohne Sattel.

Und den sieben Kindern der Familie Hautin gebührt ein herzlicher Dank. Nach verständlichen Anfangsschwierigkeiten freunden wir uns an. Henri, der Älteste, ist zwei Jahre jünger als ich, und Felix, der Jüngste, trägt noch Windeln. Die Kinder zeigen mir oft Artikel aus der katholischen Kirchenzeitung „La Croix" oder aus der Tageszeitung „Ouest France". Besonderen Anklang findet auf beiden Seiten, wenn über Allemagne berichtet wird. Mit den Kleinen lerne ich Französisch und Bretonisch – Seik und der Patron sprechen fast nur die keltische Sprache. Als erstes lerne ich die bretonischen Schimpfwörter, die man bei den Pferden „loslässt". Ich beherrsche sie bald, das jeweilige „rigolé" (ein einverständliches Amüsieren) bei den beiden Bauern ist nicht zu übersetzen. Den Inhalt dieser Sprüche habe ich erst bei meinen späteren Besuchen auf Kerleguer erfahren. Nachträglich müsste ich mich wohl schämen: „Pytenhas, pennegast, ou tribe dié …"

Bis es zu einem vertrauteren Umgang zwischen uns kommt, habe ich noch „einen schweren Gang" vor mir. Madame und Monsieur Hautin merken schon am ersten Morgen, dass mit mir „kein Staat zu machen" ist. Beim

Kriegsgefangener Nr. 1 284 800 (Depot 113 Brest, Kommando Lambezellec) auf Bayard im Sommer 1945, aufgenommen von Cecile Keravé

Abschneiden des Heus, man muss eine knapp ein Meter breite „Scheibe" des im Freien kunstvoll aufgestapelten Trockenfutters absägen und dann mit einer Forke auf dem Buckel in den Stall tragen, versagen meine Kräfte. Als ich immer noch nicht im Stall erscheine, Madame wartet beim Melken auf das die Kühe beruhigende Heu, sie muss jeden Morgen die Milch nach Brest fahren und steht immer unter Zeitdruck, 25 Kühe und sieben Kinder müssen schließlich versorgt werden, schaut sie nach: Ich liege bewusstlos vor dem Heustapel. Als ich wieder zu mir komme, stehen Patronne und Patron mit einem Glas Cidre vor mir. Mir schwant Schlimmes – ich sehe mich schon wieder im Depot, wegen Angabe falscher Tatsachen („cultivateur"), mit geschorener Glatze, in den Kasematten von Brest …

Die Patronne aber geht ins Haus, der Patron schirrt Thamise in eine zweirädrige Karre – vierrädrige Wagen kennt man in der Bretagne nicht – an, setzt mich oben auf das „charrette", nimmt einen Korb der Patronne entgegen und eine Pferdedecke. Auf geht's … ins Depot zurück? Nein, am „grande champ" hält er an, zeigt mir den Eingang, der in den Wallhecken das Betreten der Wiesen und Felder ermöglicht, gibt mir die Pferdedecke und geht in eine nicht einsehbare Nische der „talus" (Wallhecke), setzt den Korb dort ab und zeigt mir den Inhalt: Weißbrot, gekochter Speck, etwas Rotwein und Wasser. Er bedeutet mir, dass ich hier bleiben soll, essen und trinken muss. Auf seiner

Meine Patronne, Madam Marie Hautin, bei meinem
letzten Besuch auf Kerleguer im Jahr 1994

alten Taschenuhr zeigt er die Zeit 17 Uhr an und sagt: „Retour – à la maison!" Mit einem freundlichen „Kenavo", dem bretonischen „Auf Wiedersehen", fährt er zurück. Mein Gott, wie habe ich das verdient? Aus der Vorhölle in den Himmel – und das bei unseren „Erbfeinden".

Nach acht Tagen Erholung geht's an die alltäglichen Arbeiten – froh und dankbar verrichte ich das mir Aufgetragene. „Lernfähig wie ich bin", entwickle ich mich zu einem „angesehenen cultivateur" – auf den Wettbewerben der JAC (Jeunesse agricole catholique) 1946 und 1947 mische ich schon kräftig mit.

Begrüßung am Eingang des deutschen Soldatenfriedhofs in Pornichet-Lesneven (Finistère): Jean Kerjean, Lothar Ester, Marie Hautin (v.l.n.r.)

Und auch das muss ich berichten: Das Ehepaar Hautin spricht mich immer mit „Lothar", aber mit „Sie" an. Man vergleiche das mit dem oft respektlosen Verhalten gegenüber den „Fremdarbeitern" in der Heimat. Die Kinder und Seik duzen mich natürlich. Patron Felix Hautin hat in den Jahren meines Aufenthaltes nicht einmal mit mir geschimpft – obwohl er oft genug Grund gehabt hätte. Wie oft habe ich ein mit Mist vollbeladenes „charrette", das von drei Pferden gezogen wird, umgeworfen. Mit einer bewundernswerten Geduld hat er mir geholfen, den Mist wieder aufzuladen. Er führt mich in die Kunst des Mähens ein, schon bald kann ich die Sense dengeln. Ich darf das leckere Brot backen, die in die Kästen gesetzten Frühkartoffeln zur Keimung bringen. Vertrauensvolle Posten werden mir übertragen: die Nachtwachen im

Kuh- und Pferdestall bis zur „Niederkunft", das Abholen der Maische aus der „brasserie" (Brauerei) in Lambézellec oder der Besuch des „harras" (Gestüt) in Guipavas mit unseren Stuten. Höhepunkt der Arbeit im Laufe des Jahres war das Dreschen des Weizens auf unserem Hof – Nachbarschaftshilfe ist hier angesagt.

Auch unvergesslich ist mir die Teilnahme an einer „pardon" (Gemeindewallfahrt) nach Le Folgoet, zu der wir uns mit einem „charrette" aufmachen. Die größeren Jungen, zu denen ich gehöre, begleiten die Familie „hoch zu Ackerpferde". Die Festfeier der „communion solanelle" der Kinder führt die Großfamilie Hautin und die meiner Patronne zusammen – vom Vizeadmiral von Brest bis zum jüngsten Spross der Familie – alles ist vertreten. Und der PG gehört einfach dazu.

Ein Verstoß gegen einen besonderen Vertrauensbeweis bringt mir übrigens die einzige Rüge von Madame ein. An zahlreichen Sonntagen fährt die Familie zum Elternhaus von Madame Hautin, einem Erdbeerhof bei Plougastel-Daoulas. Felix, der jüngste Sohn, auch „Fefé" genannt, und ich bleiben auf unserer Ferme. Der Kleine hat Durchfall – ich soll ihn „kurieren". Nachdem ich mehrfach die Windeln gewechselt habe, bin ich's wohl leid. Ich halte sein kleines beschmutztes Popöchen der Einfachheit halber direkt unter die einzige Wasserquelle auf dem Hof, unter die Pumpe. Das gefällt Fefé überhaupt nicht, er schreit und beruhigt sich erst, nachdem er in trockene Windeln gewickelt ist. Am Abend droht das Donnerwetter! Madame nimmt sich des quengelnden Sohnes an – es muss etwas nicht stimmen, er ist doch sonst so pflegeleicht! Und sie entdeckt an dem hochroten Hinterteil meines kleinen bretonischen Freundes den Grund seines Unwohlseins. Ich stehe in diesem Moment an der Pumpe, um den Pferden Wasser zu bringen. Madame hält Felix im Schlafzimmerfenster hoch, zeigt mir sein tomatenrotes Hinterteil und sagt, nicht besonders freundlich: „So nicht, Lothar!" und macht dazu ein wenig begeistertes Gesicht.

Und so gehen die Jahre dahin. Ich bin völlig integriert, spiele mit den jüngeren Kindern, und die Älteren gehen mit mir um, als wenn ich ihr Bruder wäre. Madeleine antwortet 1997 auf die Frage eines Mitreisenden, mit denen ich „unseren Hof" besuche, was Lothar für sie gewesen sei: „Lothar était notre frère!" Im Sommer arbeiten wir von 5.30 Uhr bis 21.30 Uhr, im Winter geht es gemütlicher zu. Aber Arbeit ist auch in dieser Jahreszeit dank des warmen Golfstromklimas genug da. Es schneit nur einmal in meiner Zeit auf Kerleguer. An diesem Morgen ist es schwierig, die Pferde aus dem Stall zu bekommen. Sie kennen keinen Schnee, sie haben wohl Angst.

Aus religiöser Überzeugung wird sonntags nie gearbeitet. Es gibt keinen Sonntag, an dem wir nicht gemeinsam den Gottesdienst besuchen, zunächst in Lambézellec und dann später in Bohars.

Wie war Weihnachten in der Kriegsgefangenschaft? An mein erstes Weihnachtsfest in der Bretagne 1945 kann ich mich besonders gut erinnern. Die Geschichte ist inzwischen auch veröffenlicht worden, aber ich möchte sie hier erneut wiedergeben: Der Besitzer eines Hofes in Frankreich sprach „seinen" Kriegsgefangenen an und bot ihm und seinen Kameraden seine Hilfe an für dieses „typisch deutsche Fest", zu dem, wie er meinte, ein echter „Tannenbaum" gehöre. Er ließ einen solchen aus einem „Staatsforst" holen und half mit seiner ganzen Familie bei der Ausschmückung des Raumes, einer Scheune. So wurden Zweige vom Stechginster, der sein grünes Kleid auch nicht im Winter ablegt, geschlagen und an Balken und Wänden angebracht. „Lametta" schnitten wir gemeinsam aus amerikanischen Papiersäcken, die an der Innenseite eine silberne Folie trugen, Sterne wurden gebastelt, Kerzen – auch die waren in Frankreich von 1945 Mangelware – besorgte die Patronin auf ihrer täglichen Fahrt nach Brest – im Tausch gegen die Milcherzeugnisse des Hofes. An der Weihnachtsfeier für die 18 Kriegsgefangenen dieses Kommandos nahmen dann die gesamte Großfamilie dieses bretonischen Bauern und der Pfarrer der Nachbargemeinde teil. Alle zusammen feierten die Heilige Messe, für die Kriegsgefangenen ein unbeschreibliches Erlebnis – nach diesem Krieg, nach all' dem Erlebten.[19]

Als Sauerländer war mir die Verbundenheit des Landwirts mit der Natur und besonders mit dem Ablauf des Kirchenjahres nicht unbekannt. Hier am Cap Finistère gibt's für jede Lebenssituation, für all die schwierigen Witterungsverhältnisse, für die unterschiedlichen Fruchtfolgen und das Viehzeug einen „zuständigen" Heiligen. Und jeder Sonntag konfrontiert den Bretonen mit dem Gang des Jahreslaufs. Wenn am Ende der Messe der Pfarrer das „pain benit" (geweihtes Brot) austeilen lässt, begleitet er die Bauern, die das Brot stifteten, mit einem Hinweis auf das Leben des Heiligen oder auf einen besonderen Brauch; oder er geht auf persönliche Anliegen ein. Zum Mittagessen zu Hause, wenn das gesegnete Brot gegessen wird – es sei denn, es wird vorher der erkrankten Kuh oder dem lahmenden Pferd „als Stärkung" gegeben – rekapituliert der Patron die Worte des Pfarrers aus dem Gottesdienst. Eine Volksfrömmigkeit, die mit weiteren Beispielen aus vielen anderen Gebieten ergänzt werden könnte – und die mir bis heute imponiert.

Mitte des Jahres 1947 ermöglicht der französische Staat, dass aus dem „prisonnier de guerre" ein „travailleur libre" wird. Die administrative Zuständigkeit wechselt vom Kriegsministerium zum Innenministerium. Jeder soll die Gewissheit erhalten, im Zeitraum von zwölf Monaten den Heimweg antreten zu können. Die Entlassung aus der Kriegsgefangenschaft erfolgt in der Reihenfolge der Punktzahl. Da ich weder verheiratet bin noch Kinder habe, zählen nur die Lebensjahre – und das bringt mich ans Ende der Punktestatistik. Im

Familienfoto von meinem ersten Besuch auf Kerleguer nach der Kriegsgefangenschaft, in den frühen 1960er Jahren: meine Frau Ursula, meine Kinder Ursula und Matthias, Madame und Monsieur Hautin, ihre Söhne Felix und Yves, Lothar Ester (v.l.n.r.)

November 1947 willige ich ein. Ich bin nun ein „travailleur libre" und werde somit spätestens Oktober 1948 entlassen.

Der Abschied von „meinem Hof", von „meiner Familie Hautin" und besonders von meiner Lebensretterin Madame Marie Hautin fällt schwer. Die Situation meiner Familie in Brilon erfordert meine Rückkehr ins Sauerland. Zwar hat meine Schwester Maria ihre erste Anstellung als Lehrerin gefunden, meine verwitwete Mutter aber hatte schon zwei ihrer Söhne in Russland verloren. Meiner Mutter zuliebe verlasse ich also das lieb gewordene Haus und die so sehr beeindruckende Bretagne mit ihren Bewohnern, die – wie Abbé Franz Stock in seinem Bretagnebuch von 1943 schreibt – so sehr an die Westfalen erinnern.[20]

Zu Hause in Deutschland war dann alles anders, als ich es mir vorgestellt hatte. Doch das ist ein anderes Thema.

Um beim Sprachgebrauch meines Berufes zu bleiben: Wie steht's nun mit den „Anwendungen?" Schon während meiner Ausbildung als Infanterist an der dänischen Küste 1944 steht für mich fest, dass ich später einmal einen Beruf ergreifen will, der den Mensch im Mittelpunkt sieht und hat. Nachdem ich dann 1948 als „Zuspätheimkehrer" aus Frankreich zurück ins Sauerland gekommen bin, will ich das Erfahrene und Gelernte auch umsetzen. Nie darf wieder geschehen, dass Rattenfänger und Massenmörder eine ganze Welt ins Elend führen. Ich will jungen Menschen helfen, eine friedliche Welt aufzubauen – die Jugend darf nicht erleben, dass sie zu einer Generation der betrogenen Jugend werden muss.

Schon bei meiner ersten Lehrerstelle in Niedersfeld bei Winterberg (1950–1954) ist Friedenserziehung Unterrichtsprinzip. Die Jahre in Brilon zwischen 1954 und 1961 sind gezeichnet vom Bau eines großen Jugendfreizeitheims – es entsteht ein „Haus der Offenen Tür", das den Namen Alfred Delps trägt. Meine Jahre als Rektor in Olsberg (1961–1966) werden gekrönt durch den Neubau einer Schule. Auch hier soll mit der Namensgebung ein Programm vorgegeben werden: Die Schule wird nach Kardinal von Galen benannt, dessen Leitspruch „Nec laudibus nec timore" (Weder durch Lob noch durch Furcht) war. Auch in Warendorf, wo ich von 1966 bis 1989 als Schulrat tätig bin, steht Friedenserziehung in all seinen Facetten im Vordergrund meiner Tätigkeiten.

Die Erinnerungen an das Kriegsende und die Kriegsgefangenschaft, die schlechten wie die guten Erinnerungen, sind mir stets bewusst, auch nach über 50 Jahren. Einige dieser Erinnerungen habe ich für die Nachwelt hier zusammengefasst. Was die Nachwirkungen dieser Erfahrungen zwischen 1945 und 1948 angeht, habe ich nur wenig angedeutet. Daher möchte ich aus der „Laudatio" meines Sohnes Matthias zitieren, die er anlässlich meines 60. Geburtstages 1985 gehalten hat:

Fragt man nach den tieferen Ursachen und Motiven, die den Willen meines Vaters, Menschen miteinander ins Gespräch zu bringen, begründen, so stößt man – Gott sei Dank – nicht auf Ideologie, sondern Biographie. Es waren die erlittenen Erfahrungen von Diktatur, Krieg und Gefangenschaft, es war aber ebenso die positive Erfahrung, am Wiederaufbau von Gesellschaft und Staat aktiv mitwirken zu können. Als mein Vater achtzehnjährig in den Krieg zu ziehen hatte und erst 1948 dreiundzwanzigjährig aus französischer Gefangenschaft, in der eine bretonische Bauernfamilie sein Leben rettete, nach Brilon heimkehrte, gehört er zu jener um die Jugend betrogenen Generation, die nach dem Ende von Krieg und Diktatur nicht nur wusste, was es in Zukunft zu verhindern galt, sondern die auch die Chance hatte zu wissen, was Neues zu tun war. Diese durch das Schicksal sowohl geschundene als auch bevorzugte Generation fand durch die Vergegenwärtigung der Vergangenheit zur aktiven Verantwortung für die Gegenwart und Zukunft, im Falle meines Vaters eine Verantwortung auf der Grundlage von katholisch geprägter Christlichkeit und einem eher konservativ als liberalen Demokratieverständnis.

Der Erfahrungshorizont dieser Generation spiegelt sich schon in der programmatisch zu verstehenden Namensgebung zweier Institutionen wider, an deren Aufbau beziehungsweise Neubau mein Vater maßgeblich beteiligt war: Es ist das „Alfred-Delp-Haus" in Brilon und die „Kardinal-von-Galen-Schule" in Olsberg. Der Jesuit Delp und der Münsteraner Kardinal von Galen stehen für einen humanitär-christlich motivierten Widerstand gegen den Totalitarismus des Nationalsozialismus; sie dienten meinem Vater als Vorbilder in der freien Jugend- und staatlichen Erziehungsarbeit in einer sich entfaltenden demokratisch-pluralistisch verfassten Bundesrepublik.

Auch auf der Ebene der persönlichen Bindungen bedeutete die frühe Nachkriegszeit und die Gründungszeit der Bundesrepublik für meinen Vater einen tiefen Einschnitt in den Lebenslauf. In dem äußerlich bruchartigen, innerlich sicher langsamer vollzogenen Übergang von Krieg und Gefangenschaft zu pädagogischer Tätigkeit, im Übergang von Vergangenheitsbewältigung und Gegenwartsgestaltung lernte mein Vater meine Mutter, übrigens in der katholischen Jugendarbeit, kennen.

Vor diesem Hintergrund der Erfahrung von Krieg und Gefangenschaft, aber auch von der Möglichkeit eines individuellen und gesellschaftlichen Neuanfangs ist das ständige Bestreben meines Vaters nach Verständigung zwischen den Menschen zu verstehen, was sich konkret niederschlägt in seinen Bemühungen um

– die deutsch-französische Versöhnung und Freundschaft als Voraussetzung für ein geeintes Europa in Frieden und Freiheit,

- eine christlich-jüdische und deutsch-israelische Versöhnung zukünftiger Generationen; Bemühungen, die der Ritterorden vom Hl. Grab zu Jerusalem anerkannt hat, dessen Mitglied mein Vater ist,
- um die Verbreitung des Wissens um die segensreiche Tätigkeit des Abbé Franz Stock, der für die heutige Generation mehr als nur ein Name, sondern ein Programm ist,
- und in den letzten Jahren immer drängender in seinen Bemühungen um die Friedensarbeit, wie sie dem Staatsbürger und vor allem den Beamten und Lehrern im Grundgesetz und in der Landesverfassung aufgegeben wurde. Eine Friedensarbeit, die ihren Ausdruck in seinem Engagement im Arbeitskreis Schule – Bundeswehr und im Volksbund Deutsche Kriegsgräberfürsorge findet.

Daher wünschen die Versammelten und Gratulanten, dass du dir deine Initiativfreudigkeit und Begeisterungsfähigkeit, die von dir auf andere ausstrahlen, erhältst, dass du weiterhin in deiner unverwechselbar integrativen Art Anstoß geben wirst zu Austausch und Verständigung zwischen den Generationen und Konfessionen, zwischen den Menschen verschiedener Völker und unterschiedlicher Berufe, dass du wie bisher in Zukunft nicht nur Wegweiser, sondern auch Wegbegleiter sein wirst – privat und öffentlich, in Gesellschaft und Staat.

An Stelle eines Schlusswortes:

„Wir Älteren schulden der Jugend nicht die Erfüllung von Träumen, sondern Aufrichtigkeit. Wir müssen den Jüngeren helfen zu verstehen, warum es lebenswichtig ist, die Erinnerung wach zu halten. Wir wollen ihnen helfen, sich auf die geschichtliche Wahrheit nüchtern und ohne Einseitigkeit einzulassen, ohne Flucht in utopische Heilslehren, aber auch ohne moralische Überheblichkeit."

Richard von Weizsäcker zum 8. Mai 1985

Anhang

(1) Weihnachtslied des Kriegsgefangenen Hans Fritz, 1945

Weihnachten eines PG

Es wird in der stillen, heiligen Nacht
von uns allen voller Sehnsucht der Heimat gedacht:
Wir träumen von unserer Kindheit Garten,
wo wir den Christtag kaum konnten erwarten,
da die Eltern uns den Christbaum geschmückt
und uns mit reichen Gaben beglückt.

Wir denken voll Sorge an Weib und Kind,
hätten gerne ihnen den Baum angezündt.
Wir grüßen alle, die lieb uns und wert.
Was ihnen wohl dies Jahr das Christkind beschert?
Wie sieht es in Häusern und Herzen aus?
Haben sie wohl einen Christbaum zuhaus?
Haben sie Lichter angesteckt?
Ist ihnen ein Gabentisch gedeckt?
Haben sie zu essen und warm,
sind sie nicht hungrig, frierend und arm?
Haben alles verloren, was sie fleißig erworben,
sind sie wund und krank, gestorben, verdorben,
wie so viel Brüder, die uns zur Seite
in der Fremde gefallen im blutigen Streite.
So wird in der stillen, heiligen Nacht
von uns allen voll Sorge der Heimat gedacht.

Und wir spüren der Lieben Beten und Bangen,
ob wir gefallen oder gefangen,
ob wir für immer ihnen genommen,
oder ob wir doch einmal wiederkommen,
ob wir in unsern Nöten verzagen
oder all unsre Lasten tapfer tragen,
ob wir an Leib und Seele wund
oder fröhlichen Mutes und gesund,
ob wir ihnen Liebe und Treue halten
und für sie täglich die Hände falten.
So wird in der stillen, heiligen Nacht
von der Heimat unser treulich gedacht.

Wir wären alle arm und verloren,
nun aber ist der Heiland geboren,
euch, die ihr auf Erden wartet und weint,
und euch, die ihr gänzlich verloren scheint.
Nicht einen von uns hat der Vater vergessen,
nein, seine Liebe ist unermessen,
drum hat er in stiller, heiliger Nacht
sein Wunder für uns alle vollbracht.

(2) Brief von mir an den Rotary Club Chateau-Thierry (Champagne), mit dem der Rotary Club Warendorf seit 1971 „jumeliert" ist, vom 9. Juni 1999

Liebe rotarische Freunde des RC Chateau-Thierry,

nach einigen Tagen des Zusammenfassens und Nachdenkens über die Tage der Freundschaft an der Marne sage ich Ihnen guten Dank für all das, was Sie im Sinne von Rotary International für unsere Freundschaft getan haben. Für die Gastfreundschaft in rotarischen Familien danke ich ebenfalls nochmals auf diesem Wege. Bei allen lieben Gastgeberfamilien habe ich mich immer sehr wohl gefühlt: Als ich vor vielen Jahren zum ersten Mal in Chateau-Thierry war, wohnte ich bei Francois Filiette in Crecancy, dann nach drei Jahren war ich zu Gast bei Georges Guillembet, weiter bei Jacques Bernaille, bei Michel Gérard, bei Pierre de Saint-Remy, dann immer bei Bernhard Roettger.

Wenn ich die langen Jahre rotarischer Freundschaft an meinem geistigen Auge vorbeiziehen lasse, dann bewegen mich besonders auch die gemeinsamen Unternehmen: der Besuch der Weltkonvention in Rom und der Weltkonvention in München mit Freunden vom RC Chateau-Thierry, die gemeinsamen Exkursionen im Anschluss an die Dreiertreffen in Chateau-Thierry, die uns in die Bretagne, zur Dordogne, auf die Berge und in die Schlösser der Auvergne und in die Normandie führten. Das Arbeiten auf dem Soldatenfriedhof bei Belleau, das unser Freund Etienne Bellan für immer im Bild festgehalten hat, hat mich tief beeindruckt – zumal diese wahrhaft vorbildliche rotarische Tat von Freunden des RC Chateau-Thierry vorgeschlagen war.

Unvergesslich ist die Teilnahme an einem mehrtägigen Seminar in Düsseldorf und Bonn, wo die Freunde Jacques Bernaille, Jacques Damery, Bernhard Roettger und ich vom deutschen Bundespräsidenten Richard von Weizsäcker (auch Rotarier) empfangen wurden.

Und wenn ich all das heute niederschreibe und in Erinnerung rufe, dann gehen meine Gedanken in die Bretagne zurück, zurück an einen Tag im Frühsommer 1945, als ich als junger „Prisonnier de guerre", schwer gezeichnet von Hunger und Krankheit, nach einem fürchterlichen Krieg, der von Deutschland ausging, der über unsere beiden Völker gleichermaßen Not, Elend und eigentlich auch ständige Trauer über so viel junges Leben, das vernichtet wurde, brachte – da erlebte ich das in der Familie eines bretonischen Bauern, was mich sehr geprägt hat und das mich noch heute – 50 Jahre später – Tag für Tag, und auch oft nachts – beschäftigt: Meine Patronne Marie Hautin stellte mich in die Reihe ihrer sieben Kinder – ich war zwei Jahre älter als der älteste Sohn Henri – und ich gehörte einfach zur Familie. Diese tapfere Bretonin hat sich zur Menschlichkeit bekannt, sie hat mein Leben gerettet – diese französische Familie gab mir einige Jugendjahre, die ich als Angehöriger der „verlorenen deutschen Generation" durch diesen unmenschlichen Krieg verloren hatte, zurück. Und dafür bin ich diesen wackeren Bewohnern am Cap Finistère ein Leben lang dankbar.

Und daher ist sicher auch meine Freundschaft zu diesem Land, zu diesem Volk der Franzosen verständlich. Und hier liegt dann auch mein jahrzehntelanges Mühen um ein gutes Verhältnis zu unserem westlichen Nachbarn, zu den rotarischen Freunden auch des RC Chateau-Thierry, begründet. Und deshalb war ich auch bei allen Dreiertreffen seit meinem Eintritt 1974 in die internationale rotarische Gemeinschaft in Chateau-Thierry dabei – dafür danke ich auch heute, besonders auch den lieben Frauen der Rotarier aus Chaty.

Meine Freunde vom RC Chateau-Thierry – und das gilt auch für die Freunde des RC Warendorf: Aus Vergangenheit ist Geschichte geworden; die Erfahrungen, die wir, die Älterern gemacht haben, sollten weitergegeben werden – und von den Jüngeren als Hilfe angenommen werden! Getreu der Grundsätze Rotarys wollen wir gemeinsam – Deutsche und Franzosen, Alte und Junge – das Ziel Rotarys verwirklichen, Frieden und Versöhnung unter den Völkern!

Alles Gute!

Lothar

(3) Rezension von Thankmar von Münchhausen über das Buch von Joseph Rovan: Mémoires d'un Francais qui se souvient d'avoir été Allemand, Paris 1999, in der Frankfurter Allgemeinen Zeitung vom 24. Juli 1999

„*Grenzgänger mittendrin". Joseph Rovans Memoiren eines Franzosen, der sich erinnert, Deutscher gewesen zu sein*

„Dachau war nicht die Hölle, aber es war der Vorhof der Hölle", erinnert sich Rovan. Zehn seiner Verwandten gehörten zu den Opfern der Vernichtungslager. Diese Erfahrungen haben Joseph Rovan nicht davon abgehalten, sondern bestärkt, sich für das Zusammenleben von Deutschen und Franzosen einzusetzen, sobald die Waffen schwiegen. Sein Aufsatz „Das Deutschland, das wir verdienen" („L'Allemagne de nos mérites"), mit dem er 1945 die Mitarbeit bei der Monatszeitschrift „Esprit" begann, war dafür richtungsweisend. Unter dem Heeresminister Michelet kümmerte sich Rovan um die deutschen Kriegsgefangenen. Die Sorge Michelets vor vielen „kleinen Dachaus auf französischem Boden" war nicht unbegründet. „Die

Wirklichkeit, die ich (in den Kriegsgefangenenlagern) vorfand, war eher erschreckend", heißt es in den Erinnerungen Rovans. Die meisten der eine Million deutscher Kriegsgefangenen waren den Franzosen von den Amerikanern zum Arbeitseinsatz ausgeliefert worden, noch ehe genügende Vorbereitungen getroffen waren. „Es gab schlechte Behandlung, sowohl durch die Wachmannschaften, wie durch Zivilisten. ... Viele starben an Krankheit, Erschöpfung, Unterernährung": 35 000 Todesfälle im ersten Jahr, drei bis vier Prozent der Gesamtzahl. Und die Werbung für die Fremdenlegion, besonders unter den Männern der Waffen-SS, wirkte zur Zeit des Indochina-Krieges als Aufforderung zum Sterben mit der Waffe in der Hand.

Ich schrieb dem Verfasser dieses Artikels nach Paris. Am 10. August 1999 schrieb er mir Folgendes zurück:

Sehr geehrter Herr Ester,

über Ihren Brief zu den Rovan-Erinnerungen habe ich mich gefreut. Ich habe die Gelegenheit, an das Geschick der deutschen Kriegsgefangenen in Frankreich zu erinnern, mit Bedacht genutzt. Ich selbst war durch Schilderungen meines Kollegen Dr. Karl Jetter, unseres langjährigen Wirtschaftskorrespondenten in Paris, auf die Problematik aufmerksam gemacht worden. Jetter war noch als Flak-Helfer in Gefangenschaft geraten und durch ältere Kameraden vor dem Verhungern bewahrt worden. Umso mehr weiß ich das Verhalten der französischen Bauersfrau zu schätzen.

Inzwischen ist die deutsche Ausgabe des Buches von Joseph Rovan unter dem Titel: Erinnerungen eines Franzosen, der einmal Deutscher war (München 2000) erschienen.

Anmerkungen

1 Die Grundlage dieser Erinnerungen bildet ein Vortrag, den ich am 30. November 1998 beim Rotary Club Warendorf gehalten habe. Für den Vortrag wie auch für die vorliegende Verschriftlichung habe ich auf mein Tagebuch zurückgegriffen, das ich in der Übergangsphase zwischen Ende des Krieges und Anfang der Kriegsgefangenschaft (Ende März bis Ende April 1945) geführt habe. Meine Registriernummer als „prisoner of war" der Amerikaner lautete POW 579066, als „prisonnier de guerre" der Franzosen PG 1284800. Das Tagebuch habe ich in den 1980er Jahren der Volkskundlichen Kommission für Westfalen (Münster) zur Auswertung im Rahmen eines Projekts zur Verfügung gestellt wie auch weitere Informationen mitgeteilt (registriert unter der Manuskript-Nummer 6496); s. Dietmar Sauermann u. Renate Brockpähler: „Eigentlich wollte ich ja alles vergessen ..." Erinnerungen an die Kriegsgefangenschaft 1942–1955 (Beiträge zur Volkskultur in Nordwestdeutschland, Bd. 76), Münster 1992. Der Vortragscharakter ist weitgehend beibehalten worden, ergänzt um einige wenige ausgewählte Literaturhinweise.
2 Theodor Fontane: Kriegsgefangen. Erlebtes 1870; Briefe 1870/71 (Wanderungen durch Frankreich, Bd. 1), Berlin-Ost 1984.

3 Zitiert aus meinem Tagebuch.
4 Zitiert aus Hubert Lukas: „Weitermarschieren, bis alles in Scherben fällt..." Kriegsende 1945 in Beckum und Umgebung (Beckumer Blätter, Bd. 4), Beckum 1991.
5 Zitiert aus meinem Tagebuch.
6 Zitiert nach einem Kriegsgefangenenbericht in Sauermann/Brockpähler.
7 Zitiert nach einem Kriegsgefangenenbericht in Sauermann/Brockpähler.
8 Zitiert aus Wilhelm Kuhne: Lager 1102 - Nr. 1322741. Notizen und Erinnerungen. 12 Tage Krieg - 281 Tage Gefangenschaft, 7. Aufl., Paderborn 1993.
9 James Bacque: Der geplante Tod. Deutsche Kriegsgefangene in amerikanischen und französischen Lagern 1945-1946, Frankfurt 1989.
10 Zitiert nach Kriegsgefangenenberichten in Sauermann/Brockpähler.
11 Zitiert nach Kuhne.
12 Die Kommission bestand zwischen 1958 und 1972; s. den Abschlußbericht von Erich Maschke u.a.: Die deutschen Kriegsgefangenen des Zweiten Weltkriegs. Eine Zusammenfassung, München 1974; vgl. die Einleitung zu der Dokumentation von Wolfgang Benz u. Angelika Schardt (Hg.): Kriegsgefangenschaft. Berichte über das Leben in Gefangenenlagern der Alliierten (Biographische Quellen zur deutschen Geschichte nach 1945, Bd. 10), München 1991.
13 Zitiert nach einem Bericht eines ehemaligen Kriegsgefangenen, der in amerikanischer wie französischer Kriegsgefangenerschaft, war, in der Dokumentation von Benz/Schardt.
14 Zitiert nach Kuhne.
15 Zitiert nach einem Kriegsgefangenenbericht in Sauermann/Brockpähler.
16 Zitiert nach einem Kriegsgefangenenbericht in Benz/Schardt.
17 Zitiert nach einem Kriegsgefangenenbericht in Sauermann/Brockpähler.
18 Zitiert nach einem Kriegsgefangenenbericht in Sauermann/Brockpähler.
19 Sauermann/Brockpähler, S. 359f.
20 Franz Stock: Die Bretagne - ein Erlebnis. Vom Armor zum Argoat, Colmar 1943; Nachdruck Paderborn 1993.

Erich Bomke

Es hat mich niemand gefragt ...

Wenn ich an meine Jugendzeit zurückdenke, tauchen mit den Erinnerungen Empfindungen, Hoffnungen und Ängste wie Gespenster auf. Im Vorfeld zu diesen Aufzeichnungen habe ich mich besonders intensiv mit den Jahren zwischen 1939 und 1945 beschäftigt. Mit der Folge, dass ich so manche Nacht in Träumen Situationen aus jener schrecklichen Zeit buchstäblich noch einmal erlebe. Ich habe gelernt, mit solchen Phasen umzugehen. Die Geschehnisse aus einer sehr persönlichen Sicht an Jüngere weiterzugeben ist eine Möglichkeit, sie zu bewältigen. Und immer taucht in allen Phasen der Erinnerung eine Angst besonders stark auf: ... dass sich eine solche Zeit zwischen 1933 und 1945 niemals wiederholen darf.

Meinem Lehrer auf der Beckumer Oberschule für Jungen, Karlchen Buhl, verdanke ich viel. Er war eine Persönlichkeit, die ich hoch schätze. Was er uns in unserer bereits nationalsozialistisch geprägten Schulzeit mit gegeben hat, bestimmte immer wieder meine Gedankenwelt. Er pflegte nicht nur den Zusammenhalt der Klasse. Er schärfte uns ein, die Augen aufzuhalten und die Zeichen der Zeit zu verstehen. Ich will das an einigen Beispielen belegen: Im ersten Kriegswinter des Russlandfeldzuges 1941 hatten wir wie üblich Unterricht. Es schneite stark. Karlchen Ruhl schaute traurig aus dem Fenster und sagte: „Jetzt sind unsere Jungens draußen, was die alles aushalten müssen."

Er hat unserer Klasse voll vertraut und während der Schulstunden Dinge gesagt, die lebensgefährlich waren. Auch dazu ein Beispiel: Er kommt morgens in die Klasse und sagt: „Jungens, erzählt mal wieder einen Witz." Einer von uns fragt: „Rechte Hand hoch, was ist das, Herr Ruhl?" Nun, das war nicht allzu schwierig. Natürlich war das der „deutsche Gruß". Nun forderte der Lehrer von uns immer ein exaktes Formulieren. Und seine Antwort war, so meinten wir, durchaus nicht exakt formuliert. Wir „belehrten" unseren Lehrer eines Besseren: „Das ist nicht der deutsche Gruß, das bedeutet „aufgehobene Rechte". Eigentlich hätte er uns zurechtweisen müssen. Aber er lachte schallend über diesen „Witz".

An einem anderen Tag war ein Schüler besonders frech geworden. Der Lehrer schimpfte furchtbar mit ihm und ließ sich zu dem Satz hinreißen: „Mit diesem Format Ihrer großen Schnauze können Sie Ortsgruppenleiter werden." In diesem Ausbruch lag seine ganze Verachtung für die Funktionäre der Partei.

In der so genannten vormilitärischen Ausbildung lernten wir in Bilstein/Sauerland Skilaufen. Untergebracht waren wir in der dortigen Jugendherberge. Obwohl wir noch Schüler waren, wurden wir in Soldatenuniform gesteckt. Ich kann mich gut erinnern: Wir fanden das alle „furchtbar" interessant.

Inzwischen schrieben wir das Jahr 1942. Nach der Versetzung in die letzte Klasse vor dem Abitur kamen für uns die ersten Einberufungsbefehle, mit dem Versprechen, dass wir auch ohne Abitur den fürs Studium notwendigen Reifevermerk erhalten. „Nach dem Krieg könnt ihr sofort studieren", wurde uns zugesagt.

Den Schulabschluss feierten wir gemeinsam mit unseren Lehrern auf einem Kotten, den wir nur über einen längeren Fußmarsch erreichen konnten. Es war eine wunderbare lange Nacht. Mit viel Musik und Gesang. In meiner Erinnerung ist sie als liebenswerte Feier junger Menschen festgeschrieben. Das war am Samstag und am Sonntag geht man – wie sich das in einer katholischen Gegend und Familie gehört – in die Kirche. So ganz waren wir während des Gottesdienstes nicht bei der Sache. Man sah uns die durchzechte Nacht an. Und wir bekamen unser Fett weg: Der Pastor schimpfte von der Kanzel, dass es doch tatsächlich Menschen gibt, die in einer so schweren Zeit feiern könnten. Die Realität holte uns bald wieder ein: Die Ersten aus unserer Klassen hatten den Stellungsbefehl erhalten.

1943 wurde ich zum Fliegerregiment 33 nach Detmold eingezogen. Ich war voller Erwartung: Immer wenn ich Flugzeuge hörte oder sah, dann wusste ich: Das sind die Flugzeuge, die du mal fliegen wirst. In Detmold erhielten wir nur unsere Rekrutenuniform. Es gab eine neue Anordnung: Uns allen wurde Blut abgenommen, um die Blutgruppe zu bestimmen. Das war notwendig geworden, damit für verwundete Soldaten möglichst schnell die richtige Blutkonserve zur Verfügung stand. Wir erhielten dazu einen entsprechenden Eintrag auf der Erkennungsmarke. Den SS-Leuten wurde die Blutgruppe unter dem Arm eintätowiert.

Von Detmold aus wurden wir nach Bordeaux verladen. Wir haben die lange Reise im Viehwagen hinter uns gebracht. Das war damals die einzige Möglichkeit, viele Menschen zu verschicken. Es gab keine festen Fahrpläne mehr und folglich auch keine regelmäßig verkehrenden Züge.

Die Stadt Bordeaux war für uns ein Erlebnis. Nach einigen Wochen einer harten Rekrutenausbildung durften wir das erste Mal ausgehen. Allerdings nicht so, wie wir das gerne gewollt hätten. Ein dienstälterer Kamerad führte uns aus. Wir mussten während unseres Besuches in der Stadt zusammenbleiben und auch abends gemeinsam wieder in die Kaserne zurückkehren.

Aus der Zeit in Bordeax ist mir ein Ereignis unvergesslich: Ein Rekrut hatte einem Franzosen ein Stück Seife geklaut und ist dabei erwischt worden. Das musste sofort bestraft werden, befanden die Vorgesetzten und holten dafür den Bataillonskommandeur aus einer Kinovorstellung heraus. Der Soldat erhielt eine Gefängnisstrafe. Oft wird den deutschen Soldaten nachgesagt, dass sie sich den Franzosen gegenüber schlecht benommen haben. Solche Vergehen wurden, wie das Beispiel zeigt, hart geahndet. Der Soldat galt für sein Leben lang als vorbestraft.

Wir hatten auch die Möglichkeit, den Gottesdienst zu besuchen. Wer zur Messe wollte, musste in Ausgehuniform antreten. Gemeinsam marschierten wir zur Kirche und gemeinsam mussten wir auch wieder zurück zur Kaserne. Damit wollten die Nazis den Franzosen demonstrieren, wie liberal und großzügig sie sich doch gegenüber der Kirche verhalten. Ich frage mich heute, wie hätten wir damals in Bordeaux durchschauen können, wie Hitler und sein Regime wirklich waren?

Die Brücke in Blois über die Loire.
Sie wurde 1940 von italienischen Bombern zerstört.

Von Bordeaux aus wurden wir nach Monte-Marsan verlegt, eine weitere Ausbildungszeit in Blois an der Loire folgte. Kurz bevor der Krieg der Deutschen gegen Frankreich zu Ende war, erklärte Mussolini den Franzosen den Krieg. Die Italiener bombadierten die Brücke von Blois und zerstörten sie. Italien war damals noch mit Deutschland verbündet. Hinter vorgehaltener Hand haben wir Soldaten gelästert: „Er kam, als er sah, dass er siegte."

In Blois sah ich etwas wieder, dass mich an meine Schulzeit erinnerte: Auf dem Weg zu unseren Übungen kamen wir an einem Schloss vorbei, dessen Bild ich aus dem französischen Lehrbuch kannte, das wir im Unterricht benutzt haben.

Von Blois kamen wir nach Le Havre und mussten dort eine wenig erfreuliche „Besichtigung" über uns ergehen lassen. Inzwischen – 1943 – hatte der Kampf um Stalingrad unglaublich hohe menschliche Verluste gefordert. Diese Verluste mussten nun ersetzt werden. Aus unserer Gruppe wurden Soldaten herausgezogen, die in Eliteeinheiten gebraucht wurden. Nachdem wir in Reih und Glied angetreten waren, mussten alle, die kleiner als 1,70 Meter waren, zur linken Seite abtreten. Ich gehörte auch dazu. Wir waren nicht würdig, zur Elite zu gehören. Eine Selektion, die wir als menschenverachtend empfunden haben. Ich hatte davon gehört, dass Menschen wegen ihrer Religion oder weil sie nichtarisch waren verfolgt wurden. Ich ahnte damals nur, was diese Menschen gefühlt haben mussten. Wie entsetzlich sie wirklich behandelt worden sind, davon habe ich nichts gewusst.

Ich wurde mit einigen anderen von unserer Einheit Anfang 1944 zur Infanterie versetzt und in Marienburg noch einmal von Grund auf ausgebildet, obwohl wir doch bereits eine Luftwaffen-Ausbildung absolviert hatten. Aber für die Infanterie reichte sie offenbar nicht aus. Eines Tages wurden wir gefragt: Wer ist Abiturient? Abiturienten wurden Reserveoffiziers-Bewerber. Das war gar nicht so schlecht, denn Schulung im Krieg war immer eine kleine Lebensversicherung. Wer hätte da nicht Ja gesagt?

Es folgte eine sehr harte Zeit: Wir mussten Erfahrungen an der Front sammeln. Ich habe die Einheit auswählen können und mich für die Greif-Division entschieden. Wir wurden in den Mittelabschnitt der damaligen Ostfront – nach Polotsk – abkommandiert und hatten dort zunächst eine ruhige Zeit, die aber nicht lange dauerte. Kurz danach – Ostern 1944 – wurden wir an die Narwa-Front in Estland versetzt. Russen behinderten dort die Eisenbahnlinie, die nach Petersburg führte und blockierten damit die deutschen Ziele. Wir haben diesen Bereich zurückerobert. Bei einem Stoßtrupp wurde ich verwundet. Ich hatte eine schwere Fleischwunde am Bein und kam bald mit dem Lazarettzug nach Libau in Sicherheit. Irgendwann hatte ich einmal einen Arzt gefragt, welche Verwundung die „optimale" sei? „Eine große Fleischwunde" war die Antwort. Nun, die hatte ich jetzt. Dafür wurde im Allgemeinen ein halbes Jahr Pause angeordnet. Damit konnte ich ganz gut leben. Diese Einstellung zeigt, welche Gedanken und Ängste mich und alle anderen in der damaligen Zeit bewegten.

Am 20. Juli 1944 misslang das Attentat auf Hitler. Was ich damals empfunden habe? Irgendwie war ich wütend und habe gedacht: Wie kann man nur so blöd sein. Wenn schon, dann muss es auch richtig klappen. Gedacht hat das jeder. Aber gesagt hat es keiner. Mit solchen Gedanken wurde ich nach meiner Genesung im Herbst 1944 zur Kriegsschule Dresden abkommandiert. Auch dort hätte niemand gewagt, solche Gedanken laut auszusprechen. Auf der Kriegsschule waren genügend Denunzianten, die solche Aussprüche weitergegeben hätten. Wer so etwas äußerte, wurde vor ein Kriegsgericht gestellt und sofort erschossen.

Auf der Kriegsschule in Dresden lebte man damals noch fast „wie im Frieden". Die Dresdner Bevölkerung war zwar nicht besonders soldatenfreundlich. Allerdings erinnere ich mich an eine Veranstaltung in der Semper-Oper. Wir hatten unsere Ernennung zum Leutnant erhalten und uns zu Ehren gab es ein großes Sinfoniekonzert, das gleichzeitig unser Abschied von Dresden war, weil wir am 31. Januar 1945 als Führerreserve nach Berlin verlegt wurden, um von dort aus nach Bedarf eingesetzt zu werden. Ich erinnere mich genau an die Situation auf dem Dresdner Bahnhof. Wir Soldaten hatten viel Gepäck und suchten einen Zug. Geregelte Fahrpläne hat es damals schon längst nicht mehr gegeben. Ein Zug fuhr in Richtung Westen. Wer dahin wollte, musste zusehen, in einem solchen Zug noch einen Platz zu ergattern.

Mit Entsetzen denke ich noch heute an die Menschenmassen, die auf dem Dresdner Bahnhof zu dieser Zeit lagerten. Die Unterführungen waren zu zwei Drittel dicht an dicht mit Flüchtlingen belegt, die ebenfalls alle auf einen Zug warteten. Kam endlich ein Zug, hatten Soldaten Vortritt, sie durften als Erste die Züge belegen. Erst dann wurden die restlichen Plätze für Flüchtlinge freigegeben.

Wenn ich an diese dicht gedrängte Menschenmenge denke, dann kann ich mir vorstellen, was sich dort während und nach der Bombardierung Entsetzliches abgespielt hat. Die meisten der Toten vom 13. Februar 1945 waren Frauen, Kinder und alte Menschen.

Auf der Fahrt von Dresden nach Berlin habe ich mir überlegt: wenn ich noch einmal eine Chance hatte, nach Hause zu kommen, dann jetzt. Deshalb bin ich kurzerhand von Dresden über Leipzig, Halle, Altenbeken, Paderborn, Lippstadt, Rheda, Neubeckum gefahren. Von dort aus zu Fuß nach Beckum weiter. Ich kam um 1 Uhr nachts zu Hause an. Unterwegs wurde ich von einem Hauptmann kontrolliert. Er sah sich gründlich meine Papiere an, musterte mich kritisch, verlor aber kein Wort über den Umweg über Beckum nach Berlin. Vor Angst hielt ich während der Kontrolle den Atem an und atmete erleichtert auf, als der Hauptmann ohne ein Wort zu sagen, mir die Papiere zurückgab.

Zu Hause habe ich dann noch ein Foto von mir machen lassen. Jemand fragte mich, ob das Foto für den Totenzettel gebraucht würde.

Am 3. Februar hieß es in aller Frühe Abschied nehmen von den Lieben zu Hause. Über Minden/Hannover gelangte ich nach Berlin und wurde von dort aus weitergeleitet nach Stettin, von dort aus nach Köslin. Hier erlebte ich die ersten Flüchtlingstrecks. Wir wurden zum Dienst auf dem Marktplatz eingeteilt und hatten dafür zu sorgen, dass die Trecks in Köslin möglichst geordnet übernachten konnten. Die Menschen lagerten unter anderem auf dem Kasernenplatz. In der Frühe am nächsten Tag zogen die Trecks weiter. Zurück blieben tote Pferde und überflüssiges Gepäck.

Rekruten in der Geländeausbildung in Bordeaux.
Erich Bomke hintere Reihe 2. von links

1943 in Le Havre: Erich Bomke (links) mit
Kameraden aus seiner Kompanie

In diesen Wochen hatte ich mich oft gefragt: Wie soll das eigentlich weitergehen? Wie kann man ein Volk nur so betrügen? Meine Kameraden und ich waren in einer Phase, in der uns alles egal war. Nur eine gehörige Portion Galgenhumor rettete uns über die schweren Situationen.

Ab 7. März wurde ich der „Einheit Festung Stettin" zugeordnet, mit Sitz östlich von Stettin. In der Ferne war Gefechtslärm zu hören. Der Russe bereitete den Übergang über die Oder zum Angriff auf Berlin vor. Mitte März 1945 erschütterte nachmittags eine schwere Detonation die Umgebung. Die Brücke über die Oder war gesprengt worden. Eine unbeschreibliche Angst stieg in mir auf: Wenn die Oderbrücke gesprengt ist, wie sollten wir dann jemals auf die andere Seite in Richtung Westen gelangen? Am folgenden Tag wurden wir nach Stettin zurückbeordert und stießen das erste Mal auf russische Panzer. Sie hatten uns Infanteristen entdeckt, sobald sich jemand von uns erhob, wurde auf ihn geschossen. Ich kam aber unversehrt aus diesem Kessel heraus.

Die Angst war ständiger Begleiter. Sie hatte von meinem Bewusstsein völlig Besitz ergriffen. Trotzdem – ich spürte immer wieder eine Sicherheit in mir, die wahrscheinlich lebenserhaltend war – du wirst diesen Krieg überleben. Zurückblickend bezeichne ich diese unerschütterliche Überzeugung als eine Gnade, die mir zu Teil wurde.

Einer der Soldaten hatte sich Zivilkleidung besorgt und versuchte zu fliehen. Er wurde aufgegriffen und sofort standrechtlich erschossen.

Unsere Einheit erhielt am 22. März 1945 den Befehl, in der Nacht – damit uns der Russe nicht bemerkte – eine kleine Insel bei Stettin, Piepenwerder, zu befestigen. Eine nahe gelegene chemische Fabrik und eine Eisenbahnlinie sollten so vor dem Zugriff der Russen geschützt werden. Eine für uns absolut unverständliche Anordnung. Aber wir mussten sie befolgen.

Am 26. April erhielten wir den Befehl, mit einigen Verwundeten Stettin zu verlassen. Nun begann eine abenteuerliche Flucht Richtung Westen. Ein Feldwebel, ein Gefreiter und ich machten uns gemeinsam auf den Weg, gut ausgerüstet mit Landkarten von der Gegend. Die Frau des Feldwebels wohnte in Rostock, folglich sollte das unser Ziel sein. Die großen Straßen mussten wir meiden, wir haben uns wie ein Spähtrupp an jeden Ort herangeschlichen – aus Angst vor den eigenen Leuten, die uns auf keinen Fall entdecken durften. Mein Problem war – die beiden anderen Kameraden hatten ein Fahrrad dabei, ich musste zu Fuß laufen. Als wir einen Flüchtlingstreck überholten, kam ein alter Mann auf uns zu. Er durchschaute die Situation: Wenn ich ohne Fahrrad weiter gelaufen wäre, hätten mich sehr bald die Russen erwischt. Er gab mir sein Fahrrad und sagte nur kurz: „Ich habe keine Chance, den Westen zu erreichen, nimm mein Fahrrad." Ich konnte es nicht fassen. Ich merkte noch, wie er mir auf den Rücken schlug und sagte: „Sieh' zu, dass Du gut nach Hause kommst."

Auf vielen Schleichwegen gelangten wir am 30. April 1945 nach Rostock. Auch Rostock sollte bis zum letzten Mann verteidigt werden. Am Stadtrand bemerkten wir, dass allen versprengten Soldaten die Soldbücher abgenommen wurden. Neue Einheiten sollten formiert werden. Wir drei gaben unsere Soldbücher nicht ab und entfernten uns wieder stadtauswärts.

In einer Schreber-Garten-Anlage sprachen wir einen Mann an: Im Tausch gegen unsere Fahrräder sollte er uns auf unkontrollierten Wegen wieder in Stadt zurückbringen. Das gelang auch. Unser Feldwebel fand seine Frau. In ihrem Haus konnten wir endlich einmal wieder baden und in sauberen Betten schlafen. Was für eine Wohltat.

Die Ruhe war bald zu Ende. Am nächsten Morgen hörten wir Schüsse und wussten, wieder steht der Russe vor der Tür. Schnellstens machten wir uns auf den Weg und gerieten erneut in eine deutsche Kontrolle. Man bedroht uns mit der Pistole. Ich verlange den „Streifenführer" zu sprechen. Er kommt auch und wer steht vor mir? Ein Lehrgangsteilnehmer, mit dem ich wenige Monate zuvor in Dresden in der Stube gelegen hatte. Sehr forsch spreche ich ihn an: er solle doch gefälligst seine Leute an die Kandare nehmen. Für den Endsieg würden schließlich nur lebende Soldaten gebraucht.

Der forsche Ton half. Wir gaben vor, unsere Waffen zu holen und gerieten auf diesem Weg durch Zufall in den Rostocker Hafen. Dort wurden genau zu diesem Zeitpunkt Verwundete auf ein Schiff gebracht. Der Kapitän mahnte zur Eile. Wir drei halfen mit, die Verwundeten auf das Schiff zu transportieren. Als der letzte Soldat versorgt war, blieben wir einfach mit an Bord. Niemand fragte uns, wer wir seien und wo wir herkommen. Das Schiff fuhr Richtung Warnemünde und von dort nach Flensburg. Der Hafen von Warnemünde glich einem Bienenschwarm. Viele Schiffe verließen die Stadt, voll beladen mit Menschen auf der Flucht vor dem Russen. Am Kai lag ein kleines Fischerboot, das einen Soldaten aufnehmen wollte. Dieser hatte sich mit einem Fahrrad bis Warnemünde durchgeschlagen, auf dem Gepäckträger einen schweren Rucksack. Statt nun den einen Meter vom Ufer aus direkt aufs Boot zu springen, versuchte der Soldat zuerst sein Fahrrad zu retten und warf es vom Ufer aufs Boot. Das Rad verfehlte das Schiff und fiel ins Wasser. Ich habe noch heute vor Augen, wie der Soldat voller Verzweiflung die Arme hob – er hatte keinen Mut mehr zum lebensrettenden Sprung.

Am 2. Mai 1945 erreichten wir Flensburg. Bereits auf dem Schiff hatten wir erfahren, dass Hitler sich das Leben genommen hatte. Ich versank in absolute Hoffnungslosigkeit und Depression. Was ist zu Hause in Beckum passiert? Leben die Eltern noch? Wie geht es den Geschwistern? Wie sollte es mit Deutschland weiter gehen. Niemand sah irgendeine Perspektive für die Zukunft.

Und wieder einmal hat mich mein Schutzengel nicht verlassen. In Flensburg wurden die versprengten Soldaten an einer Sammelstelle zusammengefasst. Wir wurden von den Engländern interniert. Ich bemühte mich, einen Weg nach Hause zu finden und lernte dabei einen Arzt aus Ahlen kennen. Er bescheinigte mir, dass ich auf Grund meiner Verwundung nicht laufen konnte. So gelangte ich mit dem LKW in ein Entlassungslager. Wie sich herausstellte, kam die Frau des Lagerkommandanten aus Beckum. Als dieser eine Dienstreise ins Westfälische machen musste, die über Beckum führte, schickte er seinen kleinen Sohn zu meinen Eltern und ließ ausrichten: „Heute ist dem Hause Bomke großes Heil widerfahren. In wenigen Tagen kommt Erich zurück." Und tatsächlich, ich gelangte – wieder mit einem englischen Lastwagen – bis nach Beckum. Als wir auf dem Schulhof der Antoniusschule vom LKW sprangen, standen dort meine Schwestern, um mich abzuholen.

Das Glücksgefühl, wieder zu Hause zu sein, war unbeschreiblich. Doch das Leben musste weiter gehen. Ich besuchte als 22-Jähriger einen Förderkursus, um möglichst bald mein Studium beginnen zu können. Einer der Lehrer in diesem Kurs versuchte uns ehemalige Soldaten demütigen zu können. Einen Freund von mir, der auch im Krieg Leutnant gewesen war, zog er am Ohr, wenn dieser etwas nicht wusste und fragte: „Na, Herr Leutnant, wissen wir es nicht?" Wir haben geschwiegen, um das Abitur nicht zu gefährden.

Meine Erlebnisse habe ich damals Niemanden erzählen können. Es hat mich niemand danach gefragt. Deshalb habe ich alles in mir vergraben und geschwiegen. Heute kann ich dieses Desinteresse verstehen: Jeder hatte sein schweres Schicksal zu tragen. Die Daheimgebliebenen mussten furchtbare Bombennächte erleiden und versuchen, mit dem Wenigen, was übrig blieb, das Leben zu fristen. Über die furchtbaren Jahre hat keiner mit dem anderen gesprochen.

Während meiner Arbeit im elterlichen Unternehmen, das ich 1953 von meinem Vater übernahm, habe ich mich ehrenamtlich in der Kommunalpolitik betätigt. Mit 55 Jahren habe ich eine zweite Ausbildung begonnen und ehrenamtlich als Diakon gearbeitet. Warum – das bin ich oft gefragt worden. Ich bringe meine Antwort auf den kürzesten Nenner mit einem Zitat von Bundespräsident Roman Herzog: „Die Menschen gehen nicht in die Kirche, um über ökologische und politische Fragen informiert zu werden, sondern um Antwort zu bekommen auf die Sinnfrage des Lebens." Sie zu geben, habe ich mich als Diakon immer bemüht. Das war meine Art „Danke" zu sagen, für alle guten Dinge, die mir im Leben zuteil wurden.

Günther Drescher

Mit 18 Jahren hinter russischem Stacheldraht

In den Osterferien 1939 bekam ich eine Einladung zu einem 14-tägigen Besuch der Nationalpolitischen Erziehungsanstalt (N.P.E.A., Napola) nach Neuzelle, Krs. Guben. Diese Einladung hatten noch 24 andere Troppauer Jungen aus verschiedenen Schulen erhalten. Vom Gymnasium war ich der einzige. Die meisten gehörten dem Jahrgang 1925 an. Keiner von uns konnte sich unter dem Begriff Napola etwas vorstellen. Wir fassten diese Fahrt als angenehme Abwechslung von der Schule auf. Wer die Auswahl der Teilnehmer getroffen hatte, haben wir nie erfahren.

Meine Eltern erlaubten mir die Reise, die Schule beurlaubte mich. Obwohl alle Jungen aus Troppau und der unmittelbaren Umgebung kamen, entsinne ich mich nicht, einen schon vorher gekannt zu haben. Wir waren alle gespannt. Ein Lehrer, in Neuzelle Erzieher oder Zugführer genannt, und einige Oberstufenschüler, Jungmannen, begleiteten uns. Einer davon war Leonhard Graf von Schwerin, damals in der Unterprima und Jungmannzugführer. Ich bewunderte ihn sehr. Weil ich der Jüngste in der Gruppe war, nahm er mich etwas unter seine Fittiche.

In Neuzelle war meine spätere Klasse, der dritte Zug, gerade eingeschult worden und formierte sich langsam zu einer Gemeinschaft. Wir Troppauer nahmen manchmal am Unterricht teil, auch am üblichen „Dienst" am Nachmittag und Abend. Dass wir in diesen Tagen von mehreren Lehrern und einigen älteren Jungmannen intensiv beobachtet wurden, erfuhren wir erst viel später. Am vorletzten Tag wurden drei aus der Gruppe und ich einzeln vom Zugführer zu einem Gespräch geholt und am Ende gefragt, ob wir, vorausgesetzt die Eltern stimmten zu, in Neuzelle bleiben wollten.

Zu Hause angekommen, hatten unsere Eltern bereits die schriftliche Anfrage erhalten mit allen Bedingungen wie Schul- und Pensionsgeld. Wie lange meine Eltern beraten haben, ob sie dieses Angebot annehmen sollten, weiß ich nicht. Schließlich stimmten sie zu, wohl deshalb, weil sie der Meinung waren, ich bekäme dort eine gute Ausbildung, ich nicht unbedingt bis zur Matura in Troppau bleiben sollte und nicht zuletzt, weil sie merkten, dass ich es sehr gerne wollte. Zudem passte es durchaus in die Zeit. Ähnliche Überlegungen mögen auch die Eltern der beiden anderen angestellt haben.

Am 4. Juni 1939, am Tag vor meinem 13. Geburtstag, war es dann so weit. Wir drei fuhren mit der Bahn nach Neuzelle. Der Weg vom Bahnhof zur Schule war weit, die Arme wurden von den schweren Koffern immer länger.

In der „Anstalt" wurden wir in den dritten Zug aufgenommen und auf drei verschiedene Gruppen und „Stuben" im Fürstenflügel verteilt.

Vor 1918 bildeten die preußischen Kadettenanstalten den Nachwuchs für das Offizierskorps aus. In der Weimarer Republik wurden sie als militärische Vorschule überflüssig und in Staatliche Bildungsanstalten umgewandelt (Stabila). 1934 gestaltete man sie zu Napolas um. Sie dürfen nicht mit den „Adolf-Hitler-Schulen" verwechselt werden, die erst später gegründet und von der Partei kontrolliert wurden. Die Napolas dagegen waren dem Kultusministerium in Berlin unterstellt. Verantwortlich für sie war als „Inspekteur" ein SS-Gruppenführer.

Die Lehrpläne waren von der Reformpädagogik der 20er-Jahre geprägt: Charakterbildung, Wissenschaft und Sport. Später spielte der Wehrsport eine große Rolle. Bis in den Krieg hinein wurde die Zahl der Napolas vergrößert. Potsdam hat alle Entwicklungsstufen mitgemacht: Erst Kadettenanstalt, dann Stabila und schließlich N.P.E.A. 1938 wurden vier Klassen, zwei Abiturklassen und zwei Unterprimen, in das ehemalige Zisterzienserkloster Neuzelle versetzt. Sie bildeten den Kern einer neuen Anstalt. Ostern 1939 begann mit unserer Klasse in Aufbauform, dem 3. Zug, der Aufbau von unten. In den folgenden Jahren kamen zu Ostern, zu Schuljahrsbeginn, neue Klassen nach.

Ich hatte es zunächst nicht einfach. Die Klasse war bereits einige Wochen zusammen, und von den drei Neuen war ich der Jüngste und Schwächste: Körperkräfte spielten in den unteren Klassen dieser Jungengemeinschaft keine geringe Rolle. Auch Hänseleien, Rivalitäten und Positionskämpfe gehörten dazu. Erzieher, Jungmannzug- und Gruppenführer aus höheren Klassen, die uns betreuten, sorgten dafür, dass das nicht ausartete.

Auch im Unterricht – die Klassen- und Fachräume lagen im Erdgeschoss des Haupthauses – hatte ich in einigen Fächern zunächst Schwierigkeiten. Latein, das ich fast zwei Jahre in Troppau gelernt hatte, war noch nicht im Stundenplan, erst zwei Jahre später als zweite Fremdsprache. Den Beginn des Englischunterrichts habe ich nicht mitbekommen. Das hing mir eine Zeit lang nach. Die erste englische Klassenarbeit war schrecklich.

Wir wohnten im „Fürstenflügel" mit jeweils sechs bis acht Jungen auf einer Stube. Die Schlafsäle waren unterschiedlich groß. Hatte man Glück, schlief man in einem kleinen mit zehn Jungen. Es gab auch solche mit 25 Betten.

An den Tageslauf gewöhnte ich mich schnell: Um 6 Uhr ertönte das Trompetensignal „Wecken". Raus aus dem Bett, Trainingsanzug überziehen, draußen versammeln zum gemeinsamen Morgenlauf, meist rund um den Klosterteich. Es musste schon sehr stark gießen, wenn der Morgenlauf ausfallen sollte. Die letzten 100 Meter formierten wir uns und zogen mit Gesang in die Anstalt ein. Auf das exakte Betten bauen wurde großer Wert gelegt: im Betttuch durfte keine Falte sein, die Decke wurde am Fußende „auf Kante" zusammengelegt. Dann ging es im Laufschritt zum Waschsaal. Jeder hatte seinen Platz und seinen Kran, aus dem selbstverständlich nur kaltes Wasser floss. Die Duschen mit warmem Wasser, die aber nicht jeden Tag offen waren, lagen im Keller. Spätestens jetzt war man hellwach. Denn gelegentliche Kontrollen verhinderten, dass man es bei einer „Katzenwäsche" beließ. Im Laufschritt ging es wieder auf die Stube zum Anziehen: Im Sommer trugen wir braune, kurze Cordhosen, olivgrüne Hemden mit roten Schulterklappen, die gleiche Farbe wie die der Stammanstalt Potsdam, hohe, genagelte, schwarze Schuhe. Auch hier galt äußerste Sparsamkeit: War ein Nagel aus der Sohle herausgefallen, musste man in der Mittagspause zum Anstalts eigenen Schuster, der einen neuen einschlug. Die Sohlen brauchten deshalb nur sehr selten erneuert zu werden. Im Winter trugen wir olivgrüne Blusen und Skihosen. Zum „Dienst" setzten wir noch ein gleichfarbiges Käppi auf und legten ein Lederkoppel an. Die Uniform wurde vom „Kammerbullen", dem Hausmeister, ausgegeben, dem man an seinen krummen Beinen ansah, dass er bei einem Reiterregiment gedient hatte. Zur Bekleidung gehörte noch ein Mantel, Drillichzeug, ein Trainingsanzug, Wäsche und ein Tornister, „Affe" genannt, mit der dazugehörigen Decke, Zeltbahn, Zeltstöcken und Kochgeschirr. In die Wäsche und die Bekleidung mussten wir die Namen einnähen, damit sie nicht verwechselt wurden.

Als Ausgangskleidung trugen wir in der Mittelstufe die blaue HJ-Uniform; in der Oberstufe schwarze Breeches, Stiefel, Hemd mit Krawatte, einen gelbbraunen Uniformrock, dazu eine Schirmmütze. In der regelmäßig angesetzten „Putz- und Flickstunde" mussten wir unsere Kleidung säubern, Knöpfe annähen, Strümpfe stopfen und einfache Näharbeiten selbst erledigen.

Meist war man noch nicht ganz fertig mit dem Anziehen, da hieß es schon Antreten zum Morgenappell. Die ganze Hundertschaft, also alle Schüler, standen in Zügen geordnet draußen auf dem Appellplatz, im Winter oder bei Regen im Kreuzgang. Die Jungmannzugführer (Klassenälteste) meldeten dem Jungmannhundertschaftsführer (Schulältester) die Vollzähligkeit und die Namen der Fehlenden und den Grund dafür. Dieser meldete dann dem „Z.v.D.", dem Zugführer vom Dienst, einem Erzieher, der für den Tagesablauf verantwortlich war. Gelegentlich wurde von ihm kontrolliert, ob jeder korrekt gekleidet war, saubere Fingernägel hatte und das Taschentuch nicht fehlte.

Auf das Kommando „Zum Frühstück weggetreten" stürzten alle über die ausgetretene, knarrende Holztreppe bis zum zweiten Stock in den Esssaal. Dort hatte jeder innerhalb seines Zuges einen festen Platz, und wir erwarteten stehend den Z.v.D. Bei seinem Eintritt kommandierte der Jungmann-Hundertschaftsführer „Achtung", daraufhin standen wir alle stramm. Der Z.v.D. ging an seinen Platz am großen Quertisch, an dem auch die Oberprimaner saßen.

Ein Jungmann trug den Tagesspruch vor. Auf das Kommando „Rührt Euch" nahm jeder seinen Platz ein.

Jetzt gingen die Essenholer, die jeweils für eine Woche eingeteilt waren, zur Essenausgabe, hinter der der große handbetriebene Aufzug war, mit dem die Speisen aus der Küche im Erdgeschoss hochgezogen wurden. An jedem Tisch saßen zwölf Jungen, und so waren die Schüsseln, Kannen und Körbe gleich gefüllt. Mittags und abends konnten die Essenholer bei Bedarf – und der war immer vorhanden – einen „Nachschlag" holen, solange der Vorrat reichte.

Mittags aßen die Lehrer meist mit uns und verteilten sich auf die einzelnen Tische, dabei achteten sie auf die Essmanieren. Das war gerade am Anfang nötig, weil die Jungen aus den unterschiedlichsten sozialen Schichten stammten. Nach dem Frühstück holten wir unsere Schulsachen und gingen in unsere Klassenräume. In den Pausen hielten wir uns vor den Klassenräumen oder im Kreuzgang auf; denn die Stuben durften vormittags nicht betreten werden.

Vor dem Mittag- und Abendessen wiederholte sich alles wie beim Frühstück. Das Verteilen der Post nach dem Mittagessen war ein ungeduldig erwarteter Augenblick. Wenn ein Päckchen ankam, gab es immer ein Hallo der Stubengemeinschaft, denn es war selbstverständlich, dass jeder vom Kuchen oder den Süßigkeiten etwas mitbekam. Während des Krieges – die Verpflegung war wie bei der Bevölkerung nicht mehr so gehaltvoll – wurde nach dem Mittagessen eine strikte Mittagsruhe verordnet. Die Jüngeren mussten sich sogar ins Bett legen. Anschließend begann bis 16 Uhr der Dienst: Leichtathletik, Boxen, Rudern in Fürstenberg, Schießen mit KK-Gewehren, Geländespiele, Gartenarbeit und manches mehr. Vor dem Krieg nahmen die Großen Reitunterricht und übten für den Führerschein. Im Krieg wurden sowohl Pferde als auch Kübelwagen eingezogen.

Vor dem anschließenden Silentium brachten die Essenholer jeder Stube das Vesperbrot. Meist waren es Schrippen, große Brötchen, mit Marmelade oder Kunsthonig bestrichen. Silentium und Dienst wurden gelegentlich getauscht. Während der Erledigung der Hausaufgaben herrschte absolute Ruhe. Wollte man etwas fragen, geschah das nur im Flüsterton. Jeder saß an seinem Tisch, der eine abschließbare, große Schublade hatte. Hier verwahrte man die Post oder sonstige wichtige Dinge. Daneben im Regal lagen Schultasche, Hefte und Bücher.

An den Wänden standen die Spinde. Die hier aufbewahrte Wäsche musste akkurat gefaltet und mit „Kante" aufeinander gestapelt werden, die Kleidung hing ordentlich daneben. Wenn das dem Z.v.D. nicht gut genug schien, warf er beim „Durchgang" vor der Nachtruhe alles durcheinander. Dann musste man die Sachen mühsam wieder einräumen und neu packen. Nach dem Abendessen hatten wir oft „Freizeit". Da konnte man Briefe schreiben, Hausaufgaben machen, einen losen Knopf annähen, lesen oder sonst etwas unternehmen.

Oft aber trafen wir uns auf einer Stube oder im Rempter, im Sommer draußen im Park und sangen: Wandervogel-, Schelmen-, Soldaten-, Heimat-, Landsknechts- und Wanderlieder. Manchmal wurde etwas vorgelesen. Die vielen Laienspiele, die wir aufführten, mussten schließlich auch einstudiert werden. Das organisierten unsere Jungmannzug- oder Gruppenführer. Es entsprach dem Prinzip, Jugend wird durch Jugend geführt.

Vor dem Schlafengehen trat wieder der Bläser vom Dienst in Aktion. Das erste Signal hieß „Fertigmachen", das heißt Schuhe putzen, aufräumen – der Stubendienst fegte die Stube – waschen und in den Schlafsaal gehen. Beim zweiten Signal „Zapfenstreich", der für die Jüngeren eine Stunde eher war, musste Ruhe herrschen. Das war natürlich nicht jeden Abend so, obwohl wir meist rechtschaffen müde waren. Oft wurde geredet, manchmal auch Unsinn getrieben. Wenn der Z.v.D. dahinter kam, waren wir „dran". Meistens wurden wir verwarnt. Wenn es aber schlimm wurde, mussten wir raus aus den Betten, uns anziehen und feldmarschmäßig antreten, mit gepacktem Tornister, der sonst auf dem Spind lag. Manchmal mussten wir dann eine Runde um den Klosterteich laufen, uns gegen die Stoppuhr aus- und wieder anziehen, auch gelegentlich Strafexerzieren. Wir nahmen das meist mit Humor, wenn es uns auch schwer fiel. Nachts wurde gelegentlich „gestülpt": Hatte sich jemand unbeliebt gemacht, etwa gepetzt, schlichen sich einige Jungen an dessen Bett, kippten das eiserne Bettgestell um, so dass der Schläfer samt Matratze, Kopfkissen und Decke auf den Boden polterte. Gefährlich konnte es werden, wenn das in einem fremden Schlafsaal oder gar bei einem älteren Zug geschah. Kam man nicht rechtzeitig weg, konnte es zu einer wüsten Schlägerei kommen. Und wenn dann noch der Z.v.D., angelockt durch den Lärm, dazukam, gab es Ärger.

Hatte man dienstfrei, durfte man auch ins Dorf, zum Friseur, zur Post, zur Buchhandlung.

Wir drei Neuen hatten uns schnell eingewöhnt. Die Zeit bis zu den Sommerferien war sehr kurz. Für die Ferien wurde eine dreiwöchige „Großfahrt" nach Ostpreußen geplant: Vierzehn Tage Fahrt durch das Land und eine Woche Erntehilfe bei Bauern. Die Erlaubnis der Eltern bekam ich, wie alle anderen auch. Erst viel später erfuhr ich, dass meinetwegen längere Beratungen geführt wurden, ob ich den Anstrengungen gewachsen sein würde. Ich war nämlich der Zweitjüngste der Klasse, die meisten waren ein oder zwei Jahre älter, einer sogar drei Jahre. Außerdem gehörte ich zu den Kleinsten und Schwächsten. Ich durfte aber mitfahren und war stolz, während der ganzen Fahrt nicht ein einziges Mal „schlapp gemacht" zu haben.

Pfingsten bekamen wir einen Vorgeschmack auf diese Fahrt. In Treppeln erlebten wir das Erste der vielen Lager während unserer Schulzeit. Zunächst mussten wir sechs Kilometer mit gepacktem Affen bis zum See marschieren. Dann wurde ein Lagerplatz bestimmt, der Aufbau begann. In diesen Tagen lernten wir manches, was wir später in Ostpreußen brauchten: Zelte aufbauen – immer vier Jungen bildeten eine Zeltgemeinschaft – Feuerstellen anlegen, abkochen, kurz alles, was für ein Lagerleben wichtig war.

Am 29. Juli erreichten wir das Dorf Sommerau im Kreis Rosenberg. Hier wollten wir einige Tage bei der Ernte helfen, um das Fahrgeld für die Rückfahrt zu verdienen. Der Bürgermeister verteilte uns auf die Höfe. Ich kam zu einem jung verheirateten Ehepaar, das 60 Morgen bewirtschaftete. Ich fühlte mich bei ihnen gleich wohl und brauchte mich nicht zu überarbeiten. Das änderte sich nach ein paar Tagen, denn die Bäuerin kam nach Rosenberg ins Krankenhaus, um ihr erstes Kind zur Welt zu bringen. Am Tag darauf wurde der Bauer zur Landwehr eingezogen: Der Polenfeldzug und damit der Zweite Weltkrieg warf seine Schatten voraus. Uniform, Ausrüstung und Gewehr hatte der Bauer zu Hause im Schrank. Zurückblieben nur die Großmutter und ich. Bis die Bäuerin wieder zu Hause und bei Kräften war, mussten wir beide den Hof versorgen: Kühe, Schweine und Pferde füttern, melken, Heu wenden und einfahren und vieles mehr. Mit meinen 13 Jahren war ich sehr stolz, den Bauern vertreten zu dürfen, zumal das damals meinem Berufswunsch entsprach.

Weil wir alle dringend gebraucht wurden, verlängerten wir unseren Aufenthalt um eine Woche. Aber schließlich mussten wir doch zurück. Von Tag zu Tag hatten sich die Spannungen zwischen Polen und dem Deutschen Reich verschärft. Wir fürchteten, nicht mehr mit der Bahn durch den polnischen Korridor zu kommen.

Aus Sommerau, wo wir von „unseren" Bauern herzlich verabschiedet und reichlich mit Marschverpflegung versorgt worden waren, fuhren wir nach Marienburg. Dort besichtigten wir diese gewaltige Ordensburg. Am Bahnhof Dirschau hieß es, dass die Zugverbindung wegen der Übergriffe der Polen eingestellt werden sollte. Nach langem Warten fuhr nachts doch noch ein Zug. Auf eigene Verantwortung konnten wir mitfahren. Das Durchfahren des Korridors in verplombten Wagons, mit verdunkelten Fenstern, gelegentlichen Halten, wobei draußen laut polnisch geredet wurde, war sehr aufregend. In Schneidemühl waren wir wieder auf dem Boden des Deutschen Reiches. Erleichtert atmeten wir auf. Über Landsberg/Warthe, Küstrin, Frankfurt/Oder erreichten wir wohlbehalten wieder Neuzelle. Die Sommerferien waren noch nicht zu Ende, und so fuhren wir am nächsten Tag – voll von Erlebnissen – nach Hause. Die Ferien endeten wegen des Kriegsausbruches am 1. September erst 14 Tage später.

Meine Eltern wohnten nicht mehr in Karwin, sondern in Mährisch-Ostrau. Der Druck der Polen auf die im Teschener Land lebenden Deutschen war immer stärker geworden. Weil mein Vater, wie die meisten Deutschen entlassen und arbeitslos wurde, Hausdurchsuchungen und vorläufige Festnahmen sich häuften, zogen meine Eltern in das nahe gelegene Mährisch-Ostrau, das seit dem 15. März 1939 zum „Protektorat Böhmen und Mähren" gehörte.

Dort mieteten sie eine möblierte Wohnung in der Hoffnung, bald wieder nach Hause zu können.

Für uns war der „Anschluss" an das Deutsche Reich – wir gehörten nun zum Reichsgau Oberschlesien und nicht zum Sudetenland – die Befreiung von jahrelanger Unterdrückung und Schikane, erst durch die Tschechen, dann durch die Polen. Deshalb erschien uns Deutschland, der Nationalsozialismus und der Führer in positivem Licht. Dass den Erwachsenen bald die Augen aufgingen, merkte ich gelegentlich, war ich doch nur in den Ferien zu Hause. Für eine völlig falsche Politik hielten meine Eltern zum Beispiel die Einteilung in Volksgruppen. Wir Deutschen bekamen sofort die deutsche Reichsbürgerschaft. Alle anderen wurden in vier Volksgruppen eingeteilt, und entsprechend minderten sich auch ihre Rechte.

Mein Vater hat sich für viele Alteingesessene, Schlonsaken, eingesetzt. Obwohl ich nur selten zu Hause war, entsinne ich mich, dass meine Mutter meinen Vater ein paar Mal gebeten hat, sich für jemanden zu verwenden. Nicht selten ist es ihm gelungen, einem Festgenommenen die Freiheit wiederzugeben. Dass sich die Leute zuerst an meine Mutter wandten, kam nicht von ungefähr: sie blieben zunächst im Hintergrund. Darüber hinaus strahlte meine Mutter Verständnis und Güte aus. Das blieb auch so, als sie älter wurde. Die meisten Reichsdeutschen hatten völlig falsche Vorstellungen von dem, was sie bei uns erwartete. Schließlich kamen sie in ein hoch industrialisiertes Gebiet und waren sehr erstaunt, dass sie als „Kulturbringer der Herrenrasse" oft selbst weit unter dem vorhandenen Niveau standen. Bei Kriegsausbruch wurden im „Reich", wozu wir nun auch gehörten, Lebensmittelkarten und Bezugsscheine für alle möglichen Waren des täglichen Lebens ausgegeben: Vom Schnürsenkel bis zur Zahnpasta. Das Protektorat Böhmen und Mähren blieb davon zunächst noch verschont Meine Eltern hatten die Not und den Mangel im Ersten Weltkrieg erlebt, und so nutzte meine Mutter die günstige Gelegenheit, sich in Ostrau mit allen möglichen Waren einzudecken.

Am 15. September begann begann in Neuzelle wieder der Dienst. Der Arbeitskräftemangel machte sich in der Landwirtschaft wegen der vielen zum Kriegsdienst eingezogenen Soldaten besonders bemerkbar. Deshalb wurden alle Züge bis auf die Oberprimaner mit verkürztem Unterricht bei der Ernte eingesetzt. Fünf Wochen lang mussten wir auf den umliegenden Gütern Sempten, Bomsdorf und Wellmitz Kartoffeln und Rüben ernten. Die Kartoffeln wurden mit von Traktoren oder Pferden gezogenen Maschinen gerodet. Je zwei Jungen bekamen einen großen Korb mit zwei Kartoffelreihen zugeteilt. Auf den Knien rutschend klaubten wir die Knollen und warfen sie in die Körbe. War einer voll, musste er auf die seitwärts von Pferden gezogenen Wagen geleert werden. Dafür gab es eine Marke. Sehr bald entbrannte ein Wettstreit, welches Paar am Abend die meisten Marken abrechnen konnte. Bei Sonnenschein war das eine angenehme, obwohl nicht leichte Arbeit, bei

Regen oder Kälte dagegen weniger. Im Oktober wurde es besonders morgens empfindlich kalt. Mittags brannten dann die Kartoffelfeuer, in denen konnten wir so viel Kartoffeln braten wie wir wollten. Dieser Ernteeinsatz dauerte bis zum 31. Oktober 1939. Schon vorher wurde beim morgendlichen Appell das erste Mal die Flagge auf Halbmast gesetzt, zum Zeichen der Trauer um einen gefallenen ehemaligen Schüler, einen „Altkameraden". Noch sehr häufig musste dieses Gedenken im Laufe des Krieges wiederholt werden. Zunächst waren es fremde Namen von Schülern, die wir nicht gekannt haben. Bald waren auch solche dabei aus Klassen über uns und schließlich eigene Klassenkameraden. Gleich zu Beginn des Polenfeldzuges wurden Erzieher einberufen. von denen einige fielen. Einige wurden freigestellt.

Weniger schön war, dass wir einen neuen Deutschlehrer bekamen, Sturmmann Glock. Unser bisheriger Deutschlehrer, Dr. Werner Schmitz, der einen ausgezeichneten Unterricht gab und der uns alle in irgendeiner Weise geprägt hat, wurde zur Wehrmacht eingezogen. Glocks Unterricht war langweilig und uninteressant. Wochenlang behandelte er Storms „Der Schimmelreiter". Sein Sächseln trug dazu bei, dass wir ihn oft maßlos ärgerten. Er wollte uns das abgewöhnen und uns klein kriegen. Als er einmal Z.v.D. war, weckte er uns Nachts und ließ uns feldmarschmäßig antreten. Er wollte uns auf den Kuhlischberg führen, um uns dort zu „schleifen". Wir aber liefen ihm davon, rund um den Klosterteich. Er lief hinterher. Nach der zweiten Runde blieben wir stehen, umzingelten ihn und drängelten ihn unter Drohrufen: „Glock, jetzt bist Du dran, jetzt musst Du sterben" immer tiefer ins Wasser. Seine Knobelbecher waren schon voll gelaufen, da schlossen wir mit ihm ein Abkommen: Wir wollten uns gegenseitig in Ruhe lassen. Dann marschierten wir gesittet zurück. Beide Seiten haben sich an die Vereinbarung gehalten.

Der 22. Juni 1941 war ein strahlender Sommertag. Am frühen Morgen erfuhren wir, dass die Wehrmacht den Krieg gegen Russland begonnen hatte. Wir Jungen konnten die Bedeutung dieses Feldzuges überhaupt nicht einschätzen. Begeisterung kam aber nicht auf, obwohl es doch gegen den Erzfeind, den Bolschewismus ging. Dass einige unserer Lehrer entsetzt darüber waren und das Schlimmste befürchteten, ging nur aus gelegentlichen Bemerkungen in den nächsten Tagen hervor.

Trotz aller offizieller Aufmunterung war die Stimmung gedrückt. Die Menschen hatten ihre Heimat, die sie auf Grund der Vereinbarungen Hitlers mit den Balkanstaaten verlassen hatten, nicht vergessen. Zudem mussten sich Einheimische und Neusiedler erst einmal aneinander gewöhnen. Wie unsere Berichte über den Ernteeinsatz zeigen, hat uns diese Zeit sehr zu denken gegeben. Das ganze Ausmaß dieser verbrecherischen Maßnahmen haben wir aber nicht erkannt.

Der Erste aus unserer Klasse wurde bereits in den Sommerferien eingezogen. Anfang Oktober folgten sechs Weitere des Jahrgangs 1924.

Alle Schüler des Geburtsjahrgangs 1925 wurden im Laufe des Jahres 1943 eingezogen. Je nach Geburtstag waren die Ersten im Januar dran, die Letzten im Herbst. Der erste unseres Zuges starb am 3. Februar 1943 in einem Lazarett bei Charkow an seinen schweren Verwundungen: Eine Handgranate explodierte an seinem Körper.

Auch wir Letzten und Jüngsten unserer Klasse waren nur noch wenige Wochen in das normale Schulleben eingegliedert: Am 20. Februar 1943 wurden wir zum Dienst als Luftwaffenhelfer eingezogen. Das kam sehr plötzlich. Niemand war darauf vorbereitet. Es war auch etwas ganz Neues: Schüler der Gymnasien, die noch zu jung für den Soldateneinsatz waren, sollten bei der Heimatflak (Fliegerabwehr), die zum Schutz von Rüstungsbetrieben und Großstädten Stellung bezogen hatte, reguläre Flaksoldaten ersetzen, damit diese anderwärts, insbesondere an den Fronten eingesetzt werden konnten. Die Katastrophe von Stalingrad hatte sich im Januar vollendet, und deshalb mussten schon halbe Kinder in den Krieg. Wir waren alle erst 16 Jahre alt. Aber damals dachten wir anders: Wir waren stolz darauf, für den „Endsieg" mitkämpfen zu dürfen.

Wir kamen zu einer Batterie, die in der Nähe von Pölitz bei Stettin stationiert war. Sie hatte die Aufgabe, die dortige Rafinerie zu schützen. Auch Peenemünde, wo die Raketenwaffen (V1 und V2) gebaut und erprobt wurden, lag nicht weit. Zwei Lehrer, die uns am Vormittag, wenn nicht gerade Alarm war, unterrichteten, fuhren mit.

Nach der Grundausbildung wurden wir an den Geschützen und Geräten ausgebildet. Die Batterie bestand aus 10,5 und 8,8 Zentimeter Kanonen, dazu zwei vier Zentimeter Vierlingsgeschütze. Die körperlich Kräftigsten wurden Kanoniere und an den Geschützen eingesetzt. Für die Schwerarbeit – Munitionschleppen und Laden – hatte jeder Geschützführer, ein Flaksoldat, zwei bis vier russische Hilfswillige (Hiwis). Sie wohnten in extra Baracken, waren durchweg gutmütige und verträgliche Burschen, die kaum bewacht wurden.

Die anderen Jungen bekamen ihre Ausbildung am Feuerleitgerät. Damit wurden die Flugzeuge mit Radar geortet, verfolgt und die Entfernung gemessen. Das war meine Aufgabe. Die Daten wurden in einem Rechner gesammelt, umgewandelt und an die Richtkanoniere weitergegeben, die an den Geschützen die Höhen- und Seitenwinkel sowie die Entfernung einstellten. Vom Feuerleitgerät aus gab der Batteriechef die Feuerbefehle.

Im näheren Umkreis der Stellung standen Fesselballons, die bei Bedarf aufgelassen wurden, dazu Nebel- und Scheinwerfer. Am Nachmittag, nach dem Unterricht und Silentium für die Hausaufgaben, übten wir immer wieder die nötigen Handgriffe. Das Geschütz- und Gerätereinigen hatten wir schnell satt.

Die Übungsalarme gingen sehr bald in echte über. Die Flugzeugpulks kamen meistens nachts. Ertönte das Zeichen „Vorwarnung", mussten wir uns vollständig anziehen, durften uns aber aufs Bett legen. Das lange Klingelzeichen bedeutete Fliegeralarm. Dann hieß es schnell den langen, warmen Übermantel anziehen, Stahlhelm aufsetzen, Gasmaske umhängen und im Laufschritt auf den Posten. Wir am Funkmessgerät bekamen immer sofort die Luftlagemeldung durchgesagt, so dass wir wussten, worauf der Luftangriff zielte. In den meisten Fällen waren die Flugzeugschwärme weit von uns entfernt. Wir warteten dann stundenlang in der Kälte, bis Entwarnung gegeben wurde. Dann krochen wir durchgefroren in unsere Betten. Wenn wir genügend Brennstoff hatten – meist konnten wir etwas dazu organisieren – war wenigstens die Bude warm; denn zwischendurch lief immer einer zur Baracke und fütterte den Kanonenofen.

Währte der Alarm die ganze Nacht, durften wir etwas länger schlafen. Das ging dann aber oft auf Kosten des Unterrichts. Unsere Lehrer versuchten, das Ausgefallene nachzuholen, aber nicht immer gelang ihnen das. Der erste Angriff war im April. Im Herbst und Winter 1943/44 gab es noch mehrere schwere Angriffe auf das Hydrierwerk Pölitz und auf Stettin. Im Übrigen war der Dienst in der Einöde nicht sehr spannend.

Anfang September kam eine größere Gruppe von Jungmannen aus dem Zug unter uns in unsere Stellung. Sie verstärkte die Napola-Truppe, die einen festen Kern in der Batterie bildete. Im Sommer wurden wir in die siebte Klasse versetzt.

Wir wurden zu Jungmanngruppen und -zugführern befördert und versuchten, das an die Jüngeren weiterzugeben, was unsere Jungmannführer uns beigebracht hatten.

Zum Unterricht gingen wir hinunter ins Klostergebäude, auch die Mahlzeiten wurden im großen Esssaal eingenommen. Sonst aber waren wir weitgehend vom üblichen Dienst befreit und bereiteten uns auf das Abitur vor. Wir hatten uns alle freiwillig als Reserveoffiziersbewerber gemeldet. Deshalb blieben wir bis Juni 1944 zurückgestellt, während alle anderen des Jahrgangs 1926 bereits eingezogen waren.

Weil der Einberufungstermin Anfang Juni für uns feststand, wurde die Abiturprüfung in die zweite Maihälfte gelegt. Es herrschte schönstes Sommerwetter. Deshalb durften wir uns einen Platz im Park suchen und dort unsere Deutschaufsätze konzipieren. Das Mündliche fand vor der Kommission in der Bibliothek statt. Diese Prüfungen waren für mich und einige andere aus der Klasse sehr wichtig. Denn einige Jahre nach Kriegsende wurde das Abitur auf Grund eidesstattlicher Erklärungen unserer Lehrer anerkannt. So brauchte ich die Prüfung nach meiner Rückkehr aus der Kriegsgefangenschaft nicht zu wiederholen, sondern konnte mich gleich an der Universität einschreiben.

Anderen, die eher wieder zu Hause waren, erging es aber schlechter: Weil sie Schüler einer Napola gewesen waren, wurden sie vom Studium ausgeschlossen. Einige wurden später nach einer handwerklichen Ausbildung und der Meisterprüfung Berufsschullehrer. Sie durften erst nach Abschluss der „Entnazifizierung" studieren. Mitte 1944 stimmten die täglichen Wehrmachtsberichte nicht mehr so optimistisch, aber gerade jetzt – so glaubten wir damals – würden wir gebraucht.

Am 6. Juni war durch die Invasion in der Normandie die lange gefürchtete neue Westfront entstanden. Deutschland wurde endgültig in die Zange genommen. Alles noch wenden zu können, blieb eine große Illusion.

Am 28. Mai 1944 wurden wir nach bestandenem Abitur feierlich entlassen. Die Hundertschaft, das heißt die Gesamtheit der Schüler, war am Apellplatz in Zügen geordnet angetreten. Auch die Erzieher waren dabei. Die Flagge wurde gehisst. Der Bläser vom Dienst gab das Signal. So hatten wir es viele Male erlebt, wenn Schüler aus der Anstalt in den Krieg ziehen mussten. Nun standen die Letzten unseres Zuges da sowie einige Jungmannen des Jahrgangs 1926 aus der Klasse unter uns. Zum letzten Mal hatten wir die olivgrüne Anstaltsuniform mit den roten Schulterklappen an. Der Hundertschaftsführer, der uns viele Jahre begleitet, unterrichtet und beeinflusst hat, sprach die Abschiedsworte. Dann trat die Hundertschaft weg, und wir fuhren am nächsten Morgen in Zivil nach Hause.

Soldat im Zweiten Weltkrieg

Ausbildung in Brünn

Zusammen mit zwei anderen Klassenkameraden des Jahrgangs 1926 wurde ich nach Brünn, damals Protektorat Böhmen – Mähren als Reserveoffiziersbewerber eingezogen. Der Gestellungsbefehl war auf den 5. Juni 1944, meinem 18. Geburtstag, ausgestellt. Wir drei hatten uns beim 4. Ausbildungs- und Ersatzbataillon zu melden.

Nach dem Abitur, das uns ermöglicht wurde, weil wir uns freiwillig als Reserveoffiziersbewerber gemeldet hatten, und der Entlassung aus Neuzelle, fuhren wir alle noch für ein paar Tage nach Hause. Ich war – von einem neunstündigen Kurzurlaub im August 1944 abgesehen – das letzte Mal zu Hause. Selbstverständlich wurde ich in diesen Tagen richtig verwöhnt.

Die Versorgungslage war schlecht, wie überall in Deutschland. Es gab immer weniger auf Karten (Lebensmittelmarken, Bezugsscheine für Kleidung und alle anderen Gebrauchsgegenstände). Bei uns flossen noch manche Quellen, so dass kein großer Mangel herrschte. Beziehungen spielten halt eine große Rolle! Wir gingen ins Kino, besuchten Verwandte und Bekannte. Außer den beiden Schwiegersöhnen der Familie, beide bei der Wehrmacht, waren wir alle zusammen.

Mein Geburtstag am 5. Juni begann mit einem guten Frühstück, das gleichzeitig Abschiedsessen war. Wir haben das richtig genossen und uns dabei etwas verspätet.

Natürlich hatten wir es abgelehnt, zum Bahnhof gebracht zu werden, weil wir einen öffentlichen rührseligen Abschied vermeiden wollten. Wir hatten auch kaum Gepäck, deshalb gingen wir zu Fuß. Ich tat ganz lässig, heute würde man sagen cool; denn niemand sollte den Abschiedsschmerz merken.

Als wir zum Bahnhof kamen, fuhr der Zug nach Oderberg gerade ab. Unsere zur Schau getragene Ruhe war wie weggeblasen und die Aufregung groß, denn den Anschlusszug erreichten wir nicht mehr. Der Einberufungsbescheid lautete auf 14 Uhr. Das Telefongespräch nach Hause brachte uns zunächst weiter. Mein Vater wollte uns mit dem Auto nach Mährisch-Ostrau bringen lassen, denn von dort war die Verbindung nach Brünn besser. Aber ein Blick auf den Fahrplan zeigte, dass wir dabei nichts gewonnen hätten. Auch so konnten wir nicht mehr rechtzeitig ankommen. Wir sahen schon unsere militärische Karriere mit einer Bestrafung beginnen. Also nahmen wir den nächsten Zug und kamen mit zwei Stunden Verspätung in der Kaserne an: Niemand nahm Notiz von uns. Der „Dienst" begann erst am nächsten Tag!

Außer uns drei Neuzellern wurden noch neun weitere „Altkameraden" aus anderen Anstalten in unserer Einheit ausgebildet. Auch mehrere Elsässer, die wenig körperlich trainiert waren, gehörten zu den Neuankömmlingen. Nach dem Einteilen in Züge und Gruppen – wir drei blieben zusammen – dem Einkleiden und Waffenempfang begann eine harte Ausbildung von fünf Uhr morgens bis spät in den Abend. Unsere Ausbilder waren mehrfach verwundete, hoch dekorierte Unteroffiziere, die uns unerbittlich herannahmen. Aber nie hatten wir den Eindruck, schikaniert zu werden, wie es beim „Kommiss" oft üblich war. Wir brachten allerdings aus Neuzelle viel bessere Voraussetzungen und Kondition mit, als die meisten anderen. Trotzdem sanken wir abends todmüde in die Betten. „Schlapp gemacht" hat von uns keiner. Die Elsässer hatten es schwer. Sie litten sehr unter Heimweh und der harten Ausbildung. Es waren nette Jungs. Wo wir konnten, halfen wir ihnen.

Der Sommer dieses Jahres war schön, warm und trocken. Wir lernten auf unseren Märschen, Nachtübungen und Truppenübungsplatz-Aufenthalten die fruchtbare Landschaft um Brünn gut kennen. Nach einer Übung am Truppenübungsplatz mit scharfer Munition – sonst übten wir nur mit Platzpatronen – marschierten wir in der Nacht 60 Kilometer in die Kaserne zurück. Bei einer anderen Nachtübung hängten wir uns die Gasmasken um den Hals und stopften die leeren Behälter voller Obst. Während der Übung verlor ich den Filter der Gasmaske. Zum Glück bekam ich am nächsten Morgen Ersatz, ohne dass der Waffenmeister nachfragte: Auch das wäre ein Grund für eine Bestrafung gewesen.

Am 20. Juli gab es Alarm, wir fassten scharfe Munition, besetzten mit Maschinengewehren die Eingänge, ohne zu wissen, was das bedeuten sollte. Erst am Abend hörten wir vom Attentat auf Hitler. Wir Jungen konnten das nicht begreifen und waren ratlos. Die Älteren hielten sich mit ihrer Meinung zurück.

Am 23. Juli wurde eine Trauerkundgebung der Deutschen in Brünn veranstaltet. Wie sehr wir damals noch in den Vorstellungen des Nationalsozialismus verfangen waren, geht aus einem Brief hervor, den ein Kamerad am gleichen Abend nach Hause schrieb: „Es war ein ungeheures Erlebnis; die Antwort des Volkes auf den furchtbaren Versuch, uns den Führer zu nehmen, war ergreifend. Wir hatten die Ehrenkompanie gestellt, und ich gestehe offen: ich war noch nie so stolz wie an diesem Abend, da ich in unseren Reihen erneut die Treue schwur, bis zum letzten Atemzuge. Hart klang unser Schritt durch die Menschen umsäumten Straßen, stolz und gläubig unser Lied ‚Wenn alle untreu werden, so bleiben wir doch treu …'. Sind wir nicht alle dem Herrgott unendlich dankbar, dass er uns den Führer erhielt? Wir werden mit unserem Führer in den Sieg schreiten, auch durch Nacht und Tod. So ist es gewollt …" (Neuzeller Kriegsbriefe, Jahrg. 1945, S. 16)

Nach mehr als 50 Jahren ist das nicht mehr zu verstehen. Es ist unglaublich, wie sehr die offizielle Nazipropaganda junge Menschen beeinflusst und verführt hat.

Ende August wurde unsere Kompanie feldmarschmäßig verladen und nach einer mehrstündigen Fahrt in Mährisch-Ostrau ausgeladen. Junge Soldaten wurden vereidigt. Wir stellten die Ehrenkompanie. Nach der Parade hatten wir bis zum Zapfenstreich Ausgang. Um mit der Elektrischen nach Hause zu fahren und um 22 Uhr wieder zurückzusein, dafür reichte die Zeit nicht. Aber so nahe von zu Hause und nicht dorthin können? Ich meldete mich also bei meinem Kompanieführer und erklärte ihm, wo ich wohnte. Daraufhin gab er mir Urlaub auf Ehrenwort bis zum Wecken.

Als ich von der Haltestelle kommend, kurz vor acht Uhr abends, die Hauptstraße zu unserem Haus herunterging, kamen gerade meine Mutter, meine Schwester Erika und unsere Hausgehilfin Sophka aus dem Gartentor: Sie waren auf dem Weg ins Kino. Ein Bild tiefsten Friedens. Die Überraschung war groß; denn ich hatte mich in der Eile nicht anmelden können.

Es war ein schöner Sommerabend, den ich noch einmal im Kreise der Familie verbringen durfte. Mein Vater staunte sehr, als alle wieder zurückkamen und mich mitbrachten. Bis spät in die Nacht redeten und erzählten wir. Ich „harter Soldat" genoss es sehr, wieder – wenn auch nur für wenige Stunden – der Junge zu Hause zu sein. Noch viel später, in der Gefangenschaft, habe ich von dieser letzten Begegnung gezehrt.

Es muss am nächsten Morgen die erste Elektrische gewesen sein, die mich wieder nach Ostrau brachte, so dass ich mich pünktlich bei der Truppe zurückmelden konnte.

Einsatz in der Slowakei

Am 16. September 1944 kam der Versetzungsbefehl zur Front. Wir wussten nicht, wohin es gehen sollte, sicher war, dass wir zur Kampftruppe kamen und unsere Ausbildung zu Ende war.

Im September 1944 brach in der Slowakei ein Aufstand aus: Einheimische Partisanen, die von sowjetischen Offizieren und Kommissaren geführt wurden, kämpften gegen die deutsche Besatzung und gegen den slowakischen Nationalstaat, den Präsident Hlinka im Einvernehmen mit dem Deutschen Reich 1939 gegründet hatte. Russische Waffen und anderes Kriegsmaterial erhielten die Aufständischen aus der Luft. Sie zerstörten Nachschubwege, sprengten Brücken und überfielen kleinere Truppeneinheiten. In diesen „Bandenkämpfen" wurden wir eingesetzt. Es war also nicht die „Front", sondern eine unübersichtliche Lage: Von allen Seiten konnte der Gegner angreifen, von überall konnten wir Feuer bekommen.

Aus Brünn nach Osten fahrend, kamen wir über Walachisch-Meseritsch (Uherske Hradiste) in die Slowakei und über Trentschin in das Gebiet der kleinen Fatra. Dort wurden wir ausgeladen.

Am 21. September 1944 erhielten wir unsere „Feuertaufe". Einige Kilometer vor unserem Einsatzgebiet gingen wir sichernd auf beiden Straßenrändern voran. Hier sahen wir die ersten Toten links und rechts am Straßenrand und im Straßengraben liegen. Es war nachts schon sehr frisch, und deshalb trugen sie grobe, braune Militärmäntel. Bei diesem Anblick wurde uns mulmig im Magen. Das war die Wirklichkeit des Krieges, kein patriotischer Roman oder die spannende Erzählung eines Altkameraden.

Nach einigen Kilometern stießen wir auf ein kleines Dorf, das in einer weiten Talsenke lag. Die Partisanen hielten es besetzt, und wir hatten den Auftrag, sie daraus zu vertreiben.

Ich lief, immer wieder Deckung suchend und mich hinwerfend, auf der Höhe über dem Dorf über einen Kartoffelacker. Plötzlich sah ich in einer Furche etwas Braunes liegen. Bei den Toten am Straßenrand hatte ich dieses Braun schon gesehen, und so meinte ich, einen Aufständischen vor mir zu haben. Der Sprung nach vorne kostete viel Überwindung. Dann merkte ich, dass es nur ein Mantel war, den einer in aller Eile liegen gelassen hatte. So lief ich, gleichzeitig mit anderen Kameraden ins Dorf hinunter. Der Gefechtslärm, Gewehr- und Maschinengewehrschüsse, beruhigte sich: Das Dorf war leer, die Partisanen hatten sich in den dahinter liegenden Wald abgesetzt. Gleich hinter dem Dorf mussten wir uns eingraben, weil wir vom 2oo Meter entfernten Waldrand wieder starkes Feuer bekamen.

Eine große Hilfe waren die Ausbilder, die uns auch in diesem Einsatz führten: Selbst im stärksten Feuer gaben sie uns kaltblütig Anweisungen und sorgten dafür, ohne auf ihre eigene Sicherheit zu achten, dass wir uns so verhielten, wie wir es gelernt hatten. Vor diesen Männern hatten wir große Hochachtung. Sie waren immer darauf aus, uns blutjunge Soldaten vor unnötigen Gefahren zu schützen.

Bei diesem Angriff wurden meine beiden Neuzeller Klassenkameraden tödlich verwundet. In zwei Briefen, die ich nach Neuzelle schrieb, hörte sich das im damaligen Diktum so an:

> „Jetzt ist es soweit! Meinen ersten Angriff habe ich hinter mir. Gestern sollten wir die Sicherung übernehmen und ein Dorf besetzen. Kaum waren wir über die Höhen, als wir auch schon Feuer bekamen. Gleich bei den ersten Sprüngen fiel der Erste – er war MG-Schütze 1 – durch Hüftsteckschuss aus. Einige Minuten später der Zweite. Der Angriff ging weiter durchs Dorf. Im Wald hinter dem Dorf setzten sie sich – Banden unter sowjetischer Führung – wieder fest, bekamen Verstärkung und schossen aus allen Rohren. Wir lagen auf einer freien Fläche. Einen Gegenstoß der Banden wehrten wir mit einem eigenen Gegenstoß ab. Dann kam die Nacht. So angestrengt gelauscht habe ich noch nie. Aber sie kamen nicht. Nun weiß ich, wie es ist, wenn die ‚blauen Bohnen' um einen herum spritzen.
> Heute erfuhr ich, dass einer meiner Kameraden aus Neuzell seiner Verwundung erlegen ist. Der andere schwebt in Lebensgefahr. Wir drei wollten dasselbe, haben uns auf unseren Einsatz gefreut, und nun bin ich allein. Dass sie nicht mehr dabei sind, will mir nicht in den Kopf. Aber es ist töricht, leben zu wollen, ohne den Tod im Auge zu haben. – Jetzt hoffe ich nur, dass mein Kamerad gut durchkommt." (22.9.1944)

Und acht Tage später:

> „Drei Neuzeller zogen vor 14 Tagen voller Freude, nun endlich doch herauszukommen, in den Einsatz. Wir wollten an die „richtige" Front, waren aber froh, fürs Erste in den Bandenkampf zu kommen! Nun bin ich noch alleine hier. Gleich nach den ersten Minuten unseres ersten Angriffes fielen meine Kameraden aus. Beide haben ihre Verwundung links – Flankenfeuer. Später, bei einem Meldegang, traf ich auf Kurtl. Ganz ruhig und froh lag er da. Ich ahnte nicht, dass ich ihn zum letzten Mal sah. Ich konnte nicht lange bleiben, sagte nur, ‚Machs gut Kurtl, komm bald wieder' und musste wieder vor, der Gegner hatte Verstärkung erhalten. Am selben Tag wehrten wir einen Angriff im Gegenstoß ab. Als wir am nächsten Tag zurückgezogen wurden, erfuhr ich, dass Kurtl gestorben sei. – Und nun bin ich allein, und es geht immer weiter. Mit jeder Stunde, die ich Posten stehe, mit jedem Angriff kommt mir Neuzelle und alles, was damit zusammenhängt, viel schöner vor." (30.9.1944)

Die letzten Sätze verraten, wie mir damals zu Mute war.

In den nächsten Wochen wurden wir an mehreren Stellen in der Mittelslowakei eingesetzt. Meist waren wir nur zwei bis drei Tage zur Bereinigung der Lage an einem Ort und wurden dann wieder verlegt.

Die Waldgebiete der Niederen Fatra waren ein ideales Operationsgebiet für die Partisanen. Einmal mussten wir bei Nacht eine Stellung auf einem Berg besetzen. Um dorthin zu gelangen, durften wir den Weg nicht benutzen. Die Gefahr, in der Finsternis in eine Falle zu geraten, war zu groß. So stapften wir im Stockdunkeln durch den Wald und tasteten uns an einer Feldtelefonleitung entlang. Es sollte alles sehr leise gehen. Das war aber nicht so einfach. Denn immer wieder stießen wir – etwa 20 Mann – gegen Bäume oder stolperten über Wurzeln und Steine, zumal wir schwer bepackt waren. Zusätzlich mussten wir noch Verpflegung nach oben bringen. Dort war eine provisorische Stellung von einer Gruppe des Strafbataillons Dirlewanger besetzt. Wir wussten nicht, vor wem wir uns mehr in Acht nehmen mussten, vor ihnen oder den Partisanen. Diese Burschen waren wegen ihres Draufgängertums und ihrer Rücksichtslosigkeit berüchtigt. Am nächsten Tag konnten wir die Angriffe gemeinsam abwehren. Danach verzogen sich die Partisanen, und unsere beiden Gruppen trennten sich.

Einmal hätte ich fast das Schicksal meines Mitschülers erlitten, der von einer Handgranate zerrissen worden ist. Beim Durchkämmen eines Waldes löste sich der Schraubverschluss einer am Koppel hängenden Handgranate, und die Abzugsschnur hing herunter. Mein Nebenmann sah das und machte mich darauf aufmerksam. Weil der Verschluss verloren war, zündete ich sie und warf sie weit genug weg, so dass die Explosion niemanden gefährdete.

Einmal sollten wir mit einem verstärkten Spähtrupp feststellen, ob ein Dorf feindfrei war. Es lag in einem Waldgebiet, inmitten einer großen Rodungsfläche. Jede Deckung ausnutzend, gingen wir zu dritt auf das Dorf zu. Der Rest der Gruppe gab uns mit einem MG vom Waldrand her Feuerschutz. Wir waren etwa auf der Mitte zwischen Wald und Dorf, als eine alte Frau aus einem Haus herauskam und uns zu sich heran winkte. In den Dörfern, in denen keine Partisanen waren, wurden wir von den Bewohnern immer sehr freundlich aufgenommen, und so erwarteten wir nichts Böses. Wir gingen weiter, und als wir näher heran waren, wurde aus den Häusern geschossen: Die alte Frau war wie vom Erdboden verschluckt! Dank des Feuerschutzes konnten wir den Waldrand wieder erreichen, aber die beiden anderen wurden dabei leicht verletzt.

Anfang November, es hatte schon gefroren, lagen wir mehrere Tage auf einer Anhöhe in der Nähe eines Dorfes. Der Ausblick war herrlich. Wir hatten uns eingegraben und konnten es gut aushalten, zumal es ruhig blieb und wir keine Feindberührung hatten. Um unsere Verpflegung etwas aufzubessern, kauften wir im nahen Dorf eine fette Gans, die uns eine Bäuerin köstlich briet: Es war eine sehr angenehme Abwechslung zum Essen aus der Feldküche.

Mitte November bekamen wir das Infanterie-Sturmabzeichen und das EK II verliehen. Danach wurde ich mit zwei anderen nach Brünn zur Ausbildungseinheit zurückversetzt.

Dort waren inzwischen neue Rekruten eingezogen worden. Wir mussten sie als „Hilfsausbilder" für die Front vorbereiten. Es waren ausschließlich „Volksdeutsche" aus dem Banat und Siebenbürgen, alle schon älter – um die 40. Ihnen fiel die Ausbildung sehr schwer. Es war nichts mehr von der Begeisterung zu spüren, die noch vor einigen Wochen hier herrschte, als wir „jungen Spunte" ausgebildet wurden. Die meisten waren Bauern, denen man die schwere körperliche Arbeit ansah. Sie waren mit ihren Familien ins Wartheland umgesiedelt worden und sahen einer ungewissen Zukunft entgegen. Noch wurden sie aber von ihren Angehörigen mit Lebensmitteln versorgt. Ich bekam als „Stubenältester" immer etwas mit. Es war bedrückend, diesen älteren Männern die Grundbegriffe eines Soldaten beibringen zu müssen und dabei zu sehen, wie schwer ihnen das fiel.

Weihnachten und Sylvester „feierten" wir in der Kaserne: Das Essen war gut, die Volksdeutschen hatten reichlich selbst gemachte Süßigkeiten geschickt bekommen. Es wurde auch viel Alkohol ausgegeben. Das Ergebnis war grauenhaft: Eine fürchterliche Sauferei mit allen unangenehmen Begleiterscheinungen. Mich stieß das sehr ab, obwohl ich den Jammer dieser Männer verstehen konnte. Sie waren fast alle verheiratet und hatten Kinder. Jetzt waren sie Soldat, wozu sie überhaupt keine Beziehungen hatten, lagen in dieser verfluchten Kaserne, hatten schon einmal ihre Heimat verlassen müssen, und manche Familien waren wieder auf der Flucht.

Ende Dezember wurde ich mit einigen anderen zum „Obersoldaten" befördert: ein silbernes Sternchen am linken Ärmel! Diesen „wichtigen" Dienstgrad hatte ich auch als Luftwaffenhelfer bekommen. Der Sold, den wir erhielten, wurde um ein paar Pfennige erhöht.

Einsatz in Pommern

Die Nordfront der Roten Armee hatte in Kurland eine ganze deutsche Armee eingekesselt. Zehntausende von Zivilisten, besonders Frauen und Kinder, wurden in diesen Winter- und Frühlingswochen von der Marine aus den zerbombten Häfen über die Ostsee nach Dänemark und Schleswig-Holstein transportiert. Zehntausende sind beim Überqueren des vereisten Haffs mit ihren Wagen eingebrochen und ertrunken. Viele Schiffe, voll gestopft mit Flüchtlingen und Verwundeten wurden von sowjetischen Fliegern versenkt. Auch uns begegneten oft Trecks mit völlig verstörten und verängstigten Menschen, auf der Flucht vor den Russen. Durch Gegenangriffe konnten wir einigen gelegentlich etwas Luft verschaffen; aber letzten Endes wurden sie alle von der Roten Armee überrollt und erlitten ein elendes Schicksal.

Auch von Süden stießen die Sowjets in breiter Front auf die Oder zu und durch Pommern an die Ostsee. Sie wollten Danzig abschneiden und Stettin nehmen.

In den ersten Januartagen wurde ich wieder zur Feldeinheit kommandiert. Zu zweit fuhren wir aus Brünn mit dem Zug quer durch Deutschland. Schließlich erreichten wir auf Lastkraftwagen, immer wieder durch Fliegerangriffe aufgehalten, unsere neue Einheit, die im Großraum östlich Stettin eingesetzt war. Der Kompaniechef freute sich über unser Kommen, denn in diesen letzten Kriegswochen gab es nur noch spärlichen Ersatz für gefallene und verwundete Soldaten.

Auch hier wurde meine Einheit als „Feuerwehr" eingesetzt. An schwierigen Abschnitten wurden wir ausgeladen, eroberten Dörfer und einzelne Stellungen zurück oder holten uns blutige Köpfe. Meist Nachts wurden wir dann herausgezogen, auf Lastwagen – im Sitzen schlafend – an eine andere Stelle der sich dauernd ändernden Front gefahren und wieder eingesetzt.

Es war sehr kalt, und es lag viel Schnee. Mitte Februar begann es zu tauen. Sowohl der Schnee als auch später der Matsch erschwerten unsere Einsätze zusätzlich. Die Ereignisse überschlugen sich. Vieles habe ich aus dieser schlimmen Zeit vergessen. Aber einige Einsätze und Erlebnisse haben sich so eingeprägt, dass ich mich noch heute daran erinnere.

Südöstlich von Stettin, zwischen Stargard und Pyritz wurden wir ausgeladen. Die Lage war sehr unübersichtlich.

Am nächsten Tag kamen wir in ein Dorf. Wenige Kilometer davor waren die Russen aufgehalten worden. Die Bauern hatten erst kurz zuvor ihre Höfe verlassen und versuchten nun, sich in schnell zusammengestellten Trecks über die Oder nach Westen zu retten. Weil sie das Vieh nicht mitnehmen konnten, haben sie es freigelassen. Das Brüllen der ungemolkenen Kühe, die über die verschneiten Felder irrten, ging einem durch Mark und Bein. An Milch fehlte es uns in diesen Tagen nicht! Mir kam zugute, dass ich das Melken während meines Ernteeinsatzes in Ostpreußen gelernt hatte.

Zunächst war es ruhig, und wir gruben uns in den steinhart gefrorenen Boden Zweimannlöcher, die wir auch nachts besetzt hielten. Einer konnte schlafen, der andere horchte angestrengt in die Nacht. Da Schnee lag, konnte man Bewegungen im Vorfeld gut wahrnehmen. Es waren mehrere Grade unter Null, und gelegentlich schneite es. Ab und zu schossen die Russen mit Artillerie, sie hielten uns so wach. Dazu kam das unheimliche Brüllen der Kühe. Die Sowjets griffen hier nicht an. Deshalb wurden wir an einer anderen Stelle gebraucht.

Am nächsten Tag eroberten wir ein Dorf nördlich von Pyritz zurück. Die Sowjets hatten hier keine Panzer massiert, die wenigen konnten unseren Angriff nicht aufhalten. Im Straßenkampf schossen wir einige mit Panzerfäusten ab, und die Infanterie drückten wir heraus. Ich habe hier zum ersten Mal gesehen, wie ein Dorf aussieht, das die Bolschewiken besetzt hatten: Einige Höfe brannten, die anderen Häuser waren ausgeplündert, das Mobiliar zerschlagen, alle Federkissen aufgeschlitzt, überall flogen Bettfedern herum. Soweit noch Essbares vorhanden, war alles zerschlagen und zertrampelt. Die Russen standen wohl so schnell im Dorf, dass die Einwohner nicht mehr fliehen konnten. Es war ein Bild des Grauens. Tote, verstümmelte Männer, einer an ein Scheunentor genagelt; Frauen, denen man noch im Tod ansehen konnte, dass sie vielmals vergewaltigt worden waren, herumliegende Kinderleichen.

Nachdem wir das Dorf zurückerobert hatten, kamen einige aus Verstecken hervor und berichteten von diesem grauenvollen Wüten. Die fürchterlichen Schreie der bestialisch Misshandelten hatten sie in ihren Verstecken fast irr werden lassen.

Dieses erste von mehreren ähnlichen Erlebnissen bestärkte unseren unbedingten Willen, solange es ging, gegen die bolschewistischen Rotarmisten zu kämpfen, noch vielen Menschen die Möglichkeit zu geben, sich über die Oder zu retten und vielleicht die Amerikaner zu erreichen.

Das Städtchen Pyritz, etwa sechs bis acht Kilometer von diesem Dorf entfernt, war von der Roten Armee eingeschlossen und zur Festung erklärt worden. Am Abend bekam ich mit drei anderen den Befehl, durch die russischen Linien in die Stadt zu gelangen und dem Festungskommandanten eine Meldung zu überbringen: Am nächsten Morgen um 9 Uhr wollte unser Bataillon einen Entlastungsangriff auf Pyritz beginnen. Die Besatzung bestand neben wenigen Soldaten aus Volkssturmmännern und Hitlerjungen. Sie sollten versuchen, zur gleichen Zeit die russischen Linien zu durchbrechen und sich mit uns zu vereinigen.

Es war eine sternklare Februarnacht. Die Orientierung war nicht schwer, denn eine eingleisige Bahnlinie führte in die Stadt. Die ersten Kilometer gingen wir noch sorglos, die Russen standen etwa auf der Mitte zwischen Dorf und Stadt. Schon von weitem sahen wir nicht nur die Ungetüme von Panzern, die im Mondlicht besonders groß erschienen, wir hörten den Iwan auch. Daraus schlossen wir, dass sie sich sorglos fühlten und nicht sehr aufmerksam waren. Am Geklapper der Spaten erkannten wir, dass sie sich eingruben. Vorsichtig schlichen wir am Trassenrand, der im Mondschatten lag, entlang. An dieser Stelle führten die Gleise durch einen tiefen Einschnitt. Rechts und links an den Böschungen wuchs Gesträuch. Schließlich hörten wir sie auch reden. Wir waren also auf ihrer Höhe. Die Russen lagen oben auf den Feldern. Deshalb konnten wir die Panzer nicht mehr sehen. Den Geräuschen nach waren sie aber nur wenige Meter über uns. Die Gleise waren nicht bewacht, und so konnten wir unbemerkt und mit angehaltenem Atem am

Gebüsch entlang kriechen. Nach endlos erscheinenden Minuten wurde das Reden und Geklapper leiser, wir hatten es geschafft. Die Angst ließ nach, die Anspannung blieb. Bei den Posten am Stadtrand machten wir uns mit der Tagesparole als eigene Soldaten kenntlich. Man führte uns durch die Stadt zum Festungskommandanten. Der Eichenlaubträger, Oberst Weiß, lag mit seinem Stab im Keller der Post. Sein „I-a", ein älterer Oberstleutnant, nahm völlig übernächtigt unsere Meldung skeptisch entgegen und entließ uns. Wir bekamen etwas zu essen und legten uns hin, denn wir wollten am nächsten Morgen mit den Ausbrechenden unsere Einheit wieder erreichen.

Der Tag brach an, es herrschte Ruhe. Von einem Entlastungsangriff und dem Ausbruch war nichts zu merken. Bis Mittag blieb es ruhig. Nun versuchten wir vier auf eigene Faust, unser Bataillon wieder zu erreichen. Wir schlugen einen großen Bogen nach Osten. Ohne Feindberührung erreichten wir am späten Nachmittag das Dorf, von dem wir am Abend vorher aufgebrochen waren. Das Bataillon war noch da. Beim Zurückmelden erfuhren wir, warum unser Spähtrupp durch die russischen Linien umsonst gewesen war: Die Sowjets hatten Unmengen von Panzern massiert, so dass an einen Entlastungsangriff ohne schwere Waffen nicht zu denken war. Für den nächsten Tag rechnete man mit einem Angriff. Pyritz musste also dem Schicksal überlassen werden. Bei Sonnenaufgang ging es los. Am Schießen und Kettenrasseln merkte man, dass sehr viele Panzer auf das Dorf angesetzt waren. Unser Bataillon hatte lediglich ein Leichtes Infanteriegeschütz und Panzerfäuste. Als der Druck zu stark wurde, setzten wir uns zum Friedhof am Dorfrand ab. Hier konnten wir den Angriff kurze Zeit aufhalten. Im Schutz der Friedhofsmauer schossen wir einige Panzer ab, der Angriff stockte. Diese Pause nutzten wir, uns abzusetzen.

Ziel war ein Eisenbahndamm, der etwa vier bis fünf Kilometer vom Dorf entlang führte, hinter dem eine Auffanglinie eingerichtet war. Bis dahin mussten wir eine Tisch ebene Fläche überwinden. Weit auseinander gezogen, um kein geschlossenes Ziel darzustellen, kamen wir die ersten zwei bis drei Kilometer dem Bahndamm unangefochten näher. Aber jeden Augenblick konnte der Vormarsch der Panzer beginnen. Deshalb rannten wir schwer bepackt mit Waffen und Ausrüstung in Winterkleidung mit dicken Filzstiefeln über die baum- und strauchlose Fläche des bekannten Pyritzer Weizackers. Der Boden war schon leicht aufgeweicht, stellenweise lag noch Schnee. Dann hörten und sahen wir sie: Panzer neben Panzer in mehreren Reihen gestaffelt mit aufgesessener Infanterie. Wir armen Würstchen rannten um unser Leben, am Ende der Kräfte. Der Iwan schoss kaum, weder die Panzer noch die Infanteristen. Sie konnten ihre Munition sparen, in wenigen Minuten würden sie uns erreicht haben. Die T 34 und Stalinpanzer konnten uns dann einzeln mit den Ketten zermalmen. Es war aussichtslos!

Als die Panzer auf Rufentfernung heran waren, die Soldaten johlten und grölten, sie waren wohl guter Dinge, geschah das Unwahrscheinliche: Vom Himmel hörte man dröhnendes Motorengeräusch, und drei Stukas (Sturzkampfflugzeuge) stürzten sich auf die anrollenden Panzer. Ehe wir es richtig begriffen hatten, detonierten die ersten drei und standen in Flammen. Alle anderen hielten sofort an. Die Infanteristen sprangen ab, die Besatzungen verließen die Panzer, und alle suchten „volle Deckung". Noch mehrmals stürzten sich die Stukas auf die nun stehenden Tanks und vernichteten einige. Uns hat dieser Angriff aus der Luft das Leben gerettet. Auch als die Flugzeuge abdrehten, blieben die Panzer zunächst stehen. Es dauerte noch lange, bis sich die Angreifer vom Schreck erholt und neu formiert hatten.

Für uns reichte die Zeit, die noch verbliebene Entfernung bis zum Bahndamm zu überbrücken. Dort standen 8,8 und 10,5 Zentimeter Flakkanonen, die nicht nur von den T 34 sondern auch von den stärker armierten Stalinpanzern gefürchtet waren. Lange habe ich geglaubt, dem berühmten Stukaflieger, Oberst Rudel, mein Leben zu verdanken, aber es waren wohl Flieger aus seiner Staffel, denn Rudel hielt sich in diesen Tagen wahrscheinlich weiter südöstlich auf. Der Angriff der Sowjets war erst einmal abgewehrt. Wir wurden wieder verladen und verlegt.

Eines Abends wurden wir in einem hinterpommerschen Gutshof ausgeladen. Das kleine Dorf mit der breiten Straße, an der zu beiden Seiten die Insthäuser standen und die zum Schloss führte, war feindfrei. Unmittelbar davor sollte eine sowjetische Panzereinheit liegen. Wir kampierten in der Diele des Schlosses, das wohl erst unmittelbar vorher von seinen Bewohnern geräumt worden war. Auf der Suche nach etwas Essbarem kam ich auch in die riesige Küche im Keller. Alles war aufgeräumt und blitzblank. Auf einem Tisch stand ein großer Topf Schweineschmalz mit Grieven. Ich füllte mein Kochgeschirr damit randvoll. Es war wenige Tage vor meiner Verwundung, und noch im Lazarett habe ich davon gezehrt.

Die Nacht war ruhig, doch kurz nach Tagesanbruch hörten wir die Ketten rasseln. Ich lag am Toreingang hinter einer niedrigen Mauer, die den Gutshof vom Dorf trennte. Auf der Dorfstraße, gerade auf uns zu, fuhren gestaffelt drei T 34 hintereinander. Als die beiden Ersten etwa 20 Meter entfernt waren, feuerten mein Nachbar und ich fast gleichzeitig eine Panzerfaust ab: beide trafen, die Panzer explodierten. Der Dritte versuchte abzudrehen, wurde aber auch getroffen, als er seine Breitseite zeigte. Die Angst im Angesicht der Panzer war verflogen.

Verwundung und Kriegsende

Am 17. Februar 1945 wurde ich verwundet. Meine Einheit, das 8. Panzergrenadierregiment in der 11. Panzerarmee trat am 16. Februar zu einem Angriff nach Süden an. Dort hat sich der Nordflügel der Armee Shukow zum Vorstoß nach Norden gesammelt. Dazu hatten die Sowjets neben der Infanterie Panzer, Artillerie und Werfer zusammengezogen.

Wir sollten die Straße Pyritz – Dölitz überqueren und die Russen nach Südosten abdrängen. Dieses Teilziel, die Straße freizukämpfen, haben wir erreicht. Aber ein weiterer Vorstoß nach Süden wurde von den starken sowjetischen Kräften aufgefangen.

Am Nachmittag des 17. Februar hatten wir den Befehl, ein Dorf, in das der Gegner eingedrungen war, freizukämpfen. Es war ein leicht welliges Gelände, die fast baumlose Kultursteppe des Pyritzer Weizackers. Weit auseinander gezogen liefen wir auf das Dorf zu. Da und dort detonierten Granaten und zwangen uns immer wieder, „volle Deckung" zu nehmen. Je näher wir herankamen, desto stärker wurde das Abwehrfeuer, und so hörte ich das durch Mark und Bein gehende Heulen der Stalinorgel (Katjuscha) zu spät. Ich kam gar nicht dazu, mich hinzuwerfen und stand mitten in dem Umkreis, in dem die Raketengeschosse zersplitterten und einschlugen. Ein dumpfer Schlag gegen den rechten Oberschenkel ließ mich hinstürzen. Vergeblich wollte ich aufstehen und weitergehen, dabei fühlte ich, dass es mir warm am Bein herunter lief. Es hatte mich also erwischt!

Mein Zugführer, der das aus der Nähe bemerkt hatte, sprang zu mir. Er sah, dass ich verwundet war und hieß mich in dem infernalischen Gefechtslärm zum Verbandsplatz gehen oder auf einen Sanitäter warten. Ich blieb liegen, bis die Kompanie den Dorfrand erreicht und die Sowjets das Feuer zurück verlegt hatten. Einen in der Nähe vorbeikommenden Sani konnte ich heran winken. Der legte mir einen Notverband an: Am rechten Oberschenkel hatte ein Splitter eine tiefe Wunde gerissen. Dann wies er mir den Weg zurück zum Hauptverbandsplatz. Nur mit Mühe konnte ich mich fortbewegen; die Wunde begann jetzt stark zu schmerzen. Kriechend und immer wieder ausruhend, erreichte ich die Straße. Der Straßengraben gab etwas Schutz, und ich bewegte mich langsam vorwärts. Immer noch heulten einzelne Geschosse heran, vor denen ich in Deckung ging.

Im Dunkeln erreichte ich den Verbandsplatz. Es herrschte Hochbetrieb. Viele, auch Schwerverwundete, wurden hier versorgt; Das Stöhnen und Schreien war bedrückend. Als Leichtverwundeter musste ich lange warten. Der Notverband war längst durchgeblutet. Beim Verbinden und der Kontrolle, ob noch andere Verletzungen zu versorgen waren, merkte ich, dass ein weiterer Splitter vom Portmonee aufgehalten worden war: Es war zerfetzt, einige Münzen verbogen und zerteilt. Ein kleiner, sehr scharfer Splitter lag dazwischen. Gegen Morgen wurde ich auf einem Sanitätswagen mit vielen Verwundeten verladen und nach Stettin ins Lazarett gebracht.

Nach der Aufnahme wurde ich zunächst gebadet, untersucht und frisch verbunden, wobei festgestellt wurde, dass der Oberschenkelknochen unversehrt war. Dann legte mich eine Schwester in einem großen Krankensaal in ein frisch bezogenes Bett. Nach den Wochen im Schnee, Dreck und Schlamm fühlte ich mich trotz der Schmerzen wie im Himmel!

Eines Abends erschien ein Sanitäter im Krankensaal und schrieb alle auf, die gehfähig transportiert werden konnten. Ich meldete mich nicht, weil ich ja liegen sollte. Kaum war der Sani aus dem Raum heraus, erklärte mich mein Bettnachbar für verrückt: Ganz gleich ob man sitzen konnte oder nicht, nur raus aus Stettin, bevor der Iwan die Stadt einnahm. Ich bat ihn, zu versuchen, mich noch auf die Liste zu bekommen. Er lief dem Sanitäter hinterher, und der schrieb mich tatsächlich noch dazu. Ich gehörte also zu dem Transport, der am nächsten Abend verladen wurde. Mehr schlecht als recht kam ich in das Abteil hinein, das mit Verwundeten völlig überfüllt war.

Der Lazarettzug war mehrere Tage nach Süden unterwegs: Durch Brandenburg, an Berlin vorbei, durch Sachsen ins „Protektorat". An verschiedenen Orten wurden Gruppen ausgeladen. Ich kam bis Babylon, einem kleinen Ort zwischen Taus in Böhmen und Furth im Wald in Bayern. Dort, auf der böhmischen Seite, lagen mehrere Sanatorien und Erholungsheime, die im Krieg als Lazarette benutzt wurden. Hier blieb ich bis Anfang April und konnte meine Verwundung ausheilen. Ich wusste, wenn die Front Karwin zu nahe käme, würde meine Mutter mit der Grani, meinem Bruder Herwig sowie den beiden Enkeln Wolfgang und Rüdiger nach Markt Eisenstein im Böhmerwald ausweichen. Ende Januar war es dann so weit.

Die Feldpost funktionierte noch, und so bekam ich schnell Verbindung mit der Familie. Eines Tages besuchte mich sogar meine Schwester Gerlinde in Babylon. Sie hatte wieder einmal die beschwerliche Reise aus Karwin in den Böhmerwald gewagt. Die Freude war groß. Des Erzählens war kein Ende. Die wenigen Stunden vergingen wie im Flug.

Dem mich behandelnden Arzt im Lazarett habe ich erzählt, dass meine Familie in der Nähe evakuiert war. Ob das dazu beitrug, dass er mir drei Wochen Genesungsurlaub genehmigte, weiß ich nicht. Überglücklich, trotz der widrigen Umstände kam ich, noch etwas humpelnd, in Eisenstein an. Wir waren glücklich, zusammen zu sein, wenn es für mich auch nur für drei Wochen war.

Ab und zu kam noch eine Nachricht aus Karwin. Die Sowjets hatten das Ostrau – Karwiner Kohlerevier noch nicht besetzt. Weil sie dieses Gebiet möglichst unzerstört haben wollten, fielen auch kaum Bomben.

Wenn das Wetter es erlaubte, waren wir draußen. An einem sonnigen Frühlingsmorgen Ende April machten meine Schwester und ich eine Wanderung in die schöne Umgebung. Unsere beiden Neffen Wolfgang und Rüdiger zogen wir in einem Leiterwägelchen hinter uns her. Nach etwa einer Stunde führte uns der Weg an einem Waldrand entlang. Plötzlich und unvermutet dröhnten Motoren. Die Tiefflieger waren so spät zu hören, weil sie nur knapp über die Baumwipfel hinweg huschten. So konnten sie jede Bewegung auf der Erde wahrnehmen. Wir packten die beiden Jungen, rannten die wenigen Meter in den Wald, und ich warf mich auf die Kinder. Wir lagen kaum, als die ersten Geschosse keine zehn Meter von uns auf dem Weg einschlugen. Die Flugzeuge wendeten, und bevor sie zurück waren, liefen wir tiefer in den Wald hinein. Bei dem zweiten Angriff bekam der Leiterwagen etwas ab.

Die Alliierten beherrschten den Luftraum. Tiefflieger schossen auf alles, was sich auf der Erde bewegte. Straßen und Eisenbahnlinien waren ihre bevorzugten Ziele. Deutsche Flugzeuge sah man in diesen letzten Tagen nicht mehr. Wenn es sie überhaupt noch gab, so konnten sie wegen Treibstoffmangels nicht mehr aufsteigen.

Der Rückweg nach Eisenstein dauerte lange; noch saß uns der Schreck in den Gliedern. Im ramponierten Leiterwagen konnten wir die Buben nicht befördern. Deshalb mussten wir sie streckenweise tragen. Mit etwas weichen Knien übergaben wir die Kinder ihren Müttern.

Die drei Wochen des Genesungsurlaubs vergingen viel zu schnell. Je näher der Tag kam, an dem ich mich wieder bei der Truppe melden musste, desto unruhiger wurden wir alle. Wie sollte es weitergehen? Die Wehrmachtsberichte klangen immer hoffnungsloser, Karwin aber war immer noch nicht besetzt. Es wurde mit größter Anstrengung weitergearbeitet, Kohle gefördert und Stahl erzeugt. Berlin war von der Roten Armee eingeschlossen. Im Westen rückten die Alliierten in die Mitte des Reiches.

In Eisenstein zu bleiben, Zivilkleidung anzuziehen und sich bis Kriegsende zu verstecken, also zu desertieren, fahnenflüchtig zu werden, lag für mich außerhalb jeglicher Vorstellung. Die Feldpolizei, die „Kettenhunde", griffen alle, die nicht bei ihrer Truppe waren oder eine ordnungsgemäße Bescheinigung hatten auf und hängten sie als Deserteure an den nächsten Baum. Niemand wusste, wie lange der Krieg noch dauern würde. Und dann?

Vom Sehen kannten viele in Eisenstein den jungen Soldaten, der seinen Genesungsurlaub verbrachte. Würden sie dicht halten und mich nicht an die Sieger verraten? Schließlich lag die Stadt auf der böhmischen Seite, und einige Tschechen gab es auch, die einen deutschen Soldaten bestimmt denunzieren würden! Es war ein Abschied in eine ungewisse Zukunft.

Am Mittwoch, 25. April 1945, musste ich mich bei meinem neuen Ersatztruppenteil, dem 4. Ausbildungs- und Ersatzbataillon in Pilgram (Pelhrimov), Südböhmen, melden. Die Zugfahrt über Prag dauerte sehr lange, mehrmals wurden wir von Tieffliegern angegriffen. Kamen sie nur einmal, dann ging es meist schnell weiter. Flogen sie aber mehrmals an, schossen auf die Lokomotive, die Wagons oder einzelne Menschen, dann dauerte es oft sehr lange, bis der Zug weiterfahren konnte. Die Leute drängelten dann in die noch unzerstörten Abteile. Die waren aber auch meist in Mitleidenschaft gezogen: Die Fenster waren zerbrochen, die Sitze voller Glassplitter.

Schreiende und jammernde Verwundete – meist Frauen und Kinder – mussten versorgt und verladen werden, damit sie im nächsten Ort behandelt werden konnten. Tote wurden links und rechts des Bahndamms liegen gelassen.

Beim Umsteigen in Prag deutete noch nichts auf die furchtbaren Massaker hin, die 14 Tage später an den Deutschen verübt wurden.

Trotz aller Behinderungen kam ich am nächsten Tag in Pilgram an. In dieser neuen Einheit kannte ich niemanden. Auch hier wurde ich sofort als Hilfsausbilder eingesetzt. In der Kaserne und im Ort herrschte eine merkwürdige Ruhe. Am 3. Mai erfuhren wir vom „Heldentod" Hitlers in Berlin. In diesen letzten Tagen bekam ich Zahnschmerzen. Zur Behandlung musste ich in die Stadt. Sie wirkte wie ausgestorben, kein Mensch war zu sehen. Der tschechische Zahnarzt behandelte mich sehr zuvorkommend. Er gab sich wie die meisten Tschechen loyal. Lediglich die Frage, wie lange wir noch blieben, deutete auf die kommenden Ereignisse hin.

Frühmorgens am 8. Mai trat das Bataillon feldmarschmäßig auf dem Kasernenhof an. Es waren nicht sehr viele. In immer kürzeren Abschnitten wurden die Ersatzeinheiten nach Fronttauglichen durchkämmt. Der Kommandeur informierte uns über das Ende des Krieges und die Kapitulation, die in der Nacht zum 9. Mai wirksam werden sollte. Von Erleichterung oder gar Freude über das Kriegsende war nichts zu spüren. Die bedrückende Atmosphäre war greifbar. Allen stand die Endgültigkeit und Aussichtslosigkeit ins Gesicht geschrieben.

Das Bataillon marschierte aus der Garnison heraus nach Süden. Die Grenze zwischen dem „Protektorat" und der „Ostmark" war nicht sehr weit, und wir wollten ins Weinviertel gelangen. Mit uns zog ein langer bespannter Flüchtlingstreck. Außer ein paar alten Männern waren nur Frauen und Kinder auf den Wagen.

Am Nachmittag ließ der Kommandeur das Bataillon halten und entließ uns offiziell aus der Wehrmacht. Die meisten machten sich sofort auf, die Grenze zu überschreiten. Sie wollten sich den Truppen der Westalliierten ergeben. Wir standen noch etwas unschlüssig herum und beratschlagten. Da trat der Treckleiter an uns heran und fragte, ob sich einige Soldaten bereit fänden, den langsam ziehenden Treck zu begleiten und womöglich die völlig verängstigten Flüchtlinge zu schützen. Mit 16 weiteren jungen Soldaten meldete ich mich. Während die anderen schnell verschwanden, verteilten wir uns von der Spitze bis zum Ende des langen Zuges und zogen langsam nach Süden.

Am Abend erreichten wir einen Ort, an dessen Rand eine große Fabrikhalle lag. Der Treck hielt an, die Pferde wurden versorgt, und die Menschen lagerten zwischen Maschinen und Werkbänken. Wir Soldaten und die wenigen Männer wechselten uns nachts bei der Bewachung ab. Es blieb ruhig, weder Tschechen noch Alliierte ließen sich blicken. Standen wir nicht gerade

Posten, so verteilten wir uns zwischen den Flüchtlingen. Ich lagerte bei einer Familie mit zwei Töchtern. Sie erzählten von ihrer Flucht und der Angst vor Russen und Tschechen.

Am 9. Mai frühmorgens brach der Treck auf. Am späten Nachmittag stockte der Zug und hielt. Vor uns lag ein Dorf, in das die Straße steil abfiel. Vor der Dorfeinfahrt hatten bewaffnete Partisanen Barrikaden gebaut. Wir 16 Soldaten versammelten uns an der Spitze des Trecks und verhandelten mit den Tschechen. Sie forderten uns auf, die Waffen freiwillig abzugeben. Dann wollten sie uns in der kommenden Nacht verwahren, verpflegen und am nächsten Tag freilassen. Der Treck könnte ohne uns gleich weiterziehen. Wir hatten keine Wahl: Zu versuchen, den Durchgang durch das Dorf mit Waffengewalt zu erzwingen, hätte ein Blutbad unter den Flüchtlingen angerichtet. Wir kannten die Stärke dieser Partisanenabteilung nicht, merkten aber, dass sie mehr Angst als Vaterlandsliebe hatten. Es herrschte schon Waffenstillstand, der Gebrauch von Waffen war sinnlos geworden.

Keiner glaubte, dass die Tschechen ihr Wort halten und uns am nächsten Morgen freilassen würden. Trotzdem willigten wir ein, legten Waffen und Munition ab. Damit bedienten sich die Partisanen. Alles andere durften wir behalten, wurden abgeführt und in einen Keller gesperrt.

Was aus dem Treck und den Flüchtlingen wohl geworden ist?

Es war eine sehr unruhige Nacht. Kaum einer schlief. Alle Möglichkeiten sprachen wir durch, horchten und rechneten damit, dass irgendetwas geschah, hatten aber keine große Hoffnung und waren davon überzeugt, den Siegern ausgeliefert zu werden. Pilsen war von den Amerikanern bereits eingenommen, und wir hofften, bei ihnen und nicht bei den Russen zu landen. Sollten die Tschechen uns wider Erwarten doch freilassen, wollten wir zusammen bleiben und versuchen, uns nach Österreich durchzuschlagen.

Am nächsten Tag geschah das Unwahrscheinliche: Wir bekamen schwarzen Kaffee, jeder einen Kanten Brot, die Tür wurde geöffnet, und wir konnten gehen!

Alle 16 waren Mannschafts- oder Unteroffiziersdienstgrade, keiner hatte Karte oder Kompass. So mussten wir uns nach dem Sonnenstand und den Sternen richten. Zum Glück waren diese Tage und Nächte im Mai 1945 sehr warm. Natürlich durften wir uns auf öffentlichen Straßen nicht bewegen und mussten Ortschaften meiden; die Sieger hätten uns sonst schnell aufgegriffen. Wir tauchten also in den großen südböhmischen Wäldern unter. Zunächst marschierten wir tagsüber, nachts ruhten wir uns aus. Zur Sicherung vor Überraschungen hielt einer Wache.

Gleich in den ersten Stunden unserer Flucht trennten wir im Wald unsere Spiegel von der Uniform ab und vergruben sie zusammen mit Rangabzeichen, Orden und Soldbüchern. Wir waren jetzt nicht mehr ohne weiteres zu identifizieren. Diesen guten Tipp hatten uns übrigens die Tschechen gegeben!

Am dritten Abend erreichten wir einen Waldrand und hörten laute Geräusche, die sich wie Kettenrasseln und Motorengeräusche anhörten. Es musste also eine Straße in der Nähe sein, auf der Panzer rollten. Nach vorsichtigem Anschleichen und genauem Beobachten fanden wir zwar keine Straße. Schließlich, merkten wir, dass Frösche uns genarrt hatten. In mehreren Teichen quakten Hunderte, ihr Konzert war weit zu hören. Erleichtert zogen wir weiter.

Am nächsten Tag wollten wir eine Straße überqueren, auf der sich Militärkolonnen bewegten, einzelne Panzer, LKW und viele Panjefuhrwerke. Wir hofften, eine größere Lücke in dem Zug zu finden. Zwischen dem Waldrand und der Straße lag ein breiter Wiesenstreifen. Plötzlich Stimmen: „Stoi! Ruki wrch!" (Halt, Hände hoch!) Am Straßenrand rastende Russen müssen uns erspäht haben. Zwölf aus unserer Gruppe hoben die Hände und gingen langsam auf die Straße zu. Die restlichen vier – wir waren noch nicht aus dem Wald herausgetreten – machten kehrt und rannten davon. Dabei hörten wir mehrere Schüsse. Ob sie unseren zwölf Kameraden galten?

Wie lange und welche Strecke wir über Stock und Stein gelaufen sind, weiß ich nicht mehr. Völlig ausgepumpt und am Ende unserer Kräfte ließen wir uns fallen, angestrengt horchend, ob man uns verfolgte. Bis die Dunkelheit anbrach, blieben wir liegen. Ab da bewegten wir vier uns nur noch Nachts und in den frühen Morgenstunden. Tagsüber verkrochen wir uns im Dickicht. Es war nicht einfach, voranzukommen; denn in unserer Marschrichtung lagen viele Teiche und kleine Seen, die wir umgehen mussten. In der Dunkelheit kamen wir ohnehin nur langsam vorwärts.

Der Hunger machte sich immer stärker bemerkbar. Vorräte hatten wir nicht mitnehmen können. Eines Nachts stießen wir auf ein im Wald liegendes einsames Försterhaus. Wir warteten den Tag ab, machten uns bemerkbar und baten die Bewohner, uns Brot zu verkaufen. Der Förster und seine Frau waren sehr ängstlich. Wir taten alles, um harmlos zu wirken. Der Krieg war eine Woche vorbei. Jetzt noch deutsche Soldaten im Wald, das war für die Leute schwer einzuordnen. Sie beteuerten, nicht viel zu Hause zu haben, das was da war, wollten sie uns geben. Reichsmark hatten wir genug, doch Geld wollten sie nicht annehmen. Wir ließen genügend Scheine liegen, um nicht den Eindruck zu erwecken, dass wir uns das Brot mit Gewalt verschafft hätten. Nach höflicher Verabschiedung und sichtbarem Aufatmen der Förstersleute tauchten wir wieder im Wald unter. Es war nicht viel, was wir bekommen hatten, und reichte gerade, den größten Hunger zu stillen.

Später stießen wir auf ein zweites Försterhaus. Die Gelegenheit war günstig, und wir wollten es noch einmal versuchen. Kaum hatten wir uns bemerkbar gemacht, waren wir schon von mehreren bewaffneten Zivilisten umstellt. Die Telefonverbindung war intakt, und man hat uns bereits erwartet!

Wir wurden ins Haus geführt und nicht unfreundlich behandelt. Verständigungsschwierigkeiten hatten wir nicht, Förster und Bewaffnete sprachen gut Deutsch. Auch die Fragen, wie wir eine Woche nach Kriegsende hierher kämen und wohin wir wollten waren einigermaßen freundlich. Unsere verkrampfte Anspannung der letzten Zeit hatte sich etwas gelöst, denn jetzt war eingetreten, womit wir in den vergangenen Tagen insgeheim gerechnet hatten: Man hatte uns erwischt.

Der Förster zeigte Interesse an meinem am Koppel hängenden Feldspaten. Ich ließ ihn für seinen Kanonenofen da – oder als Souvenir? Man gab uns etwas zu trinken, wir verabschiedeten uns, und die Partisanen führten uns in die Schule eines nahe gelegenen Dorfes.

Dort wurden wir einer Partisanenabteilung übergeben. Schlagartig änderten sich Ton und Behandlung. Zunächst sperrten sie uns in einen kleinen Hühnerstall. Von dort holten sie uns einzeln in den Klassenraum, wo uns 15 bis 20 Partisanen, beziehungsweise Angehörige der neu gegründeten tschechoslowakischen Armee empfingen. Sie nahmen uns alles ab, was wir noch hatten, ließen jedem nur eine angebrochene Schachtel Zigaretten. Koppel, Messer, Geld und was wir sonst noch an persönlichen Habseligkeiten hatten, verteilten sie unter sich. Wie oft sollte ich in den nächsten Jahren noch „gefilzt" werden.

Das Verhör ging ohne Gewalt ab. Ich kam als Letzter dran. Weil ich keine Ausweise, Papiere oder Briefe bei mir hatte – alles ruhte bereits in böhmischer Erde – konnte ich, ohne einer Falschaussage überführt zu werden behaupten, dass ich aus Neuzelle stammte und nicht etwa aus Karwin. Es war bestimmt nicht ratsam, sich als ehemaliger tschechoslowakischer Staatsbürger und „Hitlerovec" erkenntlich zu geben. Am Ende des Verhörs beratschlagten sie in meinem Beisein – nun auf Tschechisch – was man mit uns Vieren machen wollte. Die Alternative war, uns sofort zu erschießen oder nach Neuhaus (Jindrichuv Hradec) zu führen, damit wir dort ordnungsgemäß exekutiert würden. Nach einigem Hin und Her einigte man sich, uns nach Neuhaus zu bringen. Es gab angeblich einen entsprechenden Stalinbefehl. Selbstverständlich verstand ich diese Auseinandersetzung genau; denn so weit reichten meine Tschechischkenntnisse. Ich tat aber, als ob ich nichts verstünde. Den anderen habe ich von der Absicht, uns erschießen zu lassen, nichts gesagt.

Der Anführer stellte ein Kommando zusammen, und zehn Schwerbewaffnete eskortierten uns in die etwa vier Kilometer entfernte Stadt.

Als Schüler und Soldat hatte ich nicht geraucht. Jetzt aber zündete ich mir wie die anderen eine Zigarette an. Sicher war ich kalkweiß, und übel wurde mir auch. Ob das nur von der ungewohnten Zigarette kam oder von der Aussicht, erschossen zu werden?

Kriegsgefangenschaft in der Sowjetunion

Die ersten Wochen in Böhmen und der Transport in die Ukraine

Neuhaus in Südböhmen war mein erstes Lager in der Kriegsgefangenschaft. Hier gab es ein großes Kasernengelände, zu dem wir geführt wurden. Am Tor lungerten mehrere finstere Gestalten herum, die sich gleich auf uns stürzten. Ein Verbrechertyp mit Strohhut auf dem Kopf schlug mir mehrmals mit der Faust ins Gesicht, ohne dass ich mich wehren konnte. Unsere Begleiter ließen es geschehen, obwohl sie es selbst nicht getan hatten und meldeten uns bei der Wache an. Das Tor wurde geöffnet, und sie stießen uns in den riesigen Hof, in dem sich Hunderte deutscher Soldaten drängten. Wir vier tauchten in dem Gewühl unter und verloren uns aus den Augen.

Noch lebte ich. War die Exekution nur verschoben? Es war wohl so, dass die Russen alle deutschen Soldaten zunächst in riesigen Lagern sammelten. Der Krieg war eine Woche vorbei, und in der Zwischenzeit war der 15. oder 16. Mai. Stalin soll den Befehl gegeben haben, nicht mehr ohne Verfahren zu liquidieren. Das bedeutete aber nicht, dass nicht noch sehr viele „auf der Flucht" oder bei anderen Gelegenheiten erschossen wurden.

Es dauerte eine geraume Zeit, bis ich mich mit der neuen Situation auseinander gesetzt hatte und sie ein bisschen überblickte. Bislang hatte ich keine Zeit, an die Zukunft zu denken. Jetzt wurde mir klar, dass ich sehr wahrscheinlich als Kriegsgefangener in die Sowjetunion käme. War das nicht auch ein Todesurteil?

Tagsüber lungerte ich wie alle anderen herum, abends versuchte ich, ein Plätzchen auf dem Fußboden in einem der vielen Gebäude zu ergattern. Zeit zum Grübeln und Nachdenken gab es reichlich.

Das Kasernengelände war völlig überfüllt. Ab und zu, ganz unregelmäßig, gab es einen Schlag Wassersuppe oder ein Stückchen Brot. Der Aufenthalt in Neuhaus dauerte einige Tage. Von hier aus marschierten wir in endlos langen Kolonnen, diesmal schon von Rotarmisten bewacht, in ein ausgedehntes Waldgelände, das provisorisch eingezäunt war. Dort war sich jeder selbst überlassen. Ich kannte auch hier niemanden und war ganz allein auf mich gestellt. Außer meinem Kochgeschirr, das ich glücklicherweise in der Kaserne ergattert hatte, besaß ich nur, was ich am Leibe trug. Es hat Ende Mai, Anfang Juni nur selten geregnet, die Nächte auf dem Waldboden waren aber noch sehr frisch, so dass ich immer wieder aus der mit etwas trockenem Laub ausgepolsterten Kuhle steif gefroren aufwachte.

Besser waren die dran, die mit ihrer ganzen Einheit in die Gefangenschaft gerieten. So ging es meinem Vetter Kurt Richly, den ich kurz vor dem Abtransport Anfang Juni im Wald traf. Kurt, der einzige Sohn der ältesten Schwester meines Vaters, gehörte wie ich dem Jahrgang 1926 an. Kurt war schon als

Kind ein begeisterter Segelflieger. Er wurde 1944 zur Luftwaffe eingezogen und als Flugzeugführer ausgebildet. Zum Einsatz als Flieger ist er aber nicht mehr gekommen. Seine Einheit war zusammengeblieben. Noch vollständig ausgerüstet mit Zeltbahnen, Decken und Verpflegung konnten sie es in diesem Waldlager gut aushalten.

Die Freude über das unverhoffte Wiedersehen war groß, aber schon am nächsten Tag kamen wir auseinander, weil das Lager nach und nach geräumt wurde.

Erst nach meiner Heimkehr aus der Kriegsgefangenschaft im August 1949 erfuhr ich sein Schicksal: Er wurde im Norden Russlands, im Gebiet des ewigen Frosts im Bergbau eingesetzt und musste Untertage arbeiten. Das bedeutete mangelnde Verpflegung, Hunger, schlechte Kleidung, unzureichende sanitäre Verhältnisse, schwerste Arbeit in den schlecht ausgebauten, feuchten Stollen, Kälte und trostlose Verhältnisse im Lager. Er erkrankte wie viele andere an Tuberkulose. Als Schwerkranker wurde er im Herbst 1946 nach Deutschland in die sowjetisch besetzte Zone entlassen. Dort gelang es ihm, mit seiner Mutter Kontakt aufzunehmen, die mit ihrer Schwester Edith und deren Tochter Margit aus Troppau vertrieben worden war und nun in Wertheim am Main lebte. Unter größten Schwierigkeiten gelang es Tante Sophie, die Einreisegenehmigung in die Sowjetzone zu bekommen und Kurt im Krankenhaus zu besuchen. Sie blieb an seiner Seite, bis er kurz darauf starb.

Kurt hat damals seiner Mutter von unserer Begegnung im Waldlager bei Neuhaus berichtet und ihr gesagt, dass man mich dort wahrscheinlich erschossen habe. Er wollte sich vor seinem Abtransport von mir verabschieden, habe mich aber nicht gefunden. Als Tante Sophie das später meiner Mutter erzählte, wusste diese schon, dass ich in Russland als Kriegsgefangener war, also noch lebte.

Kurts Vermutung war nicht unbegründet. Mehrmals wurden Teile des riesigen Waldlagers zerniert. Die Gefangenen mussten vor einer „Kommission" den Oberkörper frei machen und die Arme heben. Die Russen suchten nach der tätowierten Blutgruppe an der Innenseite des linken Oberarms, die Soldaten der Waffen-SS kenntlich machten. Im Wald fielen immer wieder Schüsse, und es hieß, dass Träger dieser Tätowierung erschossen würden. Ich hatte keine Tätowierung und gehörte also nicht zu den Exekutierten. Weil Kurt das nicht wusste, hat er vermutet, dass ich nicht mehr lebe.

Auch während der Gefangenschaft wurde immer wieder kontrolliert. Viele Soldaten versuchten, die Tätowierungen, die im Krieg bei einer Verwundung durchaus sinnvoll waren, loszuwerden. Viele schnitten sie mit Rasierklingen heraus. Zurück blieben aber immer hässliche Narben, die beim Hochheben der Arme auffielen. Andere versuchten, Milch in den blauen Farbstoff zu injizieren, aber auch das eiterte und hinterließ ebenfalls Narben.

In diesem Waldlager erlebte ich meinen neunzehnten Geburtstag. Es war sehr traurig; denn ich kannte niemanden und war unter den Tausenden ganz allein. Seit ich Eisenstein verlassen hatte, war der Kontakt zur Familie abgerissen, und ich wusste nicht, wie es in Karwin und Eisenstein aussah. Nachdem, was ich bislang erlebt hatte, musste ich das Schlimmste befürchten. Zu essen und zu trinken gab es an diesem Tag nichts; denn die Miniportionen Wassersuppe und Brot wurden in ganz unregelmäßigen Abständen ausgegeben. Lediglich das Wetter meinte es gut: Die Junisonne schien und wärmte das hungrige Geburtstagskind.

Einige Tage später, es wird Ende Juni gewesen sein, wurden wir in langen Kolonnen zusammengestellt und marschierten nach Südwesten, nach Budweis. Von Hunger und mangelnder Hygiene geschwächt, war der weite Weg eine Qual. Wer nicht mehr konnte, wurde durch Kolbenhiebe „aufgemuntert". Einzelne Schüsse deuteten darauf hin, dass alle, die nicht mehr weiterkonnten, am Straßenrand exekutiert wurden: Auf der Flucht erschossen!

Immer wieder kamen uns lange Kolonnen amerikanischer Lastwagen entgegen, vollgepfercht mit deutschen Soldaten. Sie hatten sich den Amerikanern ergeben und gehofft, so den Sowjets zu entgehen. Wie bei der Konferenz von Yalta ausgehandelt, zogen sich die Amerikaner hinter die Demarkationslinie zurück, übergaben den Russen die in den letzten Kriegstagen eroberten Gebiete, das heißt ganz Böhmen und lieferten alle dort in Gefangenschaft geratenen deutschen Soldaten aus. Das bedeutete für viele, insbesondere nichtdeutsche Wehrmachtsangehörige den sicheren Tod.

Am Güterbahnhof in Budweis wurden wir verladen. Die Vieh- und Güterwagons wurden mit Gefangenen voll gepfropft, so dass man nur abwechselnd liegen, oder sitzen konnte, die Schiebetüren verriegelt und die kleinen Fenster mit Stacheldraht verschlossen. In einer Ecke stand ein Blecheimer, der sehr bald voll war. Dorthin zu gelangen, war schwierig, man musste über die anderen hinwegsteigen. Die Sonne brannte auf das Dach, und es stank erbärmlich.

Der Zug, von Rotarmisten bewacht, rollte langsam nach Osten. Oft stand der Transport, gelegentlich auf freier Strecke oder auf Abstellgleisen kleiner Bahnhöfe. Dann wurden die Schiebetüren manchmal entriegelt, und wir durften uns abwechselnd, nie alle gleichzeitig, die Beine vertreten, die Latrineneimer leeren. Wenn der Transport richtig stand, konnten wir aus den hohen Wasserbehältern für die Lokomotiven Wasser fassen. Bei diesen Aufenthalten gab es auch manchmal eine Wassersuppe oder ein Stück Brot, das unter den Argusaugen der Wagoninsassen in genau gleiche Stücke geteilt wurde: Sehr bald bildete sich die typische Gefangenenmentalität heraus.

Meist aber blieben die Wagons verschlossen, und die Hitze war unerträglich. Wenn einer starb, wurde er beim nächsten Halt ausgeladen. Immer wieder fanden Zählappelle statt. Für jeden Toten schafften die Posten Ersatz:

Bei der nächst besten Gelegenheit wurde ein zufällig aufgegriffener Zivilist in einen Wagon hineingestoßen. Hauptsächlich die Zahl stimmte. So kam auch der eine oder andere Tscheche, später auch Ungar, Bulgare oder Rumäne als „Kriegsgefangener" in die Sowjetunion.

Bei der Fahrt durch Wien erinnerte ich mich meiner Verwandten. Eine Cousine meiner Mutter, Tante Hilde, lebte hier seit ihrer Verheiratung. Onkel Hans Stark, der mit jungen Jahren nach dem Ersten Weltkrieg – der „Wasserkopf" Wien war für das kleine Restösterreich viel zu groß – zwangspensioniert worden war, arbeitete im Zweiten Weltkrieg nach der Eingliederung der „Ostmark" in das Deutsche Reich wieder in der Stadtverwaltung. Wir hatten immer Verbindung zur Wiener Verwandtschaft. 1943 scheiterte eine Reise nach Wien an meiner plötzlichen Erkrankung. Die Adresse hatte ich noch im Gedächtnis.

Ein Mitgefangener hatte einen Bleistiftstummel durch die „Filzungen" gemogelt, ein anderer gab mir fünf kleine Blättchen aus einem Notizblock. Auf eine Seite schrieb ich die Anschrift „Familie Hans Stark, Wien V/55, Matzleinsdorfer Platz 1" und auf die Rückseite „Ich bin gesund und fahre in russische Kriegsgefangenschaft. Benachrichtigt meine Eltern".

Während mich zwei Kameraden hochhoben, warf ich die Zettel durch das vergitterte Fenster. Dabei versuchte ich darauf zu achten, sie in belebte Straßen zu werfen, in der Hoffnung, jemand würde sie finden und abgeben.

Das Unwahrscheinliche geschah: Jemand fand einen dieser winzigen Zettel und brachte ihn meinen Verwandten. Schon im Frühjahr 1946 hatte meine Mutter Verbindung zu den Wienern und wusste von ihnen, dass ich das Kriegsende lebend überstanden hatte. Die Sorge um mich blieb. Denn das Schicksal eines Kriegsgefangenen in der Sowjetunion war mehr als ungewiss. Andererseits konnte ihr der Bericht meines Cousins Kurt Richly, wonach man mich in Böhmen erschossen habe, keinen Schrecken mehr einjagen.

Der Transport dauerte mehrere Wochen und wurde für uns immer unerträglicher. Die Hitze in den überfüllten Wagons und der Hunger steigerten die Aggressivität von Tag zu Tag. Streit, oft sogar tätliche Auseinandersetzungen mussten immer wieder vom Wagonältesten geschlichtet werden.

Gelegentlich fuhren Güterzüge mit Beutegut an uns vorbei. Auf meist offenen Loren wurden wertvolle Möbel, Klaviere, Maschinen – von der Nähmaschine bis zu ganzen Fabrikeinrichtungen – nach Russland transportiert. Vieles davon sahen wir später in der Ukraine rostend und faulend neben den Bahngleisen liegen.

Es wird Mitte August gewesen sein, also nach etwa sechs Wochen Bahnfahrt, als wir über Budapest und Ploesti kommend, in Focsani, Rumänien, ausgeladen wurden. Das Lager war berüchtigt, mitten in der Steppe, ohne Baum und Strauch, ohne jegliche Unterkünfte. Wir kampierten am Boden und waren der Sonne, den scharfen Winden und den Sandstürmen schutzlos ausgesetzt. Auch hier war die Verpflegung nicht besser: Ab und zu eine Wassersuppe und ein Stück Brot. Besonders quälend war der Durst. Denn Wasser gab es nur selten und dann von zweifelhafter Qualität.

Wer bis dahin noch keinen Durchfall hatte, der bekam spätestens hier die Ruhr (Dysenterie). Mich erwischte es einige Tage, bevor wir verladen wurden. Medikamente gab es nicht, und so versuchte man das bisschen Brot – essen konnte man in diesem Zustand ohnehin nicht – möglichst schwarz auf offenem Feuer zu rösten und diese „Kohle" dann hinunterzuschlucken. Die letzten körperlichen Reserven schmolzen zusammen. Da alle Erkrankten häufig Stuhldrang hatten, waren die wenigen „Donnerbalken" hoffnungslos belagert.

In diesem Zustand kam ich im Schwarzmeerhafen Konstanza an, wo wir auf ein großes, ehemaliges Passagierschiff gepfercht wurden. Ich stand mit Hunderten Leidgenossen dicht gedrängt an Deck. Zur Toilette war kein Durchkommen; es kam ohnehin nur noch Blut und Schleim, alles rann die Beine hinunter, und es stank fürchterlich. Die Knie waren weich – umfallen konnte man nicht, weil wir so dicht gedrängt standen – der Leib schmerzte besonders stark dann, wenn in Abständen eine Kolik über mich kam. Einen klaren Gedanken konnte ich nicht fassen und fühlte mich am Ende.

Plötzlich ein Hoffnungsschimmer: Mitten in der Nacht, irgendwo auf dem Schwarzen Meer, stoppte das Schiff und änderte seinen Kurs. Wie ein Lauffeuer machte ein Gerücht die Runde: Wir fahren nicht nach Russland, das Schiff bringt uns wieder nach Konstanza zurück, und alle werden nach Hause entlassen. Sofort erwachte bei allen der Lebensmut!

Das Gerücht gehörte zum Alltag der Kriegsgefangenen und war neben dem Essen der Hauptgesprächsstoff. Diese Nachrichten verbreiteten sich in Windeseile. Sie drehten sich nur um wenige Themen, insbesondere Entlassung und Heimkehr, aber auch die Verlegung in ein anderes Lager, selbstverständlich in ein besseres, bessere Arbeitsnormen, weniger Arbeit, besseres und mehr Essen. Der Ursprung der Gerüchte war selten auszumachen. Manchmal sagte ein Wachposten etwas, das verniedlichen, ja trösten sollte, und das wurde begierig aufgenommen und – der Wunsch war nachher der Vater des Gedankens – verändert. Ein Gerücht löste das andere ab. Obwohl sie sich nie bewahrheiteten, immer enttäuschten, gaben sie oft für Stunden oder Tage Hoffnung und Gesprächsstoff.

Die Ernüchterung bei der Menschenfracht auf dem Schiff kam am nächsten Morgen. Das Schiff legte auf der Halbinsel Krim im Kriegshafen von Sewastopol an. Möglicherweise war vor der Kursänderung ein Hafen an der Ostküste des Schwarzen Meeres vorgesehen, zum weiteren Transport in den Kaukasus.

Wir wurden ausgeladen, und der Zug der Gefangenen schleppte sich auf ein kahles steiniges Hügelgelände in der Nähe der Stadt. Mit letzter Kraft und mit Hilfe einiger Mitgefangener kam ich in diesem provisorischen Durchgangslager an. Auch hier gab es keine Unterkünfte. Es war Spätsommer, nicht mehr so heiß, und abends wehte ein kühler Wind vom Meer. Ich setzte meine Therapie mit verkohltem Brot fort, und der Durchfall hörte allmählich auf.

Mitten in dieser Steinwüste traf ich einen Mann, den ich zu kennen glaubte. Wir kamen ins Gespräch, und es stellte sich heraus, dass es Herr Rutschka aus Karwin war. Die Iwans hatten ihn als Zivilisten aufgegriffen und für einen verstorbenen Gefangenen mitgenommen. Er erzählte von den letzten Tagen in Karwin und von der Flucht nach Westen. Gemeinsam mit meinem Vater und noch einigen anderen hatte er im letzten Augenblick Karwin verlassen. Vor Dittersdorf trennten sich ihre Wege, denn mein Vater wollte seinen Bruder Norbert, wie verabredet, abholen. Einige Tage später fiel Herr Rutschka den Russen in die Hände, während es den anderen gelang, in die amerikanische Zone zu entkommen.

Wir waren in Großgruppen eingeteilt, an die man sich halten musste, wenn man Verpflegung fassen wollte. So kamen wir wieder auseinander. Über sein Schicksal habe ich nichts erfahren. Wahrscheinlich gehörte er zu den Hunderttausenden Toten, die die Gefangenschaft nicht überlebt haben.

Nach einigen Tagen wurde wieder ein Eisenbahntransport zusammengestellt. Als meine Abteilung dran war, führte mich ein russischer Sanitäter mit zwei anderen in einen Wagon, der für den Krankentransport vorgesehen war. Ich musste entsprechend ausgesehen und abgemagert gewesen sein. Wir hatten den Eindruck, dass wir zum Vorzeigen vorgesehen waren: Auf dem Boden lagen Strohsäcke, jeder bekam eine Wolldecke, und es gab Kascha (Hirsebrei) zu essen! Der Übergang war so plötzlich, dass wir uns in einer anderen Welt wähnten. Das blieb auch so, als wir nach zwei Tagen in ein leeres, neu eingerichtetes Lager einrückten. Ich kam in die Krankenstation, in der richtige Etagenbetten mit Strohsack und weißem Laken standen! Bei der guten Verpflegung erholte ich mich schnell und kam wieder zu Kräften.

Dieser paradiesische Zustand dauerte leider nur wenige Tage. Ich war gesund und kam beim Weitertransport zur großen Masse. Aus der Krankenabteilung habe ich zwei Wolldecken mitgehen lassen, die mir in den folgenden Wintermonaten im Steinbruchlager sehr gute Dienste geleistet haben.

Die nächste Station war ein leeres Fabrikgebäude in Simferopol auf der Halbinsel Krim. Inzwischen war es Herbst mit kalten Nächten geworden. Wir waren froh, uns in der riesigen Halle drängeln zu können und nicht auf freiem Feld übernachten zu müssen. Jemand hatte herausbekommen, dass in einem abgemauerten Teil Kartoffeln lagerten, die nicht für uns bestimmt waren. Jede Nacht brachen wir einige Steine aus der Mauer und holten Mengen von Kartoffeln heraus, schlossen das Loch wieder und brachten die Kartoffeln in die provisorische Gefangenenküche. Das Essen war in den nächsten Tagen sehr sättigend!

Nach einigen Tagen kamen die Wachposten drauf und machten einen Riesenkrach. Wir mussten stundenlang auf dem Hof zum Zählappell stehen. Sie bekamen aber nicht heraus, wer es war.

Das folgende Zwischenlager war ein altes, verfallenes Kloster nördlich von Simferopol, mitten auf dem Lande. Wir lagerten in den Ruinen und im offenen Kreuzgang, jedoch mit aufgeschüttetem Stroh. Es muss vor der Revolution eine ansehnliche Anlage gewesen sein.

In diesem Lager wurden wir das erste Mal ordnungsgemäß registriert: Familia, Imja, Otschestwo = Familien-, Vor- und Vatersname, dazu Geburtstag und -ort und die letzte Einheit bei der Wehrmacht. In den Wochen auf dem Transport habe ich immer wieder die russischen Kommandos gehört, manchmal auch Unterhaltungen der Soldaten mitbekommen. Dabei merkte ich, dass ich manches verstand. Ich war einer der Ersten, die registriert wurden. Dem Schreiber fiel auf, dass ich ein bisschen verstehe. Daraufhin behielt er mich gleich bei sich. In den nächsten Tagen stand ich also neben dem russischen Soldaten, musste den Mitgefangenen die erforderlichen Fragen stellen und die Antworten dem Schreiber übersetzen, der mit seiner Tätigkeit einige Schwierigkeiten hatte.

Auf Grund dieser Dolmetschertätigkeit kannten mich die Wachposten und ließen mir ein bisschen Freiheit. Nachdem alle registriert waren, sah ich mir die unmittelbare Umgebung etwas an. Dabei traf ich in einem von uns nicht belegten Nebengebäude einen älteren Mann, der einen für dortige Verhältnisse gepflegten Eindruck machte. Wir kamen ins Gespräch, so weit meine Sprachkenntnisse reichten. Er hatte Kenntnisse der deutschen Literatur, erzählte mir, dass er Maler sei und zeigte mir einige seiner Bilder. Er sprach auch über das desolate Kloster und die Kirche, in die er mich hineinführte. Alte, nicht mehr gebrauchte Maschinen rosteten dort vor sich hin. Die Kirche war nach der Revolution den Mönchen weggenommen und in eine Fabrik umgewandelt worden. Von dem Maler hörte ich zum ersten Mal den Ausdruck „Cerkwa nie rabotet", die Kirche arbeitet nicht, das heißt, sie war zweckentfremdet. Er glaubte bei einem deutschen Kriegsgefangenen seine Einschätzung des Bolschewismus loswerden zu können. Ich merkte, dass das monolytische System auch Gegner hatte. Später habe ich noch oft diese Erfahrung machen können. Nachdem wir zusammen eine Melone gegessen hatten, verabschiedete ich mich. Ich habe ihn in den nächsten Tagen nicht mehr gesehen.

Kurz darauf wurde ein Kontingent zusammengestellt – selbstverständlich schwarz – das in einer Kolchose bei der Ernte helfen sollte. Wir wurden auf einen Militär-LKW, einen SIS, verladen und zusammen mit russischen Zivilisten in eine einige Stunden entfernte Kolchose verfrachtet. Es war ein herrliches Gefühl: Wir standen zwischen den Zivilisten, und der warme Fahrtwind wehte uns um die Köpfe. Ich hatte schon einiges gelernt und konnte mich mit den Frauen und Männern unterhalten. Sie boten uns Brot und Melonen an. Auch auf der Kolchose behandelten uns die Leute wie ihresgleichen. Solange wir zur Zufriedenheit arbeiteten, kümmerte sich der Posten nicht um uns. Wir schliefen auch unbewacht in einer alten Hütte. Unser „Wachtior" hatte andere Interessen. Fast konnte man das Gefühl haben, frei zu sein.

Auf der Kolchose musste ich wieder dolmetschen; meine Russischkenntnisse erweiterten sich von Tag zu Tag. Bei diesem Ernteeinsatz ging es unserer kleinen Gruppe nicht schlecht: Die Arbeit war nicht schwer, Erholungspausen hatten wir genügend, das Essen war gut und ausreichend, Melonen konnten wir haben, so viel wir wollten. Nach den Hungerwochen war das eine richtige Erholungsphase, und wir legten Reserven für die kommende Zeit an. Die Zivilisten waren freundlich und nett; sie steckten uns Essen und Machorka zu. Ihnen ging es nicht viel besser als uns. Es war eine Art Notgemeinschaft. Leider wurden wir nach 14 Tagen in unser verfallenes Kloster zurückgebracht.

Der Herbst war sehr schön, doch die Nächte wurden Ende Oktober kalt. In unserem offenen Kreuzgang zog es. Trotz meiner beider Decken bekam ich eines Tages hohes Fieber, Husten, Brustschmerzen und konnte kaum von meinem Strohlager aufstehen. Ein paar Plätze neben mir lag ein älterer Veterinär aus der Gegend von Augsburg. Er untersuchte mich, und weil er kein Stethoskop hatte, legte er seine riesige Ohrmuschel auf meine Brust. Er diagnostizierte eine Lungenentzündung. Die sowjetische Lagerleitung war auf solche Fälle nicht vorbereitet, Medikamente gab es nicht. Wer krank war, musste zusehen, wie er wieder gesund wurde oder ins Gras beißen. Der Tierarzt gab mir eine Tablette, die er bis dahin durchgeschmuggelt hatte. Welches Medikament das war, weiß ich nicht mehr. Tatsächlich fiel das Fieber nach einiger Zeit, ich erholte mich langsam und wurde wieder gesund. Sicher kam mir dabei zugute, dass ich mich auf der Kolchose herausfuttern konnte! Der Tierarzt und ich wurden beim Weitertransport von einander getrennt. Ich habe nie erfahren, ob er überlebt hat, seine Hilfe habe ich aber bis heute nicht vergessen.

Im November wurde es kalt und regnerisch. In der nur notdürftig bedachten „Klosterunterkunft" wurde es zunehmend ungemütlicher. Das Warten, die Untätigkeit und die Ungewissheit zerrten an den Nerven. Nicht nur die üblichen Gerüchte wurden besprochen, immer mehr schälte sich als Thema eins der Gefangenschaft das Essen heraus. Es gab große Meister darin, die nicht nur die Zubereitung ihrer Lieblingsspeisen beschrieben, sie vermittelten ihren Zuhörern auch den Geschmack und die Gerüche! Bis ins Einzelne wurde hin- und herüberlegt, was man essen würde, käme man erst nach Hause. Daran schlossen sich von selbst die Gerüchte über die baldige Entlassung an.

Abends gab es ein Stück Brot, ein bisschen Fett, Wurst oder ein Salzfischchen. Zur Ration gehörte auch ein Löffel Zucker, der selten ausgegeben wurde, weil das Wachpersonal selbst darauf scharf war. Einige sammelten Teile der Verpflegung und aßen dann bei bestimmten Gelegenheiten alles auf, um einmal satt zu werden.

Beim Arbeitseinsatz gab es morgens Brot, Mittags und Abends einen Schlag wässriger Suppe, gelegentlich auch Kascha, einen Hirse-, Mais- oder Graupenbrei („Kälberzähne"). Zu trinken gab es neben Wasser Tee, sprich lauwarmes Wasser. Später bekamen wir ab und zu eine Hand voll grob geschnittenen Machorka (grüner Tabak). Zum Drehen der Zigaretten musste man sehen, dass man an Zeitungspapier herankam. Am geeignetsten dafür stellte sich die „Prawda", das offizielle Organ der Kommunistischen Partei, heraus.

Suppe und Kascha wurden vor der Küche oder in den Unterkünften aus großen Tonnen verteilt. Gekocht wurde in gebrauchten Blechtonnen, die mit Wasser und Sand gereinigt wurden. Nur im Hospital gab es eine richtige Küche. Mit Argusaugen wachten alle darüber, dass die Kelle immer gleich gefüllt war. Blieb etwas übrig, so wurde der Rest nach einer genau festgelegten Ordnung nachverteilt. Die „Küchenbullen" hielten sich vorher schadlos.

Eine besondere Zeremonie entwickelte sich beim Brot verteilen. Angeliefert in kastenförmigen Laiben, war es durchweg sehr feucht und schmierig. Das war für den russischen Magazinverwalter günstig: die Auslieferung erfolgte nach Gewicht, den Überschuss zweigte er für sich ab. Jede Verpflegungsgruppe bekam ein bestimmtes Quantum, das oft wechselte. Der Brotverteiler – von der Gruppe ernannt – zerschnitt das Brot mit einem selbst geschmiedeten Messer, das die Gefangenen eigentlich nicht besitzen durften, in gleiche Teile. Aus herumliegenden Blechteilen oder alten Dosen bauten geschickte Handwerker Waagen, auf denen dann jedes Stück noch einmal gewogen und mit Krümeln austariert wurde. Alle standen im Kreis herum und passten genau auf.

Weil die Portionen klein waren, wir immer Hunger hatten, war das Brot verteilen fast eine sakrale Handlung.

Manchmal verschwand ein Stück Brot. Erwischte man den Dieb, dann war er arm dran. Eine gehörige Tracht Prügel war die mindeste Strafe dieser Selbstjustiz. Kameradendiebstahl galt schon in der Wehrmacht als besonders verwerflich.

Traurig waren die dran, die das Rauchen nicht lassen konnten, mit ihren Rationen nicht auskamen und Tabak gegen Brot eintauschten. Sie verfielen zusehends, wurden schwächer, magerten ab, und die Diagnose hieß Dystrophie. Mit grotesk angeschwollenen Gliedmaßen konnten sie sich kaum bewegen. Wenn das Wasser im Körper hochstieg, war das Ende abzusehen.

Hier im Klosterlager waren Tote selten. Das große Sterben begann im Steinbruch.

Im Steinbruchlager

In der zweiten Novemberhälfte mischten sich unter den Regen die ersten Schneeflocken. In diesen Tagen wurden wir wieder in Viehwagons verladen. Die Fahrt ging nach Norden – aber wohin? Niemand konnte die kyrillische Schrift lesen. Die Namen der Dorfbahnhöfe sagten uns ohnehin nichts. Kamen wir durch eine Stadt, dann hielten wir auf Abstellgleisen, abseits des täglichen Lebens. Inzwischen war der Winter eingebrochen, es schneite und fror. Zum Glück hatte ich immer noch meine beiden Wolldecken, die ich nicht aus den Augen ließ.

Am 5. Dezember hielt der Zug auf freier Strecke, wie wir zunächst glaubten. Es war aber ein Haltepunkt in der Steppe. „Alles heraustreten, wagonweise antreten und zählen."

Das haben wir viele Male über uns ergehen lassen: Beim Ausmarsch zur Arbeit, beim Einrücken und sehr oft bei zusätzlichen Gelegenheiten, wenn einer einen Fluchtversuch unternommen hatte oder das Wachpersonal glaubte, einer sei geflohen, die Norm nicht erfüllt war, eine „Unregelmäßigkeit" entdeckt wurde, oft auch aus Schikane. Schlimm wurde es, wenn sie Unbotmäßigkeiten witterten. Es war dann nicht herauszubekommen, ob unsere Bewacher sich einfach verzählten oder ob sie es nicht besser konnten. Das Ergebnis war immer gleich: Es wurde noch einmal von vorn angefangen. Manchmal ging es schnell, manchmal dauerte es stundenlang. Nach besonders langen Zählungen mussten einige beim „Wegtreten" in die Baracken getragen werden, weil sie beim Zählappell umgefallen waren.

Als diese Prozedur an der Haltestelle beendet war, marschierten wir los. Nach einigen Werst (russisches Wegemaß, das sich aber endlos hinziehen konnte), sahen wir in der Ebene ein Barackenlager. Die Übergabeformalitäten an die Lagerleitung dauerten sehr lange. Stundenlang standen wir vor dem Tor, dabei fror und schneite es. Noch niemand von uns Kriegsgefangenen hatte Winterkleidung, und wir beneideten die Soldaten um ihre Watteuniformen. Es wurde gezählt, übergeben, Dokumente im Wachhäuschen unterschrieben, und endlich durften wir einrücken.

Hinter dem Lagertor wurde gefilzt: Auf der Höhe des Postens musste jeder seine Habseligkeiten auf der nassen Erde ausbreiten. Alles was dem Iwan gefiel, steckte er ein, Verbotenes wurde aussortiert: selbst gebastelte Messer, einen Löffel durften wir behalten, Papier, Bleistiftstummel und sonstige „gefährliche" Gegenstände. Uhren und andere Wertsachen hatten sie uns schon in Böhmen abgenommen: Die Aufforderung „Dawai Urra" klang allen noch in den Ohren! Mir nahm ein Soldat die zweite Decke weg!

Diese Prozedur dauerte sehr lange. Erst als alle durchgefilzt waren, rückten wir zum Appellplatz vor und wurden noch einmal gezählt. Am Ende unserer Kräfte, wurden wir auf die Baracken verteilt und durften sie belegen.

Ein Vorkommando hatte die Holzbaracken aufgestellt und die doppelstöckigen Pritschen gezimmert. Auf jedem Platz – immer je nach Größe zwölf bis 15 nebeneinander – lag ein leerer Strohsack; das Stroh kam erst einige Tage später. Zu essen gab es zunächst nichts, weil man mit uns angeblich noch nicht gerechnet hatte. Wahrscheinlich war die Zuteilung rechtzeitig verschoben worden.

Völlig übermüdet sanken wir wie Tote auf die leeren Strohsäcke. In kurzer Zeit war die Luft in den niedrigen Räumen verbraucht, von der nassen Kleidung feucht und dumpf. Die Ausdünstungen der vielen Menschen ließen die Temperatur unerträglich ansteigen.

Die ersten Tage blieben wir im Lager, bekamen etwas Stroh für die Strohsäcke und versuchten, uns so gut es ging einzurichten.

Das Lager war mit einem doppelten Stacheldrahtzaun umgeben. Außer der Hauptwache am Eingangstor waren auch die vier Ecktürme mit Posten besetzt. Es war nicht ratsam, sich dem Zaun zu nähern; der Finger am Abzug der Gewehre lag bei den „Wachtioren" sehr locker. In jeder der zehn Häftlingsbaracken lag neben der Eingangstür ein kleines Zimmer, in dem der Barackenälteste und sein Helfer wohnten. Der übrige Teil war ein großer Raum, in dem außer den Pritschen ein Kanonenofen stand. Alles Brennbare, das nicht niet- und nagelfest war, wurde später aus dem Steinbruch ins Lager geschmuggelt, so dass die Arbeitsbrigaden abends in einen warmen Raum kamen. In der ersten Baracke wohnte der „Dispatscher", der Organisator des Arbeitseinsatzes. Neben dem Tor waren Küche und Magazin untergebracht. In einem Teil des Magazins lagerten Kleidung und Uniformteile der Wachsoldaten, in dem anderen Bekleidung für die Plennys. Wir waren noch mit unseren Sommeruniformen angekommen oder dem, was davon noch übrig war.

Vor dem Arbeitseinsatz wurden wir „neu" eingekleidet: Notdürftig geflickte Wattejacken und -hosen, eine Schapka (Pelzmütze), Fußlappen und Holzschuhe. Die meisten hatten völlig unzureichendes Schuhwerk; denn neben Uhren und Wertsachen waren Schuhe (Stiefel) bei den Siegern sehr gefragt. Auf der Rückseite der Wattejacken stand in großen kyrillischen Buchstaben WP für Wojenna Plenny, Kriegsgefangener. Die Kurzbezeichnung lautete Plenny, und so nannten sich die Gefangenen selbst.

Ganz hinten, in der Nähe des Zaunes, lag die Latrine, ein richtiger „Donnerbalken": Über einem ausgehobenen Graben war etwa in Kniehöhe ein Balken befestigt, auf den man sich setzte. An einer dünnen Stange davor, konnte man sich fest halten. Arm dran waren die Durchfallerkrankten, die nachts bei minus 20 Grad Celsius und kälter hinaus mussten. Bei eisigem Wind sind einige vor Schwäche in die Grube gefallen, deren Inhalt zum Glück gefroren war, so dass man sie wieder herausziehen konnte. Wehe, wer sich mit nackter Haut auf den Balken setzte; er fror im Nu fest. Papier gab es nicht, das wenige wurde zum Drehen der Zigaretten verwendet. Die hygienischen Verhältnisse waren katastrophal; wir haben uns wochenlang nicht richtig waschen können.

In der Nähe der Latrine lag ein primitiver Erdbunker. Wer hier mehrere Tage und Nächte in der Kälte ohne Essen seine Strafe abbüßen musste, kam als Wrack heraus, viele starben anschließend. Gründe dafür, jemanden mit Karzer zu bestrafen, gab es viele, zum Beispiel schlechte Arbeit oder Aufsässigkeit. Auch fanden sich bereits die ersten Denunzianten.

Bevor die Arbeit – Rabota – begann, wurden wir ärztlich untersucht. Im Gänsemarsch zogen wir an einer Militärärztin vorbei und wurden taxiert. Das Sanitätspersonal bestand vornehmlich aus Frauen. Gelegentlich griff sie einer dieser Elendsgestalten in die Hinterbacken oder in den Oberarm, um den Turgor, die Gewebespannung, festzustellen. Die Einteilung in Arbeitsgruppen erfolgte nach dem Gesundheitszustand. Die Gruppen eins, zwei und drei waren arbeitsfähig, wer OK geschrieben wurde, verrichtete leichte Arbeit im Lager. Die völlig Entkräfteten und die Dystrophiker kamen in die Gruppe DK und waren von der Arbeit befreit. Bei den meisten wurde die Arbeitsfähigkeit festgestellt. Nur die ganz Siechen brauchten nicht zu arbeiten. Diese entwürdigende Prozedur mussten wir mehrmals über uns ergehen lassen. Manche versuchten, die Arbeitsunfähigkeit zu erreichen, indem sie das bisschen Essen verschenkten. Zwar erreichten sie sehr schnell ihr Ziel, siechten dann aber hin und starben meist bald.

Eines Tages hieß es nach dem morgendlichen Zählappell nicht „wegtreten", wir marschierten aus dem Lager hinaus und erreichten nach etwa einem Kilometer die Arbeitsstelle, einen Steinbruch. Blauer, härtester Granit musste zur Sprengung vorbereitet und danach auf LKW verladen werden. Mit einer langen Brechstange und einem schweren Vorschlaghammer schlugen wir die Sprenglöcher in das Gestein. Einer hielt die Brechstange, drehte sie langsam, der andere schlug zu. Weil der Granit nicht nachgab, schmerzten Muskeln und Armknochen bei jedem Schlag. Beim Wechsel von Schläger und Halter wurde der pulverisierte Granit vom Boden des Bohrloches mit einem langen Draht, der an der einen Seite umgebogen und platt geklopft war, herausgeholt. Bis ein anderthalb Meter tiefes Loch geschlagen war, vergingen einige Tage, zumal die Brechstangen unten immer wieder angeschärft werden mussten. Nach der Sprengung, die zivile Sprengmeister vornahmen, mussten einige die riesigen Brocken zerkleinern und verladen. Die anderen quälten sich an neuen Bohrlöchern.

Bei der eisigen Kälte und der unzureichenden Verpflegung war das eine ungemein kräftezehrende Arbeit. Abends, schon im Dunkeln, schleppte sich die Kolonne, von Wachsoldaten unter ständigem „dawai, dawai" und gelegentlichen Kolbenhieben angetrieben, zum Lager zurück, wo das übliche Zählen viel Zeit in Anspruch nahm.

Auf der Arbeitsstelle, auf dem Marsch und beim Zählen konnte man sehr unterschiedliches Verhalten unserer Wächter und Kommandoführer erleben: Es gab viele, die uns korrekt, ja freundschaftlich behandelten, aber auch andere, die ihr Mütchen an den „Fritzen" kühlten, wie wir Deutschen von den Russen genannt wurden.

Wenn die Verpflegung ausgegeben, verteilt und verschlungen war, fiel man wie tot auf die Pritsche. Da lagen wir eng aneinander. Zwar wärmte das. Wenn sich aber einer umdrehte, mussten das auch alle anderen.

In diesen Wochen begann das große Sterben. Jeden Morgen wurde von OK-geschriebenen, die sich selbst kaum aufrecht halten konnten, ein Karren mit steifgefrorenen Leibern aus dem Lager gefahren und in der Steppe in eine Grube geworfen, die schon vor dem Frost gegraben worden war.

Dass ich dieses Schicksal nicht erleiden musste, habe ich einem Unterleutnant zu verdanken. Eines Morgens, kurz vor Weihnachten, holte er mich aus der Kolonne heraus und führte mich in das Bekleidungsmagazin. Hier lagerte nicht nur die Bekleidung für die Gefangenen, sondern auch für das sowjetische Wachpersonal. Er war Magazinverwalter, hatte aber keine Lust zu arbeiten. Ich sollte seine Arbeit tun: Ordnung machen, den Raum säubern, alle Sachen sortieren und stapeln, sowie Listen des Bestandes anfertigen. Ersteres bildete keine Schwierigkeit, aber kyrillisch lesen und schreiben konnte ich nicht. Mein Natschalnik (Chef) löste das Problem schnell, indem er mir eine Tafel mit kyrillischen und lateinischen Buchstaben besorgte.

Ich war glücklich! Zwar war das Magazin nicht geheizt und kalt, aber es wehte kein eisiger Wind wie im Steinbruch, und mit zwei oder gar drei übereinander gezogenen Wattejacken fror ich auch nicht. Vom Aus- bis zum Einzug der Brigaden „arbeitete" ich fortan im Bekleidungsmagazin. Natürlich habe ich mein Arbeitstempo auf Gefangenenverhältnisse eingestellt: Nur nichts übertreiben, möglichst lange die angenehme Arbeit behalten, bloß nicht zurück in den Steinbruch!

Abends ging ich in meine Baracke und lebte mit den anderen. Ich war einer Arbeitsbrigade zugeteilt und wurde mit ihr verpflegt. Mittags, wenn die anderen im Steinbruch waren, bekam ich mein Essen in der Krankenabteilung. Meinen Pritschennachbarn konnte ich ab und zu ein Hemd, Handschuhe oder ein Paar Fußlappen einschmuggeln.

Lesen lernte ich schnell, auch das Schreiben ging bald leidlich. Durch den häufigen Umgang mit meinem Chef, der mich immer wieder kontrollierte, und mit dem Wachpersonal, das auch im Magazin versorgt wurde, übte ich das Sprechen und hatte sehr schnell keine Verständigungsschwierigkeiten mehr. Die Russen nannten mich Grischa, weil sie Günther nicht aussprechen konnten. Im Russischen wechseln g und h; auch den Buchstaben ü kennt man im Russischen nicht. „Hiunter" mochten sie wohl nicht sagen. Trotz häufigen Lagerwechsels wurde ich überall vom Iwan Grischa genannt.

Ordnung und Registratur machten keine Mühe. Schnell lernte ich auch die Ausdrücke für die gebräuchlichsten Kleidungsstücke: Schapka, Rubaschka, Bofeika u. s. w. Auch ausgefallene Gegenstände wie Bisgalter (Büstenhalter) von entsprechender Größe gehörten zum Inventar des Magazins. Es wurde immer wieder Kleidung getauscht, zum Beispiel Winter- gegen Sommersachen, ausgegeben oder zurückgebracht. So hatte ich etwas zu ordnen und nachzutragen. Der Natschalnik war mit meiner Arbeit zufrieden, musste aber jedes Mal feststellen, dass noch etwas zu tun war. Wahrscheinlich hat er gemerkt, dass ich mich an der Arbeit festhielt. Dank seiner Gutmütigkeit und meiner Verschwiegenheit beim gelegentlichen Verschieben von Klamotten habe ich den strengen Winter 1945/46 leidlich überstanden.

Eine zusätzliche Plage und Quälerei war das Ungeziefer. Wir waren völlig verlaust. Jeder Versuch durch Absuchen des Körpers und der Kleidung der Läuse Herr zu werden, war kläglich zum Scheitern verurteilt. Tagsüber, in der Kälte, war es auszuhalten, aber abends und nachts, wenn es in den Baracken warm wurde, traten sie in unerträglicher Weise in Aktion. Es juckte am ganzen Körper, und an vielen Stellen war die Haut aufgekratzt und schorfig.

Noch übler setzten mir die Wanzen zu. In jeder Ritze der Holzpritschen steckten sie. Wenn wir nach dem Einrücken und der Verpflegungsausgabe auf unser Lager krochen, wurden sie lebendig. Ihre Stiche jucken entsetzlich und schwellen rot an. Am schlimmsten empfand ich den fürchterlichen Gestank, der ihnen entströmte, wenn man sie zwischen den Fingernägeln zerdrückte. Ihre Reproduktionsfähigkeit muss grenzenlos sein, denn sie widerstanden jeglicher Verfolgung. In späteren Arbeitslagern gab es öfter Entlausungen. Auch die Pritschen wurden auseinander genommen und das Holz in heißes Wasser getaucht. Aber auch das nützte nur für kurze Zeit!

Ende Februar, Anfang März – es war noch bitterkalt – hatten wir ein unerwartetes Erlebnis. Wir bestiegen LKW und fuhren eine lange Strecke in eine Banja, ein Bad. Schubweise wurden wir hineingeführt. Im ersten, geheizten Raum zogen wir uns nackt aus und hängten unsere gesamte Kleidung auf eine Art Bügel, der in den Entlausungsofen geschoben wurde. Mit den üblichen Rufen „Dawai, dawai" dirigierte uns der Aufseher in das Bad. Immer zwei oder drei standen unter einer Dusche, und tatsächlich, es floss warmes Wasser. Nur kurz, dann bekamen wir ein Stück Seife und seiften uns damit ein. Für die Gruppe unter dem dünnen Wasserstrahl war die Zeit zum Abspülen viel zu knapp. Trotzdem, es war ein Hochgenuss. Den ganzen Winter hatten wir uns nicht vernünftig waschen können. Im nächsten Raum bekamen wir die heißen Klamotten aus den Entlausungskammern zurück, und so trockneten wir auch ohne Handtücher. Das Anziehen war für mich eine Qual. Ich spüre noch heute die grobe, kratzige Unterwäsche auf meiner von warmem Wasser aufgeweichten Haut. Mir hat es den ganzen Spaß an der Banja verdorben.

Noch eine böse Überraschung erlebte ich. Meine Schapka, die Pelzmütze, war in der heißen, feuchten Luft der Entlausungskammer zusammengeschrumpft, das Leder zerbrochen. Bei der Rückfahrt auf offenem Lastwagen fror ich. Diese schöne Pelzmütze aus weißem Fell hatte ich mir in der Kleiderkammer ausgesucht und war auf sie – warum? – sehr stolz. Zwar konnte ich sie am nächsten Tag in meinem Magazin umtauschen, aber so eine schöne habe ich nie wieder bekommen.

Die Partei der Bolschewiki hatte die Bezeichnungen der Wochentage abgeschafft, auch den Sonntag gab es nicht mehr. Jeder „Werktätige" hatte Anspruch auf einen freien Tag in der Woche, der hieß nun „Wochadnoy", Ausgehtag. Auch den Kriegsgefangenen stand dieser freie Tag zu. Die Arbeit im Steinbruch ruhte, aber im Lager gab es immer etwas zu tun: Reparaturen, „Verschönerungen" des Lagers und extra lange Zählappelle. Gefürchtet waren die „freiwilligen" Arbeitseinsätze. Am frühen Sonntagmorgen wurden wir auf LKW verladen und auf irgendeine Arbeitsstelle gefahren. Mehrmals waren wir am Dnjepr, in der Nähe des Staudamms und des berühmten Kraftwerks. Hier schippten wir Kies von einer Stelle zur anderen, eine völlig sinnlose Arbeit, die wir zur höheren Ehre der Heimat aller Werktätigen, der großen Sowjetunion, verrichteten. Die Politoffiziere konnten diesen freiwilligen Einsatz als Erfolg nach oben melden. Durchfroren und müde wurden wir abends zurück ins Lager gebracht.

Am nächsten Morgen begann die übliche Arbeit, und die Arbeitsbrigaden zogen in den kräftezehrenden Steinbruch. Auch das bisschen Erholung hat man uns nicht immer gegönnt.

Weihnachten war ein Arbeitstag wie jeder andere, die Brigaden arbeiteten im Steinbruch, ich im Magazin. Ob es Absicht war? Abends gab es kein Brot. Die Lieferung war ausgeblieben. Es herrschte eine eigenartige Stimmung: Wut, Niedergeschlagenheit, Trauer. In einer Ecke versuchten einige „Stille Nacht, heilige Nacht" zu singen. Nach wenigen Takten brach der Gesang kläglich ab. Jeder verkroch sich in sich selbst und hing seinen Gedanken nach. Mir ging das Lied, das wir in Neuzelle gelernt hatten, nicht aus dem Sinn: „Hohe Nacht der klaren Sterne, die wie weite Brücken stehn, über einer großen Ferne, drüber unsere Herzen gehen". Wo mögen die Meinen sein? Wie mag es ihnen ergehen?

Im Frühjahr wurde manches leichter. Zwar war die Arbeit im Steinbruch noch immer mörderisch und die Verpflegung ungenügend, aber die klirrende Kälte war vorbei, es begann ein schöner Frühling.

Eines Tages im Frühsommer überraschte mich mein Natschalnik mit der Nachricht, dass in den nächsten Tagen eine Ladung mit Winterbekleidung in ein anderes Lager gebracht werden müsste, wohin verriet er nicht. Ich sollte dem Transportführer, einem Sergeanten, den ich von der Wachmannschaft kannte, behilflich sein.

In den nächsten Tagen wurden Bufeikis, Wattehosen, Pelzmützen und andere Bekleidung gezählt, gebündelt und auf einen LKW bis hoch oben geladen. Im Führerhaus saßen der Fahrer und der Sergeant. Ich lag oben weich auf der Ladung.

Am ersten Tag fuhren wir nur ein paar Kilometer. Aus einem anderen Lager sollte noch etwas mitgenommen werden. Tatsächlich fuhren wir durch ein Tor ohne Wachposten. Eine größere Gruppe von Häusern war mit einem einfachen Stacheldraht umgeben. Hier lebten „Saklutschonny", was man mit „Eingesperrte" übersetzen kann. Das waren abgerüstete Soldaten der Roten Armee und ehemalige Kriegsgefangene, die noch nicht nach Hause durften. Sie hatten nämlich Mitteleuropa kennen gelernt und das Leben, die Kultur trotz der großen Zerstörungen durch den Krieg mit den Verhältnissen im „Vaterland aller Werktätigen" verglichen. Ihnen waren die Augen geöffnet worden. Die Propaganda hatte ihnen eingeredet, dass es nirgendwo eine höhere Kultur und ein besseres Leben gäbe, als in der Sowjetunion. Das viel gesungene russische Lied musste ihnen nun wie Hohn in den Ohren klingen: „Ja, das ist das schönste Land auf Erden, wo der Mensch so frei und glücklich ist".

Diese Soldaten waren „verdorben", sie mussten umerzogen werden, damit sie in das sozialistische Vaterland passten. Viele Jahre ihres Lebens verbrachten sie als Zwangsarbeiter, eben als Saklutschonny in diesen Lagern. Manchmal durften sie ihre Familien zu sich holen, sonst lebten sie nicht besser als wir Kriegsgefangene.

Der Wagen hielt im Lager, wir stiegen ab, und der Posten musste zunächst bleiben, um die Ladung zu bewachen. Der Fahrer nahm mich in eines der Häuser mit, dort hatte er Bekannte. In dem Raum, den wir betraten, wohnten viele Leute. Einige Männer saßen an einem Tisch und aßen. Auf einem der Etagenbetten lag ein Paar, das sich weder von den am Tisch Sitzenden halb nackten Männern, noch von uns Eintretenden stören ließ.

Wir wurden freundlich aufgenommen und setzten uns dazu. Keiner störte sich daran, dass ich ein deutscher Plenny war. Eine Frau setzte uns Brot und Kascha vor. Danach legte sie Salzfischchen auf den Tisch. Dazu stellte sie Wassergläser und eine Flasche Wodka. Mit Daumen und Zeigefinger wurde ein Fischchen gegriffen, der Kopf zurückgelegt, das Fischchen in den Mund geschoben und das Wasserglas mit Wodka geleert. Die Unterhaltung wurde immer lauter. Keiner nahm ein Blatt vor den Mund. Sie machten ihrem Ärger und der Unzufriedenheit Luft, nicht ohne die vielen schlimmen russischen Flüche ausgiebig zu verwenden. Wir haben dabei einen Teil der Ladung vertrunken. Als ich „reif" war, und das hat nicht lange gedauert, führten sie mich in das Bekleidungsmagazin des dortigen Lagers. Sie schlossen mich für die Nacht ein. Auf der herumliegenden Bekleidung lag ich weich und schlief fest. Als ich am nächsten Tag geweckt wurde, stand die Sonne schon hoch am Himmel, und ich hatte einen dicken Kopf. Der Lastwagen wurde startklar gemacht, die Bekleidung wieder festgezurrt. Ich brauchte nicht mehr ganz so hoch aufzusteigen, einiges fehlte ja. Mehrere Stunden waren wir danach unterwegs. Ich schlief meinen Rausch aus.

In Dnjepropetrowsk wurde die Ladung in einem Lager übergeben. Niemand merkte – oder wollte merken –, dass einiges fehlte. Nach zwei Tagen fuhren wir wieder zurück ins Steinbruchlager, beladen mit Lebensmitteln, Säcke mit Hirse, Graupen und Zucker. Auf der Rückfahrt verschwand wieder einiges. Diesmal sollte ich das allerdings nicht merken, da es sich ja um Gefangenenverpflegung handelte.

Später wurde ich gelegentlich als Bote in das Zivillager geschickt und durfte ohne Posten unser Lager verlassen. Ich dehnte diese Gänge meist aus. Manchmal, wenn die Sonne schien, sonnte ich mich mit freiem Oberkörper in einem der vielen Granattrichter zwischen den Lagern. Hier hatten wohl Kämpfe stattgefunden. Jede Stunde, die man den Russen entzog, erachtete man als Gewinn.

Im Hospital

Eines Tages, es war schon Spätsommer, hatte ich Schwierigkeiten beim Wasserlassen und große Schmerzen. Es war eine Entzündung, die immer stärker wurde und wohl in den völlig unzureichenden hygienischen Verhältnissen ihre Ursache hatte. Als dem russischen Sanitäter klar wurde, dass mir im Lager nicht zu helfen war, brachte er mich mit einem Lastwagen in das Kriegsgefangenenhospital in der Nähe von Saporoshe am Dnjepr. Es war genauso von Stacheldraht umgeben und bewacht wie ein Arbeitslager. Eines davon lag unmittelbar nebenan. Der Stacheldrahtzaun war so breit, dass man keinen Kontakt aufnehmen konnte.

Auf einem großen Areal standen zehn oder zwölf Holzbaracken, deren Fenster mit Brettern und Pappe abgedichtet waren. Nur jeweils ein kleiner Ausschnitt war verglast und ließ spärliches Licht in das Innere. Jetzt im Sommer war die Verschalung weitgehend abgenommen. In den einzelnen Räumen der völlig überfüllten Baracken lagen über 50 Kranke auf doppelstöckigen Pritschen dicht nebeneinander. In dem am besten erhaltenen Gebäude wurde ich zwei russischen Schwestern übergeben, die weiße Kittel trugen und mich sehr freundlich aufnahmen. In dieser Baracke befanden sich der Operationssaal und zwei Behandlungsräume. Auch hier war alles überfüllt, die Kranken lagen in den Fluren, auf denen kaum ein Durchkommen war. Inzwischen war es Nachmittag geworden und die beiden russischen Ärztinnen nicht mehr im Hause.

Ein deutscher kriegsgefangener Arzt untersuchte mich. Er eröffnete mir, dass ich operiert werden müsste. Er dürfe aber weder die Entscheidung treffen, noch die Operation durchführen, das sei den russischen Ärztinnen vorbehalten. Ich wurde also auf dem Flur zu einem anderen Kranken ins Bett gelegt. So vergingen mit großen Schmerzen der Abend und die Nacht.

Am nächsten Morgen wurde ich den beiden Ärztinnen vorgestellt. Der Verbands- und Untersuchungsraum war einfach, überall roch es nach Lysol und anderen Desinfektionsmitteln. Die „Professorin", sie war der Natschalnik, die Leiterin des Hospitals, war eine große, schlanke, gut aussehende Frau Mitte Fünfzig, mit einem zerfurchten, aber gütigen Gesicht. Die andere, klein und dicklich, war gleich als Jüdin zu erkennen. Zu beiden fasste ich sofort Vertrauen. Das gute Verhältnis, besonders zur Professorin blieb bis zu meiner Abschiebung ins Arbeitslager.

Nach den Vorbereitungen wurde ich am späten Vormittag des gleichen Tages von der kleinen, dicken Chirurgin operiert. Die Professorin assistierte. Angeschnallt am OP-Tisch liegend hielt mir jemand ein mit Äther getränktes Tuch vor Mund und Nase. Die Betäubung wirkte schnell. Ich hatte dabei einen schrecklichen Traum: Die kleine Dicke band mich an ein riesiges Rad, das sich in immer schnellere Bewegung setzte und immer größere Kreise durchraste. Als ich aufwachte, noch etwas wirr im Kopf, lag ich in einem weiß bezogenen Bett, daneben stand eine Schwester.

Die Wunde heilte schnell. Ich erholte mich rasch. Zwar bekam man auch im Hospital nicht satt zu essen, aber die Verpflegung war besser und regelmäßiger als im Steinbruchlager. Ich konnte mich mit den Ärztinnen gut verständigen und brauchte keinen Dolmetscher. Nachdem die Wunde abgeheilt war, ließen sie mich gelegentlich rufen, damit ich bei Untersuchungen dolmetschte. Ich lernte schnell die nötigen medizinischen Ausdrücke. Bald nahmen sie mich regelmäßig zu den Visiten mit, die sie in den Baracken mit chirurgisch und Tbc-Kranken machten. Mit den anderen Abteilungen, zum Beispiel mit den Dystrophikern – viele Tbc-Kranke waren allerdings zusätzlich dystrophisch – hatte ich kaum etwas zu tun. Bei diesen Visiten lernte ich nicht nur die typischen Krankheiten der Gefangenschaft kennen. Ich erkannte auch die Schwierigkeit, mit kaum vorhandenen Medikamenten und ungenügendem Material zu helfen. Auch bei Neuaufnahmen, beim Versorgen der Kranken und beim Anlegen der Krankenblätter wurde ich hinzugezogen. Alle Krankengeschichten wurden auf Zeitungspapier geschrieben, das zuvor passend gefaltet und geschnitten wurde. Bei jeder Visite mussten Veränderungen und Medikamentation hinzugefügt werden.

Ich war nun offiziell nicht mehr Patient, sondern Dolmetscher und wohnte – mit eigenem Bett – auf dem Zimmer, in dem der deutsche Arzt, ein Medizinstudent und ein Friseur untergebracht waren. Mein Bett wurde einfach dazugestellt, obwohl es schon vorher eng war.

Die wichtigste Person in dieser Unterkunft war der Friseur: Ein großer, gut aussehender Mann aus der „Reichshauptstadt", der unverfälscht berlinerte. Er hatte die Aufgabe, den Gefangenen – wir trugen aus hygienischen Gründen in den ersten Jahren Glatze – die Haare zu schneiden. Viel wichtiger aber war die Rasur der Wachoffiziere. Jeden Morgen wurde das „Mobiliar", die Betten, ein Tisch, einige Hocker, zusammengeschoben. Inmitten des Raumes entstand ein freier Platz. Punkt neun Uhr betrat der militärische Natschalnik, ein Hauptmann, unser Zimmer. Nach der Meldung nahm er auf dem einzigen Stuhl Platz, die Prozedur konnte beginnen. Ede scharwenzelte ein paar Mal um ihn herum, schwenkte ein Tuch, ehe er es umband und begann Seifenschaum zu schlagen. Er seifte das Gesicht mit Eleganz und Raffinesse ein. Fachmännisch zog er auf einem Lederriemen das Messer ab. Es war ein besonderer Vertrauensbeweis, dass er so ein „Mordinstrument" haben und handhaben durfte. Beim Rasieren hielt er das Messer mit abgespreiztem kleinen Finger. Jetzt zeigte sich seine ganze Kunst. Nie habe ich erlebt, dass er jemanden geschnitten hätte. Das Wasser für die Gesichtswäsche wurde eigens für den Offizier am Kanonenofen gewärmt, im Sommer im Laufschritt aus der Küche geholt. Nie durfte die heiße Kompresse fehlen. Ein Leinentuch, das in fast kochendem Wasser lag, wurde ausgewrungen und dem Natschalnik aufs Gesicht gelegt. Nach einigen Minuten, in denen er ein paar Mal wohlig grunzte, nahm Ede das Tuch weg und tupfte das Gesicht mit einem übel riechenden „Parfüm" ab. Der Hauptmann erhob sich zufrieden, nickte wohlgefällig, nahm das Parfüm an sich und verließ mit hochrotem Gesicht das Zimmer. Auch die Gefangenen rasierte Ede gelegentlich. Ab 1948 wurde nur noch den Kranken der Kopf kahl geschoren, den anderen schnitt Ede eine „Tolle".

Der zweite Mitbewohner war etwas unscheinbar, ein junger Arzt, der sich sehr für die Kranken einsetzte, aber nicht viel ohne die Zustimmung der russischen Ärztinnen und Schwestern tun durfte. Andererseits lag ihnen viel an seiner Meinung. Persönliches habe ich von ihm nie erfahren. Es fehlte auch an Instrumenten, Geräten und Medikamenten für eine ordnungsgemäße Behandlung

Der Dritte stammte aus Bergzabern und gab sich als Medizinstudent aus. Er war als „Feldscher" eingesetzt, ging den Ärztinnen zur Hand und führte manche Verrichtung selbstständig aus. So richtig glaubte ihm seine medizinische Ausbildung keiner, er war wohl mehr vom NKWD zur Überwachung der Mitgefangenen eingesetzt.

In diesem Hospital arbeitete ich nach der Genesung fast zwei Jahre. Ich hatte viel zu tun, und war von morgens bis abends unterwegs als Dolmetscher, später auch als Feldscher, überhaupt als „Mädchen für alles". Langeweile hatte ich nie und für überflüssiges Grübeln keine Zeit. Im Vergleich zum Arbeitslager, wo auch sonntags „freiwillige" Arbeitseinsätze befohlen und sehr schwer gearbeitet wurde, habe ich die Zeit bis Mitte 1948 gut überstanden. Im Herbst 1946 durften wir zum ersten Mal vorgedruckte Postkarten nach Hause schreiben.

1947 wurden zwei Transporte zur Entlassung und Heimreise zusammengestellt. Beide Male stand ich auf der Liste. Ich vermute, dass die Ärztinnen, mit denen ich es gut konnte, dafür gesorgt haben. Alle wurden noch einmal ärztlich untersucht und überprüft. Wir Glücklichen traten vor dem Tor in Dreierreihen an, von den Zurückbleibenden sehr beneidet. Noch einmal wurden die Personalien von der Lagerleitung überprüft: Name, Vorname, Vatersname, Geburtstag und -ort. Dazu kam die Kontrolle des „Gepäcks", das in der ersten Zeit meist nur aus einer Konservendose und einem Löffel bestand. Dann kam ich an die Reihe: Drescher, Günther, Erich, „Dawai, dawai, idi ßuda!" – komm hierher. Beide Male holten sie mich aus der bereitstehenden Kolonne heraus, und ich musste bleiben. Die Enttäuschung, Wut und Niedergeschlagenheit kann man nicht beschreiben. Dafür war sicher der Politoffizier verantwortlich, der abseits stand und den Vorgang genau beobachtete.

Der Winter 1946/47 war hart und dauerte lange. In den Baracken zog es hinten und vorne: Fenster und Türen waren nicht dichtzukriegen. Mit den Kanonenöfen und den paar Kohlen konnte man nicht dagegen anheizen.

Auch die Verpflegung wurde weniger und schlechter. Der russischen Zivilbevölkerung ging es nicht viel besser. Der dicke, voll gefressene Hund des Kommandanten war uns schon lange ein Dorn im Auge. Wir beschlossen, mit ihm unsere Verpflegung aufzubessern. Das war nicht ungefährlich, wir mussten sehr vorsichtig zu Werke gehen. Eines Abends wurde er von einem „Spezialisten" gefangen, gleich geschlachtet, abgezogen und ausgenommen. Das Fell vergruben wir, das Fleisch hing an einer schwer zugänglichen Stelle des Barackenbodens ab.

Am nächsten Morgen herrschte eine große Aufregung im Lager. Der Kommandant vermisste seinen Hund. Niemand wusste, wo er geblieben war. Alle, die sich auf den Beinen halten konnten, suchten eifrig mit, aber der Hund blieb verschollen. Nach einigen Tagen hatte sich der Hauptmann mit dem Verlust seines Lieblings abgefunden. Jetzt begann die eigentliche Schwierigkeit. Das Fleisch musste zubereitet werden. Spät abends, nach dem Zapfenstreich, gingen wir in einem kleinen Raum zu Werke. Einer hatte Salz und einen großen Kochtopf aus der Küche geschmuggelt, wir hatten genug Holz organisiert, der Kanonenofen bullerte. Der Geruch zog durch die ganze Baracke, und das Wasser lief allen „Kohldampfschiebenden" im Mund zusammen. Licht durfte bei der Arbeit nicht gemacht werden; denn das wäre dem Posten oder der Dienst habenden Schwester im Hauptgebäude aufgefallen. Uns genügte der Feuerschein aus dem Ofen.

Um zu verhindern, dass uns einer verriet, musste jeder ein Stückchen bekommen. Das Fleisch wurde also in kleine Portionen geschnitten und verteilt. Es hat uns allen köstlich geschmeckt. Der Kommandant hat nie erfahren, wo sein Hund geblieben ist.

Eines Tages wurde ein ungarischer Soldat eingeliefert, der als Elektriker bei Hochspannungsarbeiten verunglückte. Der größte Teil seiner Haut war verbrannt, er schrie ununterbrochen vor Schmerzen. Nach der ersten Versorgung brachte man ihn zu uns in die Baracke. Um seine Schmerzen wenigstens etwas zu lindern, schleppte man eine alte Badewanne herein, füllte sie mit warmem Wasser, zur Desinfektion mit Kaliumpermanganat vermischt. Eine andere Möglichkeit der Behandlung hatte man nicht. Für die Schwer- und Todkranken in diesem Raum war das eine Qual. Nach zwei Tagen starb der Ungar. So traurig es war, alle atmeten auf, denn das fürchterliche Schreien und Wimmern war nicht zu ertragen.

In den hintersten Baracken lagen Dystrophiker in fortgeschrittenem Krankheitsstadium. Sie hatten Hungerödeme als Folge mangelhafter Ernährung. Beine, Arme, oft auch der Bauch waren dick geschwollen voll Wasser. Stieg es bis zum Herzen, waren sie nicht mehr zu retten. Manche waren an ihrem Leiden nicht ganz unschuldig. Alle, die auf das Rauchen nicht verzichten konnten und mit der gelegentlichen Zuteilung von Machorka nicht auskamen, waren gefährdet. Wer sein Brot gegen Tabak tauschte, war bald so weit. Selbst im letzten Stadium der Krankheit – die Sterberate war hierbei sehr hoch – konnten manche auf das Rauchen nicht verzichten.

Im Eingang zur Behandlungsbaracke lag ein kleiner Raum, in dem der Politoffizier der NKWD (Innenministerium) arbeitete, ein schwarzer, immer finster dreinblickender Oberleutnant. Zu ihm wurde man in unregelmäßigen Abständen gerufen. Bei den ersten Sitzungen ging es um einen selbst: Personalien, wo man herkam. Dann wollte er wissen, in welcher Einheit man gedient hat, wo man im Krieg war und an welchen Verbrechen man teilgenommen hatte. Er hoffte, dass sich sein Gegenüber einmal verplapperte und bei einer falschen Aussage ertappt wurde. Jeder deutsche Soldat war zunächst ein potenzieller Kriegsverbrecher, dem man seine Untaten nachweisen musste, um ihn in eines der berüchtigten Schweigelager zu schicken oder ihn zu mehrjähriger Zwangsarbeit zu verurteilen. Weil die Todesstrafe in der Sowjetunion nach dem Krieg abgeschafft wurde, war das „Normalmaß" 25 Jahre. Es genügte schon, wenn man in einer bestimmten Einheit war, um als Kriegsverbrecher zu gelten. Intensiv wurde immer noch nach Soldaten der Waffen-SS gesucht. Auch im dritten und vierten Jahr der Gefangenschaft wurden Kontrollen der tätowierten Blutgruppen gemacht. Verletzungen am inneren Oberarm waren verdächtig. Wie sich Träger einer tätowierten Blutgruppe durch die Jahre und vielen Kontrollen hätten durchschmuggeln können, blieb ein Geheimnis der Sowjets.

Nachdem er meinte, von mir genug zu wissen – dass ich in Neuzelle war, hat er nie erfahren – begann das Ausfragen über andere Kameraden. Besonders der Arzt, der Friseur und der Medizinstudent interessierten ihn sehr. Mit allen Mitteln setzte er mich unter Druck. Nur ein Trick konnte ihn mäßigen. Man ließ sich von Kameraden etwas erzählen, was er schon wusste. Im Einvernehmen mit ihnen berichtete man das dann als Neuigkeit. Er hatte den Eindruck, dass er einen angezapft hatte und seine Arbeit erfolgreich war. Nachdem er von mir keine wirklichen Neuigkeiten erfahren konnte, ließ er mich mehr und mehr in Ruhe. Ob das Streichen von der Heimkehrerliste seine Rache war? Immer schlotterte man, wenn man zu ihm bestellt wurde. Manchmal war er sehr freundlich, bot Zigaretten an, ein andermal schrie und tobte er: Zuckerbrot und Peitsche! Er saß immer im Dunkeln, die Tischlampe strahlte einen an. Man wusste nie, was einen erwartete. Ohne offene oder versteckte Drohungen ging es nie ab. Karzer mit Verpflegungsentzug, Verlegung in ein Straflager, Sibirien. Nach solch einer Sitzung fiel einem ein Stein vom Herzen, und man konnte sich wieder entkrampfen.

Letztlich konnte man nur sehr wenigen wirklich vertrauen. Alle Kranken, besonders aber die, die im Hospital arbeiteten, wurden immer wieder verhört. Man wusste nie ob einer bewusst oder unbewusst etwas sagte, was einem schaden konnte. In den Arbeitslagern war es nicht anders. Deshalb habe ich über Manches grundsätzlich mit niemandem gesprochen. Es gab eben Dinge, die ich in mir verschlossen hatte, zum Beispiel dass ich auf einer NPEA war. Damit bin ich nicht schlecht gefahren.

In einer Baracke waren Tbc-Kranke untergebracht. Wie in allen anderen Unterkünften waren die Fenster mit Pappe und Brettern bis auf ein kleines verglastes Guckloch verschlagen So kam keine Luft und keine Sonne hinein. Unser deutscher Arzt beklagte das immer wieder. Auch die Ärztinnen und Schwestern hätten gerne Fensterglas einbauen lassen, aber Glas war nicht zu bekommen.

Ein Plenny – die Handwerker unter uns waren sehr gefragt und wurden gelegentlich „ausgeliehen" – hatte auf einem Arbeitsgang bemerkt, dass etwa drei Kilometer vom Lager entfernt in einem großen Baumaterialiendepot auch Glas lagerte. Es hieß, dass es nur nachts bewacht würde. Wie wir zusammenkamen, weiß ich nicht mehr. Wir waren sechs, darunter zwei Japaner, die bereit waren, das Risiko auf sich zu nehmen und Fensterglas zu besorgen. „Zapp zerapp" sagten die Russen und machten dazu die entsprechende Handbewegung. Organisieren war in unserer Lage selbstverständlich. Oft half es den Kriegsgefangenen zu überleben. Ein Unrechtsbewusstsein hatten wir dabei nie. Es wurden ja nur unsere „Unterdrücker" geschädigt.

Eines Morgens verließen wir sechs unter einem Vorwand das Lager durch das Haupttor. Die Wache ließ uns ohne zu fragen passieren. Wir vermuteten, dass sie etwas ahnten oder sogar wussten, uns aber gewähren ließen. Zum mindesten der Kommandant war von den Schwestern eingeweiht. Obwohl schwer unter Strafe, war das auch für die Einheimischen ein übliches Verfahren, an Material zu kommen. Nach einigem Suchen fanden wir das Depot, in dem neben viel Bauschutt, verrosteten Eisenteilen und Schrott auch verschiedenes Baumaterial lag. Der Platz war mit Stacheldraht provisorisch eingezäunt. An manchen Stellen hatte er große Löcher. Wir waren nicht die Ersten, die sich hier bedienten. Am äußersten Ende fanden wir, was wir suchten, mehrere Kisten mit Fensterglas. Die Kisten waren so schwer, dass wir sie kaum schleppen konnten. Eine bugsierten wir durch ein Loch im Draht. Dann begann der Rückweg ins Lager. Wir hatten genau aufgepasst und waren der Meinung, dass uns niemand bei dem Diebstahl gesehen hatte. Mit vielen Verschnaufpausen kamen wir dem Hospital näher. Das Tor in Sicht, ertönte hinter uns eine Serie russischer Flüche. Die Russen fluchen bei jeder Gelegenheit mit nicht wiederzugebenden Worten. Sehr bald kannten und gebrauchten wir diese Ausdrücke.

Wir versuchten, so schnell wir die Last tragen konnten, das Lagertor zu erreichen. Der fluchende Zivilist kam jedoch schnell näher. Wir waren sicher, dass uns die Wache mit dem Glas hätte passieren lassen. Jetzt aber mussten sie uns anhalten, um nicht selbst verdächtigt zu werden. Unser Verfolger schrie, dass wir das Glas gestohlen hätten und es sofort wieder zurückbringen sollten. Er forderte für das Verbrechen des Diebstahls von Volksvermögen härteste Strafen. Inzwischen war der Kommandant herbeigerufen worden. Der tat, als ob er nichts wüsste und fiel in die Schimpfkanonaden des Zivilisten ein. Unter Aufsicht des Denunzianten – es war der Depotverwalter – und eines Wachposten trugen wir die schwere Kiste wieder zurück.

Im Hospital nahm uns die Wache sofort fest und sperrte uns in einen leeren Raum. Wir fürchteten das Schlimmste. Einen Tag ließ man uns ohne Essen und Trinken schmoren. Zu darben brauchten wir deshalb nicht. Es hatte sich wie ein Lauffeuer herumgesprochen, warum wir im Karzer saßen. Durch das vergitterte Fenster reichten uns Mitgefangene Brot und Kascha herein. Die deutschen Köche hatten es unbemerkt für uns abgezweigt. Die beiden Japaner wollten unbedingt etwas zu rauchen haben. Einer der beiden wurde hochgehoben und klammerte sich am Fenstergitter fest. Den draußen stehenden Kameraden rief er zu: „nischi, nischi, tschin-bum!" Diese Situation in unserer betrüblichen Lage war so komisch, dass wir alle laut lachen mussten. Es dauerte nicht lange, da reichten sie uns Zeitungspapier und Machorka herein.

Am nächsten Tag wurde ich als Russischsprechender und wie vermutet Anstifter, verhört. Der NKWD-Offizier und der Lagerkommandant nahmen mich in die Mangel. Es ging gleich scharf her: Fluchtversuch – das war völlig unsinnig, weil wir ja zurückgekommen waren – Sabotage, Diebstahl sowjetischen Eigentums. Auf jedes einzelne Delikt stand 25 Jahre Straflager. Sie fluchten, schimpften und drohten mir mit Sibirien. Ich war auf einiges vorbereitet, aber dass es so schlimm kam, hatte ich nicht erwartet. Meine Rechtfertigungsversuche wollten sie nicht hören: Das dringend benötigte Fensterglas, damit wenigstens die Tbc-Kranken in helleren Räumen, die zu lüften waren, untergebracht werden konnten, die stetigen Hinweise des deutschen Arztes, der russischen Ärztinnen und Schwestern, das immer währende Vertrösten, „Skoro", bald, eine beliebte Antwort auf die Frage nach der Entlassung und Einhalten von Versprechungen. Nichts konnte sie beruhigen. Erst als ich andeutete, dass die Wache darum wusste, er, der Kommandant, nicht dagegen eingeschritten sei und der Hinweis, das alles bei einer eventuellen Gerichtsverhandlung auszusagen, ließ sie einlenken.

Ich wurde abgeführt und wieder zu den anderen gesperrt. Zwei Tage ließen sie uns im Ungewissen. Am dritten Tag ließ man uns raus, und alles war so, als ob nichts geschehen wäre.

Die Aktion hatte trotzdem Erfolg: Kurze Zeit später wurde Glas angeliefert, und die Plennys – für alles gab es ja Spezialisten – reparierten die Fenster und setzten das Glas ein.

Nach geraumer Zeit wurde ich neben dem Dolmetschen mehr und mehr zu medizinischen Hilfsdiensten herangezogen. Den beiden Ärztinnen, meist war es die Professorin, übersetzte ich bei den Visiten, las die auf Zeitungspapier geschriebenen Krankengeschichten vor und war bei Neuaufnahmen zugegen. Einmal durfte ich sogar bei einer Blinddarmoperation dabei sein.

Eine häufige Therapie bei schweren Erkältungen und Lungenentzündungen war das Schröpfen. Dazu benötigt man sechs bis acht Glaskugeln mit einer Öffnung. Der Patient legt sich auf den Bauch und macht den Rücken frei. Ein brennendes Streichholz wird unter die Öffnung gehalten, die Luft erhitzt sich in der Kugel, die dann schnell auf den Rücken gedrückt wird. Der Unterdruck der heißen Luft zieht die Haut und das Gewebe in die Kugel hinein. Nach 15 bis 20 Minuten nimmt man sie ab. Zurück bleiben stark gerötete Male, oft Blutergüsse.

Am meisten hatte ich mit den Schwestern zu tun. An zwei erinnere ich mich noch gut. Ljuba war klein, korpulent und schielte fürchterlich. Sie war gutmütig und freundlich, was die Plennys zu schätzen wussten. Die Zusammenarbeit mit ihr war nicht unangenehm. Nur manchmal, wenn man sie geärgert hatte oder der deutsche Arzt anderer Meinung war, konnte sie sich furchtbar aufregen. Dann entsann sie sich, dass sie der Siegernation angehörte und wir die Kriegsgefangenen waren. Von der Welt außerhalb des Lagers erzählte sie nichts, außer dass sie in einem Wohnheim lebte. Sie empfand es als sehr angenehm, dass ich ihr manche Arbeit abnahm. Die Medikamente, soweit es welche gab, verteilte sie meist selbst. Ich musste die Holzkiste, in der sie aufbewahrt wurden, hinterhertragen. Gern hätte sie sich mit dem einen oder anderen Gefangenen etwas näher abgegeben, aber die Angst vor der NKWD war zu groß. Sie traute auch manchen nicht. Besonders, wenn mein Zimmernachbar, der Bergzaberner Student dabei war, verhielt sie sich ausnehmend korrekt. Das russische Personal wurde in besonderen Schulungen darauf hingewiesen, einen gehörigen Abstand zu uns zu halten.

Die zweite Schwester, an die ich mich erinnere, war die Siostra Chasaika, die „Schwester Hausfrau". Ihren Namen habe ich vergessen. Sie war für die Wäsche verantwortlich und hatte deshalb wenig Pflegedienst. Sehr lange war sie abweisend und zurückhaltend. Je länger ich mit ihr zusammenarbeitete, desto mehr taute sie auf, bis wir ein offenes, freundliches Verhältnis hatten. Wie sehr man aber auf der Hut sein musste, zeigt folgender Vorfall: Mitten im Hospital, nahe dem Stacheldraht zum Arbeitslager, stand ein altes, hohes Gebäude, das Einzige aus Stein, in dem Wäsche und Bekleidung aufbewahrt wurden. Dorthin bestellte mich die Schwester, damit ich bei der Vorbereitung der nächsten Wäscheausgabe half. Es dauerte nicht lange, da hörten wir ein Geräusch. Mein Zimmernachbar, der Medizinstudent, hatte sich an einem der hohen Fenster emporgerangelt, um zu sehen, was wir dort taten. Damit die Schwester keine Schwierigkeiten bekam, verließ ich das Gebäude, und sie musste die Arbeit alleine verrichten.

In der zweiten Hälfte des Jahres 1947 besserten sich langsam die Verhältnisse. Das Essen wurde reichlicher, zu der dünnen Suppe gab es meist einen Schlag Kascha, jeden zweiten Tag einen Löffel Zucker. Die Kranken lagen auf den Pritschen nicht mehr so eng beieinander, die Sterberate ging zurück, obwohl es immer noch viele Dystrophiker gab.

Unter den Toten waren auffallend viele sehr junge und ältere Männer. Ob die Behauptung stimmt, ältere Plennys wären den körperlichen Belastungen nicht mehr gewachsen gewesen und die ganz jungen noch nicht, ist nie bewiesen worden.

Die gesund gepflegten Männer wurden in der üblichen Weise O.K. geschrieben und in das nebenan liegende Arbeitslager überwiesen, wo ich später einige wiedertraf.

In der Handwerksbaracke war die Wäscherei untergebracht und eine Nähstube, in der die zerrissene Wäsche und Bekleidungsstücke geflickt wurden. Die anderen Handwerker, Schlosser, Schreiner, arbeiteten hauptsächlich für den Iwan. Sie waren privilegiert und schlugen aus ihrer Sonderstellung Kapital. So konnte man gegen einige Portionen Tabak ein Hemd mit Kragen erstehen. Die russischen Hemden haben an Stelle eines Kragens Stehbörtchen. Man trug diese Hemden mit Umlegekragen ganz stolz, weil man sich dadurch etwas von den anderen abhob. Beliebt waren auch Zigarettenetuis – ich besitze noch eines – und Kämme aus Aluminium. Kahl geschoren wurden nur noch die Neuaufnahmen. Später wurden auch Holzköfferchen für die Heimreise angeboten. Wer nicht rauchte, konnte seine Portion Machorka für alle möglichen Dinge, auch Essen eintauschen.

Im Vergleich zu den Verhältnissen in den Arbeitslagern ging es mir im Hospital gut. Ich war zwar den ganzen Tag beschäftigt, aber die Arbeit war nicht schwer und auch nicht unbefriedigend. Ich hatte meinen eigenen Strohsack und brauchte mein Bett mit niemandem zu teilen. Manchem Kranken konnte ich ein bisschen helfen. Allein beim Dolmetschen wusste ich sehr bald, was man übersetzen sollte und was man lieber wegließ.

Die Zeit verging langsam, der tägliche Umgang mit Kranken, von denen man wusste, dass sie nicht zu retten und die trotzdem voller Hoffnung waren, drückte auf die Stimmung. Alle Gerüchte über eine baldige Entlassung entpuppten sich als Wunschträume.

Die einzige Verbindung zu Eltern und Familie ermöglichte die Kriegsgefangenenpost. Ab Oktober 1946 erhielten wir in längeren, später in kürzeren Abständen Rückantwortkarten des sowjetischen Roten Kreuzes und Roten Halbmondes. Die Post, die ich erhalten habe, ist in der Gefangenschaft verloren gegangen. Bei den Verlegungen in andere Lager und den damit verbundenen Generalfilzungen sind die wenigen Habseligkeiten immer von neuem dezimiert worden. Ab 1948 durften wir auch Briefe schreiben. Es war jedoch sehr schwer, Papier und Briefumschläge zu bekommen. Vorzeitig entlassene Kameraden schmuggelten einige Briefe hinaus, die bei meiner Mutter in Paitzkofen ankamen. Im Juli 1947 erhielt sie den ersten Brief eines Heimkehrers. Später bekam sie noch über andere Kameraden Nachrichten. Die meisten Karten und Briefe hat meine Mutter gesammelt. Sie befinden sich noch in meinem Besitz. Es war genau festgelegt, was man schreiben, mehr noch, was man nicht schreiben durfte. Angeblich ging die gesamte Post durch eine Zensur. Tatsächlich erreichten manche den Adressaten nicht. So war verboten zu schreiben, wo in der großen Sowjetunion man lebte, zu welcher Arbeit man herangezogen wurde und wie es einem wirklich ging. Insofern war meine Mutter ab Herbst 1947 durch die Heimkehrer gut über mich im Bilde.

Seitdem ich Markt Eisenstein im April 1945 verlassen hatte, war die Verbindung zu meiner Familie abgebrochen, und ich wusste nicht, ob sie noch im Böhmerwald waren, wie es ihnen ging. So schrieb ich am 29. Oktober 1946 die erste Karte nach Wien an die Adresse meiner dortigen Verwandten in der Hoffnung, dass sie inzwischen Verbindung zu meiner Mutter hätten.

Im August 1945 konnte mein Schwager, Viktor Gobiet, der inzwischen als Soldat entlassen war und sich nach Bayern durchgeschlagen hatte, die Familie – Mutter, Großmutter, meine drei Geschwister und die beiden Enkel – unter abenteuerlichen Umständen aus dem nunmehr wieder tschechischen Markt Eisenstein nach Niederbayern herausholen.

Viktor hatte bereits in dem kleinen Bauerndorf Paitzkofen bei Straßkirchen, Kreis Straubing eine Unterkunft gefunden, das „Salettl". Neben dem Dorfwirtshaus stand ein kleiner Holzschuppen, der als Eiskeller genutzt wurde. Das war für zwei Jahre die Wohnung der Familie. Alle, bis auf die Grani und die beiden Jungen arbeiteten bei den großen, wohlhabenden Gäubauern, die Arbeitskräfte suchten. So haben meine Mutter, die Geschwister und Viktor die Familie über Wasser gehalten.

Noch im Herbst versuchte Viktor als Kokereifachmann im Ruhrgebiet, in dem mit Hochdruck Kohle als Reparationszahlung gefördert wurde, Arbeit zu finden. Als er sich vorstellte, meinte man, ihn als Schwindler entlarven zu müssen, denn dort gab es bereits einen Gobiet. Bei der Gegenüberstellung fielen sich die Vettern in die Arme!

Weil ich also nicht wusste, wo ich meine Angehörigen erreichen konnte, schrieb ich die erste Karte nach Wien. Tatsächlich hatte meine Mutter zu dieser Zeit bereits Kontakt mit ihrer Cousine Hilde Stark aufgenommen. Sie hat mein Lebenszeichen – es war das Zweite seit meiner Gefangennahme – nach Paitzkofen geschickt, und seither riss die Verbindung nicht mehr ab.

Im Mai 1948 war das für Kriegsgefangenenverhältnisse erträgliche Leben für mich zu Ende. Ich wurde in ein Arbeitslager versetzt. Daran war ich nicht ganz unschuldig. In der ersten Holzbaracke in der Nähe des Tores war die Apotheke untergebracht. Wie alles andere besserte sich 1948 die Versorgung auch mit Medikamenten. Zwar gab es nach wie vor nicht viel, aber die Zeit, in der lediglich Kaliumpermanganat verordnet wurde, war zu Ende. Die Medikamente wurden nicht als Pillen oder Tabletten angeliefert, sondern in der Apotheke zusammengestellt. In Mörsern wurden die Grundstoffe gestampft, dann ausgewogen, gemischt und in kleine Papierbriefchen aufgeteilt. Auch Salben und Tropfen wurden selbst hergestellt.

Bei der Visite notierte die Schwester, manchmal war das auch meine Aufgabe, die Medikamentierung. Danach stellte sie auf Zeitungspapier eine Liste der für den nächsten Tag benötigten Arzneimittel zusammen. Diese Liste wurde in der Apotheke abgegeben, dort das Benötigte angefertigt und die Medikamente in ein Holzkästchen gelegt. Zunächst war das die Aufgabe der Abteilungsschwester. Nach einer gewissen Zeit wurde ich damit beauftragt, die Liste in der Apotheke abzugeben und am nächsten Tag das Kästchen abzuholen. Manchmal verteilte die Schwester die Medikamente selbst, dann musste ich mit ihr zusammen die Runde machen. Meist war das Austeilen und Kontrollieren der Einnahme meine Aufgabe. Manche Kranke waren so schlecht dran, so schwach und deprimiert, dass sie die Medikamente verweigerten. Dann musste man gut zureden. Oft half dabei das letzte Gerücht über die unmittelbar bevorstehende Zusammenstellung eines Transports in die Heimat.

Eines Tages, es muss im April 1948 gewesen sein, kam ich in die Apothekenbaracke und gab Liste und Kästchen ab. Während dort bis dahin drei Frauen die Arbeit getan hatten, war diesmal eine Vierte, ein junges Mädchen dabei. Nadja war nicht älter als 17, 18 Jahre, groß, gut gewachsen mit einem schönen, freundlichen Gesicht und sehr ausdrucksvollen Augen. Sie fiel mir sofort auf. Sicher sah man mir an, dass sie mich beeindruckte.

Die ersten Male hielt sie sich im Hintergrund, aber der Blickkontakt war da und riss während meines Aufenthalts in der Apotheke nicht ab. Nach einigen Tagen war sie es, die mir an der Schranke die Liste abnahm und das Kästchen mit den Arzneien und den dazugehörigen Informationen übergab. Dabei unterhielten wir uns, je öfter wir uns sahen auch über andere Dinge. Mein Aufenthalt in der Apotheke dauerte von Mal zu Mal länger. Die anderen Apothekerinnen hatten natürlich längst gemerkt, was sich da abspielte, taten jedoch, als ob sie nichts merkten, ja sie verließen manchmal den Raum und gingen nach nebenan. Die Holztheke war sehr schmal, und so blieb es nicht bei den Blickkontakten. Es war offenkundig, dass wir uns gut leiden mochten.

Ich erfuhr, dass sie die Nichte der Professorin, der leitenden Ärztin war. Nadja wollte unbedingt, dass wir uns auch außerhalb der Apotheke träfen. Ich hatte nichts dagegen, nur wie sollten wir das anstellen? Sie war nur tagsüber, während der Dienstzeit im Lager. Dort gab es keinen Ort, an dem uns nicht einige, vielleicht sehr viele Augenpaare beobachten konnten. Wenn wir auffielen, die Lagerleitung, gar der MWD-Offizier das erfuhren, war ich übel dran. Schlimmer wäre es für sie, denn eine sowjetische Frau durfte sich nicht mit einem Kriegsgefangenen einlassen. Ich versuchte ihr das klar zu machen, weil ich nicht wollte, dass sie bestraft würde. Doch sie ließ nicht nach und stellte immer neue Überlegungen an, wie wir das bewerkstelligen könnten. So vereinbarten wir schließlich, uns nach Einbruch der Dunkelheit am Kleidermagazin zu treffen. Es lag zwar mitten im Lager, war aber unbewohnt. Zwischen der Rückseite und dem benachbarten Arbeitslager war eine freie Fläche, über die auch kein Weg führte.

Wie sie es geschafft hat, am späten Abend, bei Dunkelheit ins Lager zu kommen, beziehungsweise dort zu bleiben, hat sie mir nicht erzählt. Als ich zur vereinbarten Zeit eintraf, war sie schon dort. Im Schatten der Magazinwand unterhielten wir uns leise, drückten und küssten uns. Mich durchströmte in dieser trostlosen Umgebung des Kriegsgefangenenlagers ein großes Glücksgefühl. Auch sie schien diese unwirkliche Situation ergriffen zu haben. Diese wenigen Minuten fühlten wir uns wie auf einem anderen Stern.

Plötzlich hörten wir ein Geräusch und meinten, einen Schatten sich entfernen zu sehen. Hat uns doch jemand beobachtet? Schnell trennten wir uns auf unterschiedlichen Wegen. Sie ging zur Apotheke, und ich schlich auf Umwegen in meine Baracke.

In den nächsten beiden Tagen tat sich nichts. Ich hoffte schon, unbemerkt davongekommen zu sein. Bei der nächsten Arzneimittelausgabe drängte Nadja auf ein weiteres Treffen. Ich hätte das auch gerne getan, doch fürchtete ich, dass bei einem Auffliegen unserer Zusammenkunft die Professorin Schwierigkeiten bekäme. Das hätte ich gerne vermieden, denn sie war es, die dafür gesorgt hatte, dass ich nach meiner Genesung nicht ins Arbeitslager musste. So schob ich ein weiteres Treffen hinaus.

Am nächsten Tag brach das Unheil über uns herein. Es hat uns doch jemand gesehen und verraten. Als der Läufer des MWD-Offiziers mich abholte, ahnte ich Schlimmes. Er verhörte mich. Leugnen half nicht, denn er war sehr gut informiert. Ich versuchte, so gut ich konnte, Nadja aus der Sache herauszuhalten, aber auch das gelang nicht. Schadenfreudig erklärte er mir, dass es Nadja verboten wurde, weiter in der Apotheke zu arbeiten. Sie hatte bei ihrer Tante, der Chefärztin gewohnt und musste zurück zu ihren Eltern. Ob alles stimmte, was er mir über die beiden gesagt hat, weiß ich nicht, auch nicht, wie es ihnen letztlich erging. Ich habe beide nicht mehr wieder gesehen.

Am nächsten Tag bekam ich den Versetzungsbefehl in ein Arbeitslager. Der Abschied fiel mir nicht leicht, hatte ich doch in den vergangenen anderthalb Jahren viele Kontakte geknüpft. Bei einigen merkte ich, dass auch ihnen der Abschied schwer fiel.

Was mich wohl erwartete, ein Straf- oder Schweigelager, gar Sibirien? Ich wusste es nicht.

Im Arbeitslager

Regelmäßig nach den üblichen Gesundheitsprüfungen wurde eine größere Zahl von Rekonvaleszenten O.K. geschrieben. Diese wurden dann gemeinsam in einem Konvoi in ein Arbeitslager transportiert. Bei mir hatten sie es eilig. Ich kam als Einzelner nebenan in das Lager 7000/3. Trotzdem war der Weg weit. Denn das Tor der Anlage mit mehreren Hundert Gefangenen lag an der gegenüberliegenden Seite. Nach der üblichen Prozedur: Name, Vatername, Vorname u. s. w. und dem Filzen wurde ich der Lagerleitung übergeben. Es war am Vormittag, das Lager so gut wie leer. Die Arbeitsbrigaden waren auf den Baustellen. So hatte ich genügend Zeit, mich umzusehen.

Zu beiden Seiten der breiten Lagerstraßen standen große Holzbaracken, an deren Giebelseiten die Eingänge lagen. Im Inneren führten links und rechts der schmalen Gänge Türen in die Unterkünfte für 20 bis 30 Männer. In der Mitte eines jeden Raumes stand ein grob gezimmerter Tisch und einige Hocker, rundherum hölzerne Doppelstockbetten mit Strohsack und gefalteter Decke. Die gefegten Zimmer waren aufgeräumt und sauber. Wie ehedem bei der Wehrmacht, trug der regelmäßig wechselnde Stubendienst dafür die Verantwortung.

Die Funktionsbaracken standen auf dem Lagergelände verteilt: die Wache am Lagertor, nicht weit davon die Unterkunft des Lagerkommandanten, des Dispetschers und ihrer Gehilfen, in der Mitte die große Küche mit dem Lebensmittelmagazin, unweit davon das Bekleidungsdepot und ganz am äußersten Ende die Räume der Politoffiziere des MWD. Das ganze Lager machte einen ordentlichen, sauberen Eindruck. Vor manchen Baracken wuchsen in Minigärten sogar Blumen. Mehr noch als im Hospital merkte man hier, dass die Gefangenen die schlimmste Zeit überstanden hatten.

Es war das Jahr 1948, an dessen Ende alle in die Heimat entlassen werden sollten. In einer Vereinbarung hatten die Alliierten diesen Termin für die Rückführung der Kriegsgefangenen vorgesehen. Fast die Hälfte des Jahres war vorbei, den Rest würde man auch noch überstehen. Die Hoffnung, ja Gewissheit, dass Ende des Jahres alles vorbei war, wir entlassen würden, hob die Stimmung.

Diese Vorfreude wurde getrübt durch die vermehrten Aktivitäten des MWD, wie der NKWD jetzt hieß. Zunächst war es das Volkskommissariat für Innere Angelegenheiten, jetzt hieß es Ministerium. Häufig mussten einzelne Männer ihre Sachen packen und wurden verlegt. Es folgten Gerichtsverfahren mit immer gleich bleibendem Ritual: Dem Angeklagten wurde eine Anklageschrift verlesen und meist schlecht übersetzt. Anklagepunkte waren die Zugehörigkeit zu bestimmten Einheiten, der Aufenthalt in gewissen Gebieten der UdSSR, oft aus der Luft gegriffene Kriegsverbrechen. Zeit zu einer Gegendarstellung gab das Gericht nicht. In den seltensten Fällen war pro forma ein Verteidiger bestellt. Das Strafmaß betrug regelmäßig 25 Jahre.

Lange nachdem die Mehrheit bis Ende 1949 entlassen war, blieben sie noch in Haft. Konrad Adenauer hat 1955 bei seinem spektakulären Besuch der Sowjetunion die Rückführung der meisten Verurteilten erreicht. Nach dem Zusammenbruch des roten Imperiums haben in den 90er-Jahren russische Militärgerichte viele dieser zu unrecht Verurteilten rehabilitiert.

Maß man nicht mit Vorkriegsmaßstäben und vergaß nicht, dass man Kriegsgefangener war, so konnte man was die Verpflegung, Bekleidung und Unterkunft betraf, leben. Schlecht war immer noch das Schuhwerk: Holzsohlen mit Segeltuchoberteil.

Ich wurde einer Arbeitsbrigade zugeteilt und in deren Unterkunft gewiesen. Abends füllte sich das Lager mit den von der Arbeit Zurückkehrenden. Die Begleitposten übergaben die Kolonnen der Lagerwache, die Abfertigung am Tor war zügig. Das Zählen wurde aber nicht vergessen. Nur wenn angeblich Unregelmäßigkeiten vorkamen oder ein Posten schlecht aufgelegt war, dauerte es etwas länger.

Die Brigade nahm mich freundlich auf, ich entdeckte einige Bekannte, ehemalige Kranke aus dem Hospital, und es gab viel zu erzählen. Alle waren nett und kameradschaftlich. Mit einigen habe ich mich angefreundet, wir blieben bis zu meiner Entlassung zusammen.

Nach einigen Tagen erkrankte der Brigadier. Ich wurde wohl wegen der Sprachkenntnisse zu seinem Nachfolger ernannt. Das war für mich, ich war damals 22 Jahre alt, eine neue Situation, zumal ich der Jüngste in der Brigade war. Nur wenig älter war Hans Sroka, ein untersetzter, kräftiger Mann, der aus Karwin stammte. Zu Hause habe ich ihn nicht gekannt. Auf Hans konnte ich mich in jeder Lage verlassen. Weil er schon länger in diesem Lager war, gab er mir einen guten Überblick über die dortigen Verhältnisse. Die Brigade hielt zusammen, wir hatten untereinander nie Ärger.

Kurz darauf bekamen wir eine andere Arbeitsstelle. Am Stadtrand wurde ein neues Schotterwerk gebaut, in dem mit riesigen Brechern harte Felsbrocken zerkleinert werden sollten. Für diese schweren Maschinen mussten entsprechende Fundamente gegossen werden. Das war für die nächsten Wochen unsere Arbeit. Bevor wir beginnen konnten, legten wir vom Betonmischer Schmalspurgleise zum Sand-, Schotter-, Gesteins- und Zementlager sowie zu den Baugruben.

Zuerst arbeiteten wir unter Anleitung eines russischen Meisters. Er wies uns an, den Beton in einem bestimmten Verhältnis zu mischen. Nachdem wir ein kleines Fundament zu seiner Zufriedenheit gefüllt hatten, begann die eigentliche Arbeit. Etwa hundert Meter von der Mischmaschine entfernt, lag eine riesige Baugrube, etwa vier bis fünf Meter tief. Auf diesem Fundament, das wir zu gießen hatten, sollte die große Brechanlage installiert werden. Damit das Fundament den gewaltigen Druck beim Brechen des harten Gesteins aushalten konnte, musste es stabil werden. Die Organisation der Arbeit war nicht schwierig. Einige brachten mit schweren Loren Sand und Kies zur Mischmaschine, eine Gruppe bediente sie, andere fuhren den fertigen Beton zur Baustelle und schütteten die Loren an jeweils einer anderen Stelle aus. Nach drei Fahrten wurde ein Wagen mit großen Steinbrocken auf den frischen Beton gekippt. Das sollte die Festigkeit erhöhen. Das große Fundament füllte sich nur langsam. Ab und zu kontrollierte der Meister unsere Arbeit. Abends berechnete er nach der Normtafel die geleistete Arbeit. Ohne uns zu sehr anzustrengen, sorgten wir dafür, dass wir die Norm immer übererfüllten. Dafür bekamen wir zusätzliche Verpflegung. Wenn kein Russe in der Nähe war, füllte die Lorenmannschaft einen Wagen mit Bauschutt, der war leichter und füllte schneller, was für die Berechnung der Tagesleistung wichtig war. Es war allerdings streng verboten, Bauschutt zu verwenden, denn die Festigkeit litt darunter. Deshalb hielten wir immer eine Lore mit Beton bereit, um ihn sofort darüberzukippen. Das ging ziemlich lange gut.

Eines Tages verfuhren wir wieder so, als unangemeldet eine „Kommission" erschien, um den Fortgang der Arbeit zu überprüfen. Der Meister führte sie auch zu unserem Fundament. Ob ein Ziegelstein herausragte oder ganz ohne Grund, jedenfalls verlangten sie, dass einer mit einer Brechstange in dem Brei herumrührte. Unser Mann machte das so vorsichtig, dass kein Ziegelstein zu sehen war. Misstrauisch geworden, sprang ein Kommissionsmitglied in die Grube, nahm selbst das Brecheisen und stocherte herum. Er wurde fündig, ein Ziegelstein kam zum Vorschein.

Jetzt begann ein fürchterliches Donnerwetter. Als Brigadier war ich dafür verantwortlich und musste alle Flüche und Drohungen über mich ergehen lassen. Selbstverständlich war das für sie Sabotage, und was das bedeutete, wusste ich! Ich erklärte ihnen, dass das ein Versehen sein müsste, die Ziegel wohl zwischen den Gesteinsbrocken gelegen hätten und so von uns unbemerkt abgeladen worden seien. Der Meister, um dessen Kopf und Verantwortung es auch ging, stellte sich auf meine Seite und versicherte wortstark, dass wir immer eine einwandfreie Arbeit geleistet hätten und er bei den häufigen (!) Kontrollen nie eine Unkorrektheit bemerkt habe. Keineswegs beruhigt und überzeugt zog sich die Kommission zur Beratung zurück. Von weitem sahen wir sie diskutieren und gestikulieren. Es war eine fatale Situation. Wir hofften, dass es nicht so schlimm würde. Die Versetzung auf eine schlechtere Arbeitsstelle war das Mindeste was uns erwartete.

Unsere Leistung wurde am Abend weit unter Norm bescheinigt, ein schlechtes Zeichen. Doch auch dieser Zwischenfall ist im Sand verlaufen. Wahrscheinlich war auch die Kommission an der rechtzeitigen Erfüllung der Arbeit interessiert, und die Baustellenleitung wollte sich selbst keine Schwierigkeiten machen. Es war unser Glück, dass der übrige Beton schon steinhart war und unsere „Sünden" nicht mehr ans Tageslicht kommen konnten. Erst als das Fundament fertig war, wurden wir auf eine andere Arbeitsstelle versetzt.

Wahrscheinlich habe ich irgendwo die Malaria erwischt. In unregelmäßigen Abständen bekam ich hohes Fieber, meist nur für kurze Zeit. Auch in diesem Lager gab es „freiwillige" Sonntagsarbeit, von der auch die Zivilisten nicht verschont wurden. Während eines Anmarsches zu so einem Einsatz bekam ich einen Anfall. Abwechselnd schleppten mich Kameraden zur Arbeitsstelle, legten mich in einen Winkel, und abends brachten sie mich genau so ins Lager zurück.

Allmählich wurde es Herbst. Eines Abends wurde ich nach der Arbeit zum Lagerleiter und Dispetscher gerufen. Sie eröffneten mir, dass aus meiner und einer anderen Brigade eine Gruppe zusammengestellt und einige Zeit auf eine Kolchose kommandiert würde. Ich hätte die Leitung zu übernehmen. Das war eine erfreuliche Nachricht. Mit Arbeit auf Kolchosen hatte ich gute Erfahrung. Es war ein schöner Herbsttag, und wir fuhren aufs Land. Nach zweistündiger Fahrt kamen wir in ein kleines, fast verlassenes Dorf. Manche Hütten waren mit Stroh gedeckt, andere hatten Dächer aus verrostetem Blech. Einige waren unbewohnt und verfallen. Ein größeres, leer stehendes Haus richteten wir für uns ein: eine reichliche Strohlage, damit wir weich schliefen, ein Zimmer als Aufenthaltsraum. Vor der Hütte bauten Spezialisten einen gemauerten Herd. Der Koch machte sich gleich an die Arbeit. Kartoffeln, Gemüse, Zwiebeln bekamen wir reichlich, manchmal auch ein Stück Fleisch zur Geschmacksverbesserung.

Etwa 300 Meter vom Dorf entfernt floss der Dnjepr, ein großer, breiter Strom. Dort lag unsere neue Arbeitsstelle. In Ufernähe lagerten riesige Mieten geernteter Kartoffeln. Wir bekamen die Aufgabe, Flusskähne zu beladen, die ihre Fracht vor dem Winter in die Städte bringen sollten. Die Arbeit war nicht leicht. Wir füllten große Körbe voll Kartoffeln. Mit Hilfe eines anderen wurde die Last auf die Schultern gehoben und zum Fluss getragen. Dort balancierten wir über schwankende Bretter zum Boot und kippten den Inhalt der Körbe in die Ladeluken. Dann ging es wieder zurück zur Miete. Das wiederholte sich so lange, bis ein Schiff voll war und ablegte. Ein bereits wartendes Schiff legte an seiner Stelle an. Abends wurde rechtzeitig Schluss gemacht. Auch die Mittagspause war ausreichend, das Essen gut und reichlich, so dass wir trotz der schweren Arbeit mit unserem Los sehr zufrieden waren.

In den Pausen saßen wir mit den Zivilisten zusammen. Dabei bekamen wir gelegentlich eine Prise Machorka angeboten, denn unsere eigenen Rationen reichten nicht. Das Drehen mit Zeitungspapier hatten wir schnell gelernt. Unter den Russen gab es große Meister. Zeitungspapier und Machorka hatten sie in der Hosentasche. Ohne die Hand aus der Tasche zu nehmen, rissen sie ein passendes Stück Zeitungspapier ab, drehten die Zigarette, nahmen sie fertig aus der Tasche und leckten nur noch ein Ende ab, damit es klebte.

Viele Einheimische brachten es auch zu einer großen Fertigkeit, geröstete Sonnenblumenkerne – Semetschki – zu essen. Hier in der Ukraine wuchsen auf den fruchtbaren Schwarzerdeböden riesige Felder, die in der Blütezeit weithin leuchteten. Während wir Plennis – manchmal bekamen wir Kerne geschenkt – sie nur einzeln in den Mund nahmen und die zerbissenen Schalen dann ausspuckten, warfen die Russen einzelne Kerne in die Luft und fingen sie geschickt mit dem Mund auf oder beförderten gleich eine Hand voll hinein. Sie machten sich nicht die Mühe, die Schalen einzeln auszuspucken, sondern schoben sie lediglich aus dem Mund. Hatte sich an den Lippen ein Kranz von Schalen gebildet, wischten sie einfach mit der Hand darüber, und die nächste Portion wurde geknackt. Geröstete Sonnenblumenkerne haben einen angenehmen Nussgeschmack und galten in den Städten als gewisser Luxus.

Das Wetter war gut. Nach dem Abendessen saßen wir vor der Hütte, unterhielten uns oder sangen Soldaten- und Volkslieder. Das hatte sich im Dorf schnell herumgesprochen. Man hörte es ja auch, zumal es sonst keine Geräusche gab, weil Vieh und Menschen auf weit entfernten Kolchosen untergebracht waren. Immer mehr Leute setzten sich dazu und sangen ihre oft traurigen, melancholischen Weisen. So wechselten wir uns im Gesang ab. Die Abende vergingen schnell und gemütlich, hatten wir doch immer einen vollen Bauch.

Eines Abends kam der Einsatzleiter zu mir und bat mich um Hilfe. Am Ufer lagen Schiffe, die unbedingt noch in der Nacht beladen werden müssten, ansonsten bekäme er großen Ärger. Er versprach uns reichlichen Freizeitersatz. Ich besprach das mit meinen Kameraden. Nicht zuletzt, weil wir uns dort wohl fühlten und die Zivilisten uns wie ihresgleichen behandelten, waren alle einverstanden. Auch unser Wachposten, der sich nur selten blicken ließ, hatte nichts dagegen. So gingen wir nach einem langen Arbeitstag wieder ans Ufer. Es war eine warme Nacht. Die notdürftige Beleuchtung, die sich im Fluss spiegelte, erzeugte eine romantische Stimmung, der sich niemand entziehen konnte, die aber in dem Maße verflog, wie unsere Kräfte nachließen. Erst beim Morgengrauen waren wir fertig.

Ausgepumpt von der vierundzwanzigstündigen Schwerarbeit frühstückten wir und legten uns hin, denn der Tag war wie abgesprochen frei und sollte der Erholung dienen. Gegen Mittag lärmte jemand am Eingang, und ich wurde gerufen. Vor mir stand unser netter, freundlicher Wachposten, jetzt volltrunken. Er schrie, fluchte und verlangte von mir zehn Mann für eine Sonderarbeit. Wahrscheinlich hatte ihm jemand eine Flasche Wodka versprochen, wenn er ein paar Kriegsgefangene zur Arbeit besorgte. Ich erklärte ihm, dass das nicht in Frage käme. Wie er ja wüsste, hätten wir die ganze Nacht durchgearbeitet, und dieser freie Tag sei uns vom Kolchosenleiter versprochen worden. Der Lärm hatte einige ukrainische Arbeiter angelockt, hinter mir versammelten sich neugierig Männer unserer Gruppe und verfolgten die Auseinandersetzung. Der Soldat wurde lauter, fordernder und aggressiver. Ich blieb bei meiner Weigerung, und das steigerte seine Wut. Plötzlich zog er ein Messer aus der Tasche, klappte es auf und stürzte sich auf mich. Nach hinten konnte ich nicht ausweichen, weil dort meine Kameraden standen. Im letzten Augenblick fiel ihm ein Ukrainer in den Arm. Die anderen überwältigten ihn und nahmen ihm das Messer ab. Obwohl er sich heftig wehrte, führten sie ihn weg und ließen ihn irgendwo ausnüchtern.

Wieder hatte ich Glück gehabt, es ging nur um Bruchteile einer Sekunde. Ich konnte es nicht fassen: Der sonst so friedliche, nette Soldat, der uns korrekt behandelte, zu dem ich ein gutes Verhältnis hatte, wollte mich erstechen! Wieder musste ich die Erfahrung machen, dass viele Russen unberechenbar sind, besonders wenn sie Alkohol getrunken hatten.

Am nächsten Morgen erschien unser Posten freundlich, lachend, als ob nichts gewesen wäre; ja, er brachte uns Melonen mit! Einige Männer meinten, ich sollte den Vorfall melden. Ich tat es aber nicht, man hätte dem armen Kerl, der im Suff nicht wusste, was er tat, übel mitgespielt.

Schließlich waren die Kartoffelmieten, sowie die täglich neu hinzugekommene Menge abgearbeitet und verladen, die Anlegestelle leer. Am letzten Abend trafen sich noch einmal ukrainische Kolchosniki und deutsche Kriegsgefangene. Der Natschalnik bedankte sich bei uns und spendierte jedem eine Hand voll Machorka und ein Gläschen Wodka. Mit dessen ungewohnter Wirkung wurde es ein sehr lustiger Abend mit Gesang und allgemeiner Verbrüderung. Am nächsten Tag standen zwei LKW bereit, und wir fuhren wieder in unser Arbeitslager zurück.

Wir freuten uns auf die Rückkehr. Inzwischen war es Ende Oktober geworden, und es konnte nur noch Tage, schlimmstenfalls Wochen dauern, bis wir in die Heimat entlassen würden. Ja, wir fürchteten, auf der Kolchose vergessen worden zu sein. Wir fanden das Lager unverändert vor, alle waren noch da. Hier hatte alle eine freudige Erregung und Unruhe erfasst, denn Ende 1948 sollten ja alle zu Hause sein.

Eines Abends, nachdem die Brigaden zurück und das Essen ausgegeben war, wurden wir über Lautsprecher aufgefordert, zum Zählplatz zu kommen. Man spürte förmlich die Anspannung im Lager: jetzt endlich war es so weit. Zuerst ertönte aus dem Lautsprecher Marschmusik. Dann sprach der Lagerleiter, und ein Dolmetscher übersetzte. Nachdem er zuerst drum herum geredet hatte, erklärte er, dass wir in diesem Jahr nicht mehr entlassen würden. Schuld daran seien die anderen Alliierten, besonders die Amerikaner. Sie hätten ihre Kriegsgefangenen auch noch nicht entlassen. Die großmütige Sowjetunion jedoch sei bereit, bis Ende 1949 alle nach Hause zu schicken, ohne Rücksicht auf die ehemaligen Verbündeten. Dann forderte er uns auf, in unsere Unterkünfte zu gehen. Niemand rührte sich vom Fleck, und nach einer Schreckminute entluden sich Enttäuschung und Wut in einem lauten Geschrei: Verbrecher, Lügner, Betrüger, Ausbeuter! Fäuste wurden geballt und geschwungen. Sicher bekam es der Lagerleiter mit der Angst zu tun. Eine Rebellion im Lager, das konnte er nicht durchgehen lassen.

Auch nach einer wiederholten Aufforderung ging niemand weg. Vorsorglich war die Wache verstärkt worden und in Alarmbereitschaft, die Türme doppelt besetzt. Erst nach einigen Warnschüssen ging die Menge langsam auseinander. Die Stimmung war auf dem Nullpunkt. Bis tief in die Nacht hinein setzte sich die Diskussion in den Baracken fort, obwohl die Beleuchtung zentral ausgeschaltet worden war. Natürlich glaubte niemand an eine Entlassung im nächsten Jahr. Sollten wir unser Leben als billige Arbeitskräfte in der Sowjetunion verbringen? Von den wirklichen Verhältnissen in Deutschland und der Welt, der Berlinblockade und dem Beginn des Kalten Krieges, hatten wir keine Ahnung. Die politischen Informationen, die wir gelegentlich per Lautsprecher bekamen oder die ich in alten Zeitungen lesen konnte, waren sowjetische Propaganda, bei der die Westalliierten zunehmend schlechter wegkamen. Die Zukunft sah düster aus.

In den nächsten Tagen wurden wir wie üblich zur Arbeit geführt. Auffallend war eine hektische Tätigkeit der Politoffiziere des Ministeriums für Innere Angelegenheiten. Am zweiten Abend kam der Läufer und holte mich. Zunächst fragte der Kommissar ganz freundlich, wie es mir ginge und ob es denn stimme, dass ich das Lager aufgehetzt und die „Revolte" angezettelt habe. Ich versuchte, mich so gut es ging zu verteidigen und erklärte ihm, dass unser Verhalten aus der großen Enttäuschung zu verstehen sei. Er steigerte sich immer mehr in Wut und machte mich für alles verantwortlich, hätte ich doch als Brigadier einen großen Einfluss auf meine Kameraden. Der Hinweis, dass die Glaubwürdigkeit der Sowjetunion bei den Gefangenen doch sehr gelitten hätte, brachte ihn vollends auf: Es gäbe auch Meldungen aus unseren Reihen, die mich belasteten. (Das konnte stimmen oder auch nicht!) Schließlich warf er mich mit der Bemerkung hinaus, dass ich schon sehen würde, was ich mir da eingebrockt hätte und in ein Straflager käme.

Wirklich wurde an einem der nächsten Tage eine Kolonne zusammengestellt. Nach der üblichen Kontrolle verließen wir mit unseren Holzköfferchen, die wir uns inzwischen angeschafft hatten, das Lager.

Im Straflager

Das neue Lager 7000/7 lag näher an der Stadt, am Rande von Saporoshje. Eine ehemalige Fabrik, wohl im Krieg zerstört, hatte man als Kriegsgefangenenlager eingerichtet. In einer leergräumten, riesigen Halle standen in Blöcken viele doppelstöckige Pritschen, durch schmale Gänge von einander getrennt. Nahe des Eingangs waren auf einem freien Raum einige Tische, auf denen brigadeweise das Essen ausgeteilt wurde. Die Unterkünfte hatten sich also verschlechtert.

Neben diesem Mannschaftsgebäude lag ein zweistöckiges Haus, in dessen zweitem Stock die Politoffiziere arbeiteten. Daran konnte man merken, in einem Straflager zu sein. Jeden Abend nach der Arbeit kamen die Läufer und holten einige von uns zum Verhör. Das ging oft bis spät in die Nacht. Weil wir alle in dem einen großen Raum schliefen, bekamen wir diese Vorladungen mit.

Unangenehm wurde es auch, wenn die Kolonnen im Regen und Schnee ins Lager zurückzogen. Dann trockneten alle ihre Kleidung, und die Luft war in der Halle zum Schneiden. Ansonsten merkten wir kaum, in einem Straflager zu sein.

Auf der linken Seite des Lagergeländes standen die Funktionsgebäude und ganz hinten ein größerer „Saal" mit verschiedenen Nebenräumen, die in den ersten Wochen verschlossen blieben. Ab Frühjahr 1949 fanden dort kulturelle Veranstaltungen statt. Außerdem wurde ein Verkaufsmagazin für uns Kriegsgefangene eingerichtet. Dieses selbstverständlich mit Stacheldraht eingezäunte Lager hatte keine Wachtürme. Die Zahl der Gefangenen war viel geringer als im Arbeitslager. Am großen Tor befanden sich die Diensträume des Lagerleiters und Dispetschers.

Mit etwa 50 anderen, darunter zehn aus meiner Brigade, kam ich dorthin. Nach der Einweisung teilte uns der Lagerleiter in Brigaden ein. Wieder wurde ich zum Brigadeführer bestimmt.

Wir Gefangenen lagen auf den Pritschen zehn bis 15 direkt nebeneinander. Aber die Verpflegung war für damalige Verhältnisse nicht schlecht, besser als im Arbeitslager. Alle vier Wochen kamen wir in die Banja und zur Entlausung. Auch der Kampf gegen die Wanzen war intensiver. An freien Sonntagen

21.11.1948

Meine liebe Mutti!

Wieder schreibe ich Dir einen Brief! Wer hätte gedacht, dass ich jetzt noch, Ende November hier in Russland bin und noch nicht bei Euch! Ja, nun hat Grani recht, ich bin einer der letzten. Warum muss das so sein? Warum konnte ich nicht schon ein oder zwei Jahre zu Hause sein? Das Schicksal ist oft erbarmungslos hart. Sämtliche Pläne, die ich mir so im Stillen geschmiedet habe sind nichtig geworden. Nun ist mir noch der Jahrestermin die grosse Hoffnung! Noch 40 Tage trennen uns von dem für uns so bedeutungsvollen 31. Dezember! In dieser kurzen Frist muss das Grosse geschehen: Die Heimfahrt! Wir verlassen uns darauf hoffentlich sind wir nicht verlassen!?

Brief von Günther Drescher aus russischer Kriegsgefangenschaft:
Zermürbendes Warten und Hoffen auf Entlassung.

stellten wir große Kessel mit Wasser im Hof auf, darunter wurde ein Feuer entzündet. Bis das Wasser kochte, nahmen wir die Pritschen auseinander und tauchten die Bretter in das kochende Wasser. Ganz konnte die Wanzenplage damit nicht beseitigt werden, aber für einige Tage stachen sie weniger.

Im Winter des alten Jahres arbeiteten wir im Wohnungsbau. Auf einer größeren Fläche wurden Ein- und Mehrfamilienhäuser errichtet, richtiger aus Fertigteilen zusammengeschlagen. Morgens wurden wir vom russischen Meister auf die einzelnen Häuser verteilt und arbeiteten dort mit Russen und Ukrainern zusammen. Wir waren für alle Arbeiten, die auf einem Bau anfielen, zuständig: Steine schleppen, Speis mischen, Mauern setzen, elektrische Leitungen und sanitäre Anschlüsse legen, Türen und Fenster einsetzen und vieles mehr. Zwar brauchten wir nicht immer im Freien zu sein, aber in den unfertigen Bauten zog es entsetzlich. Wenigstens hatten wir ein Dach über dem Kopf. Meist brannte in irgendeiner Ecke ein Feuerchen, an dem wir uns wärmten. Auch hier erreichten wir mit vielen Tricks die Norm und kamen deshalb mit der Verpflegung aus. Es kam ja nicht darauf an, gute Arbeit zu leisten, sondern abends möglichst viel vorzuweisen. Ob etwa eine Mauer hielt, spielte keine Rolle, wichtig waren die gemauerten Quadratmeter. Der dabei entstehende Pfusch war unbeschreiblich und ging nicht nur auf unser Konto, sondern auch auf das der einheimischen Arbeiter. Wo zehn Nägel nötig gewesen wären, reichten fünf. Die restlichen fünf benötigten die Arbeiter für sich oder brauchten sie zum Tauschen. Auch wir versorgten das Lager mit Material. Man musste jedoch sehr aufpassen, wenn man abends die Arbeitsstelle verließ. Die Kontrollen waren scharf, aber mit einigem Geschick konnte man sie umgehen.

Auf der Baustelle hatten wir viele Kontakte mit Zivilisten. Auch bei ihnen hatte sich die Versorgung etwas gebessert. Trotzdem lebten sie immer noch in großer Armut. In vielem waren sie nicht besser dran als wir. Das Verhältnis zu ihnen war meist gut. Nur selten versuchte einer, sich auf unsere Kosten Vorteile zu verschaffen.

Einmal beteiligten wir uns an einem sozialistischen Wettbewerb. Solcher Veranstaltungen gab es viele: Brigade gegen Brigade, Arbeiter gegen Arbeiter, Sonntagsarbeit und noch vieles mehr. Es kam darauf an, die Arbeitsnorm möglichst hoch überzuerfüllen und „besser" zu sein, als der Mitbewerber. Es ging nie um Qualität, immer nur um Quantität. Diese „Tonnenideologie" beherrschte die Sowjetunion bis in ihre Spitze. Für Leitfiguren hatte man gesorgt: Der sowjetische „Held der Arbeit" hieß Stachanow und wurde als Vorbild hingestellt, ja, besungen. Als Bergmann hatte er unter günstigsten Bedingungen und mit Hilfe vieler Arbeiter 500 Prozent der Norm erarbeitet. Sein deutsches Pendant in der DDR hieß Henneke.

Wir mauerten also eine Hauswand. Jeder in der Brigade hatte eine bestimmte Aufgabe übernommen. Die einen schleppten Ziegel, die anderen mischten Speis und trugen ihn zur Arbeitsstelle, zwei klatschen den Mörtel auf die bereits gesetzte Mauer, zwei andere legten die Steine drauf. Der Maurer ging nur mit dem Spachtel an der Mauer entlang und rückte den einen oder den anderen Ziegel zurecht. Das Ergebnis war entsprechend, die Norm weit übererfüllt. Natürlich entsprach das nicht der üblichen Arbeitsweise, denn viele waren an dem „Erfolg" beteiligt. Offiziell aber hatte unser Mann diese „großartige Leistung" vollbracht. Der Meister war stolz auf seine Plennys und meldete das Ergebnis nach oben. Die Hauptsache war, dass die Mauer bis zur Normabnahme hielt. Wir arbeiteten für „Firmen", die an Qualitätsarbeit nicht interessiert waren, nur schnell musste es gehen. Das brachte auch für sie Vorteile, dabei schauten die Kontrolleure meist durch die Finger. Der Tonnenideologie war Genüge getan!

Im Frühjahr kamen wir auf eine neue Arbeitsstelle. Es war ein Holzverarbeitungsbetrieb, der in Sichtweite des Dnjepr lag. In einem Schuppen fertigten wir zwei mal ein Meter große „Schtschite" an. Zunächst wurde ein Holzrahmen in dieser Größe genagelt, der durch einige Querbretter versteift wurde. Diagonal wurden über Kreuz zwei Zentimeter breite, dünne Holzlatten im Abstand von drei Zentimetern angebracht. Dann wurde von der anderen Seite noch einmal ein Rahmen genagelt, so dass das Ganze einigermaßen Halt hatte. Die Schtschite wurden auf den Baustellen mit Mörtel, den die dünnen Latten hielten, gefüllt und verstrichen. Diese Platten verwendete man beim Hausbau als Zwischenwände. Die Norm war, wie immer, sehr hoch. Um sie zu erfüllen, musste man sich ranhalten. Am Ende eines jeden Arbeitstages kam der Kontrolleur, nahm die Arbeit ab, zählte die Platten, rechnete die Norm aus und trug das Ergebnis in seine Liste ein. Es war unwahrscheinlich wie die Bürokratie aufgebläht war. Der Kontrolleur musste seinerseits kontrolliert werden und so weiter.

Der Anreiz mehr als 100 Prozent angeschrieben zu bekommen, war jetzt besonders groß. Hatte man uns bis dahin erklärt, die erarbeiteten Löhne, die die Firmen zahlten, für Unterkunft und Verpflegung zu verwenden, hieß es jetzt, die Leistung über die Norm würde mit Rubel bezahlt. Tatsächlich bekamen wir bei Übererfüllung etwas Geld ausbezahlt. Damit wir es auch ausgeben konnten, richteten die Russen im Lager, in der bislang ungenutzten Halle, einen Verkaufsraum, ein Magazin, ein. Zwar war die Qualität schlecht, aber wir konnten Brot, Marmelade, Fett, gelegentlich auch Wurst kaufen – so weit etwas vorhanden war – und damit unsere Verpflegung aufbessern. Neben Machorka und Zeitungspapier konnte man auch „Papyrossy" kaufen, lange Zigaretten mit goldblondem Tabak, deren Papphülsen die Hälfte der Länge ausmachten. Selten gab es Dreierpackungen amerikanischer Zigaretten, die aus den Hilfslieferungen stammten und sehr teuer waren. Am Samstagabend nach der Arbeit war im Magazin Hochbetrieb. Wir fühlten uns, Papyrossy rauchend, ganz groß. Das Übererfüllen der Norm war also besonders reizvoll.

Auf dieser Arbeitsstelle hat man uns das Mogeln sehr leicht gemacht. Die gezählten Platten wurden abends aus der Werkstatt getragen und auf einem großen Lagerplatz gestapelt. War die Luft tagsüber sauber, holten wir einige Platten wieder herein und gaben sie abends mit an. Das hat immer hervorragend funktioniert. Wir sind nie erwischt worden.

Auch sonst wurde es erträglicher. Die Arbeit war nicht schwer, wir wurden nicht mehr so gnadenlos angetrieben, mit der reichlicheren Verpflegung hatte sich auch die Kondition gebessert. In diesem Lager ist keiner mehr gestorben. Nach der Essensausgabe fielen wir abends nicht mehr wie tot auf die Pritschen, es begann sich so etwas wie ein kulturell – geselliges Leben zu entwickeln. Ein Chor fand sich zusammen, eine Laienspielgruppe probte, und die Aufführungen vor voll besetzter Halle wurden begeistert beklatscht. Auch Vorträge über Literatur und andere Wissensgebiete wurden gehalten. Man wunderte sich, welche Talente plötzlich zum Vorschein kamen.

In dieser Zeit erfuhren wir auch von der Existenz des „Nationalkomitees Freies Deutschland", das von den Sowjets zunächst zur Beeinflussung der Frontsaldaten, später der Kriegsgefangenen in der Nähe von Moskau gegründet worden war. Die schaurigen Kurzfilme von den Konzentrationslagern taten wir damals als rote Propaganda ab. Auch die sowjetischen Propagandafilme beeindruckten uns nicht. Diese „Russenknechte" des Komitees verachteten wir. Die deutschsprachigen Zeitungen, die Vertreter des NFD mitbrachten, waren Propagandamaterial, aber wenigstens etwas Lesestoff. Die wenigen deutschsprachigen Bücher, die plötzlich auftauchten, waren stets vergriffen.

In diesen Monaten zeigte man uns auch einige russische Filme, natürlich in der Originalsprache. Die meisten sahen nur die Bilder, aber auch das war schon eine Abwechslung. Ich konnte den Dialogen mühelos folgen. Es waren meist Lustspiele auf ideologischer Grundlage: Glückliche Menschen aus Kolchosen und Industriebetrieben wurden bei ihrer vorbildlichen Arbeit und im Privatleben gezeigt. Die Wirklichkeit hatten wir auf den Baustellen kennen gelernt. Sah man von der Ideologie ab, konnte man seinen Spaß an den Filmen haben.

So verging das erste Halbjahr. Auch im Juli sah und hörte man nichts von Entlassungen. Langsam wuchs die Unruhe. Gerüchte erwiesen sich als das, was sie immer waren: Wunschdenken. Die Gespräche drehten sich zunehmend um die Heimkehr. Auch wenn man den Sowjets nicht traute, im Geheimen hoffte und glaubte man doch, dass das Jahr 1949 das Jahr der Entlassung würde. Wegen der besseren Lebensumstände brauchte man nicht mehr seine ganze Kraft, um zu überleben. Die unentwegt enttäusche Hoffnung, endlich frei zu sein, förderte die Verdrossenheit. Immer häufiger geschah es, dass jemand „explodierte" und seiner Wut freien Lauf ließ.

Eines Abends, Ende Juli, holte mich der Läufer zum Politoffizier. Der saß allein hinter seinem Schreibtisch, bei mir brauchte er keinen Dolmetscher. Der Raum war kahl und abweisend, die Luft zum Schneiden. Wegen der Möglichkeit des Abhörens, wurden die Fenster nicht geöffnet. Er bot mir Platz an. Kaum saß ich, da brach es aus mir hervor. Völlig ungehemmt, nicht an Konsequenzen denkend, schrie ich ihn an: Weder ihm, noch der großartigen Sowjetunion könne man trauen oder nur ein Wort glauben, alles sei gelogen. Immer wieder würden wir vertröstet „skoro domoi", bald nach Hause. Uns hätte man hier eine andere Meinung von der Sowjetunion beibringen wollen. All das könne man nicht glauben. Ich weiß nicht mehr, was ich ihm alles an den Kopf geworfen habe. In seinen Augen musste das nicht nur unverschämt, sondern auch höchst unklug sein. So etwas konnte sich ein sowjetischer Offizier nicht bieten lassen. Eigentlich hätte er aufbrausen, toben müssen. Er aber saß merkwürdig ruhig da, lächelte manchmal und ließ mich alles los werden. Dann sagte er in freundlichem Ton, ich würde mich irren, in der Meinung, dass die Sowjetunion nicht vorbildlich sei. Mein Geschrei habe keine Grundlage. Ich würde das schon noch einsehen. Damit entließ er mich.

Erst als ich draußen war, wurde mir klar, was sich gerade abgespielt hatte. Die Hochstimmung – dem habe ich es aber gesagt – verflog schnell. In Sorge, dass ich dafür würde büßen müssen, kroch ich auf meine Pritsche, nicht ohne mit Hans vorher darüber gesprochen zu haben.

Entlassung und Heimkehr

In den nächsten Tagen gab es keine Reaktion. Ich ging wie üblich mit meiner Brigade zur Arbeit. Eine Woche später bekam ich den Befehl, am nächsten Tag nicht zur Arbeit auszurücken, sondern mich beim Lagerleiter zu melden. Sicher, so dachte ich, bekäme ich jetzt die Quittung für meinen Auftritt beim MWD-Offizier. Nach Ausmarsch der Brigaden ging ich zu meinem Lagerleiter, der mir eröffnete, dass in den nächsten Tagen ein Transport nach Deutschland ginge und ich dabei sein würde. Das Wechselbad der Gefühle ist nicht zu beschreiben. Endlich sollte es soweit sein! Aber Vorsicht, ich hatte das schon zweimal erlebt was es heißt, im letzten Augenblick aus der Kolonne herausgeholt zu werden. Durfte ich mich wirklich freuen oder war Skepsis angebracht? Natürlich wollte ich das glauben, doch die Angst, wieder enttäuscht zu werden, saß tief. Und warum nur ich allein?

Am gleichen Vormittag wurde ich zum Kleidermagazin geschickt. Der Verwalter tauschte meine alte, verbrauchte Kleidung gegen eine etwas bessere um. Ich bekam auch neue Leinenunterwäsche, sogar zum Wechseln.

Die Überraschung bei meinen Brigadekameraden war groß. Bis spät in die Nacht hinein überlegte und besprach ich die Situation mit meinem Freund

Hans. Immer noch war ich hin- und hergerissen von dem Gedanken, entlassen zu werden, das Leben als Unfreier endlich beenden zu dürfen und der Angst, dass alles wie eine Seifenblase zerplatzen könnte, ich bleiben müsste. Wurde ich nur getäuscht und sollte in ein anderes Lager, nach Sibirien?

Als meine Brigade das Lagertor am nächsten Tag durchschritt, winkten wir uns noch lange zu. Ich packte in mein Holzköfferchen die Wäschegarnitur, Löffel und Gabel, eine Tabakdose aus Aluminium. Die letzten Rubel hatte ich in Zigaretten angelegt. In einem Papierbriefchen lagen Samen von Sommerblumen, die ich meiner Mutter mitbringen wollte. Die kleinen Blümchen waren mir im letzten Sommer aufgefallen, deshalb hatte ich mir den Samen besorgt. Dazu kamen das Kochgeschirr und eine Decke.

Gegen Mittag brachte mich ein LKW-Fahrer zum Bahngleis, etwas außerhalb des Bahnhofs. Dort stand ein Güterzug, davor viele – mehr als Hundert? – Kriegsgefangene. Noch einmal Überprüfung der Personalien, Filzung. So weit ich sehen konnte, wurde nichts mehr weg genommen. Niemand wollte etwas riskieren. Danach wurden wir wagonweise eingeteilt und warteten auf den Befehl zum Einsteigen. Während dieser ganzen Prozedur stand „mein" Politoffizier etwas abseits und beobachtete das Geschehen. Ich fürchtete, dass er mich vor der Abfahrt wieder mitnehmen würde, was sonst wollte er wohl bei der Verladung? Schließlich bekamen wir die Aufforderung einzusteigen. Der Zug ruckelte langsam los. Ein letzter Blick auf meinen Politoffizier: Hob er die Hand zum Winken oder war es nur eine verunglückte Bewegung? Ich war überrascht. Hatte dieser MWD-Mann doch ein Herz, auch für einen „Faschisten", einen „Fritz"?

In den Wagons lag reichlich Stroh, die Fenster waren nicht vergittert, die Schiebetüren tagsüber offen. So fuhren wir langsam einige Tage durch das sommerliche Land nach Westen. Auch jetzt waren es Viehwagons, in denen wir transportiert wurden, jedoch welcher Unterschied zur Fahrt in die Sowjetunion vor vier Jahren. Die Verpflegung war reichlich, die Stimmung verständlicherweise fast ausgelassen. Aber auch viele Nachdenkliche waren dabei. Was erwartete sie zu Hause? Besonders die, deren Familien aus der Heimat vertrieben waren, fuhren in eine ungewisse Zukunft.

Endstation war das Entlassungslager Frankfurt/Oder. Dort erwartete uns in den nächsten Tagen das Übliche: Zählen, entlausen, Personalien, Verpflegung fassen und warten. Einzeln wurden wir zum sowjetischen Lagerkommandanten gerufen, der uns den Entlassungsschein in Russisch und deutsch geschrieben, aushändigte. Er ist auf den 17. August 1949 datiert. Danach passierten wir ein Tor, in einen zweiten Lagerteil, in dem wir nicht mehr der Roten Armee unterstanden, sondern der Zonenadministration. Es ging auch nicht ohne weitschweifige politische Berieselung ab. Von hier aus fuhren die Transporte in die verschiedenen Zonen und Gegenden Deutschlands oder das, was davon übrig geblieben war.

Am nächsten Tag bestieg ich einen leicht derangierten Personenzug, der für die amerikanische Zone nach Hof-Moschendorf in Nordbayern bestimmt war. Diese Fahrt werde ich mein Lebtag nicht vergessen. Es ging über Berlin, Dresden, Plauen nach Hof. Die meisten Bahnhöfe durchfuhren wir, nur in wenigen hielt der Zug. Die müde, trostlose Atmosphäre war offensichtlich. Überall sah man Volkspolizisten und Soldaten der Roten Armee. Zivilisten wurden von uns, die in den Westen fuhren, fern gehalten. Nur wenigen gelang es, mit uns Kontakt aufzunehmen. Immer ging es um vermisste Angehörige, nach denen gefragt wurde. Die Frauen hielten Fotos hoch, in der Hoffnung, dass einer den Gesuchten erkennen würde. In barschem Ton und mit Gewalt wurden sie zurückgedrängt.

Der Zug näherte sich der Zonengrenze. Eine unheimliche Stille herrschte im Abteil. Nur das Rollen der Räder war zu hören. Noch waren wir in der sowjetisch besetzten Zone. Wird der Zug wirklich die Demarkationslinie passieren, oder werden wir noch im allerletzten Augenblick zurückgehalten?

Die Nervosität und Spannung stieg ins Unerträgliche. Alle starrten durchs Fenster. Endlich war die Zonengrenze erreicht, durchfahren, der Zug rollte in die amerikanische Zone. Allmählich löste sich die Spannung: Das Unwahrscheinliche war geschehen, der Traum, den wir mehr als vier Jahre geträumt hatten, ein freier Mensch zu sein, nach Hause zu kommen, war Wirklichkeit geworden!

Der Zug rollte in das Entlassungslager Hof/Moschendorf ein. Musik empfing uns, die Menschen lachten, winkten und freuten sich mit uns. Wir wurden herzlich begrüßt, dann in Stuben eingeteilt, in denen Spinde und überzogene Betten standen. Auch Verpflegung gab es. Ich weiß nicht mehr, was es war, jedenfalls nicht mehr die russische Kost. Sicher war es ein einfaches Essen, wir genossen es trotzdem.

In den nächsten Tagen wurden wir noch einmal mit DDT entlaust und „neu" eingekleidet. Bis auf die neue Leinenunterwäsche gaben wir alles ab und erhielten eingefärbte amerikanische Uniformteile: Hemd, Hose, Jacke, einen Mantel, Schuhe, Socken, dazu eine Fahrkarte für die Bahn und bereits in DM einiges Übergangsgeld. Die Währungsreform, von der wir auch nichts wussten, war 1948 bereits durchgeführt worden.

Ehe man uns endgültig entließ, wurden wir vom militärischen Geheimdienst, dem CIA, ausgefragt: In welchen Lagern wir waren, in welchem Teil der Sowjetunion, was wir arbeiten mussten, welche Erfahrung wir mit dem MWD gemacht hatten, die Namen der zu 25 Jahren Zwangsarbeit verurteilten und manches mehr. Der Vernehmer kam mir bekannt vor, aber woher sollte ich einen amerikanischen Offizier kennen? Zum Schluss stellte er sich als Herbert Saliger vor. Er stammte aus Karwin und war Mitschüler meiner Schwester Gerlinde. Als Jude war er noch zur polnischen Zeit ausgewandert und hat den Krieg im amerikanischen Heer mitgemacht. Seine Deutschkenntnisse – es war seine Muttersprache – verhalfen ihm zu dieser Tätigkeit. Die Vernehmung verlief sehr angenehm. Schließlich wünschte er mir alles Gute und bat mich, seiner ehemaligen Mitschülerin Grüße zu bestellen.

Mein Schwager, Dr. Hermann Wiesner, der eine Woche nach mir aus sowjetischer Gefangenschaft entlassen wurde, erfuhr von ihm, dass ich seit einigen Tagen in Paitzkofen war.

Dann kamen die letzten Stunden vor dem Wiedersehen. Was erwartete mich? In Straubing musste ich um- und in Straßkirchen aussteigen. Gerade als ich den Bahnsteig betrat, sah ich meine Schwester Gerlinde mit ihrem Mann Viktor und dem Sohn Wolfgang. Sie wollten nach Österreich fahren, um Vikis Eltern zu besuchen. Von meiner Ankunft wussten sie nichts. Zwar durften wir unseren Angehörigen aus Frankfurt schreiben und ihnen unsere Entlassung ankündigen. Das genaue Datum wussten wir jedoch nicht. Die Karte war noch nicht angekommen. Die Überraschung war also perfekt. Wir fielen uns um den Hals und schwelgten in Wiedersehensfreude. Längst hätte der Bahnhofsvorsteher das Zeichen zur Abfahrt geben müssen. Er ließ jedoch den Zug ein paar Minuten warten, bis wir uns das Wichtigste erzählt hatten. Die Heimkehr eines Kriegsgefangenen war damals der allgemeinen Anteilnahme gewiss. Aus allen Abteilfenstern beobachten die Reisenden unser Wiedersehen. Schließlich bat der Schaffner die drei, einzusteigen. Schnell noch beschrieben sie mir den Weg ins drei Kilometer entfernte Paitzkofen. Lange winkten wir uns noch zu.

Dann begann das letzte Wegstück meiner langen „Reise" von der Ukraine zu meiner Mutter. Endlos erschien mir der Weg durch die fast baumlose Kultursteppe des Niederbayerischen Gäus. Ab und zu blieb ich stehen, nicht um mich auszuruhen, sondern um meine Gedanken etwas zu ordnen. Die letzten hundert Meter fällt die Straße leicht ab, und vor mir lag das kleine Dorf. Es war gegen Mittag, alles wirkte wie ausgestorben. Links an der Kreuzung lag die Schweikelsche Schmiede und daneben das Haus, das mir Gerlinde gerade beschrieben hatte. Wie oft hatte ich mir das in den letzten Jahren ausgemalt!

Ich fasste mir ein Herz und klopfte. Die Tür wurde geöffnet, vor mir stand meine Mutter – ein Augenblick, den ich nicht beschreiben kann. War auch ihr Mann seit den letzten Kriegstagen vermisst, so konnte sie doch ihren Sohn in die Arme schließen. Auch meine Schwester Erika, ihr Sohn Rüdiger und die Grani waren da. Es war ein glücklicher Augenblick, auf den ich lange gewartet hatte: Ich lebte noch, war gesund und mit meinen Angehörigen zusammen. Mein „erstes" Leben war damit beendet, das „Zweite" konnte beginnen. Was würde es mir bringen?

Kurt Bomke

Einsam, machtlos und wütend

Meine Erinnerungen an die Zeit des Nationalsozialismus sind geprägt von einem starken Bewusstsein der Ungerechtigkeit, das heute noch unangenehme Gefühle in mir wachruft. Stellen Sie sich vor: Jemand stiehlt etwas – und ein anderer wird dafür bestraft. Es trifft doch automatisch immer den Schwächeren.

Mit 16 Jahren – 1942 – wurde ich als Soldat zum Militär eingezogen und als Luftwaffenhelfer in Gelmer bei Münster bei der Vierlingsflak zum Schutz des Mittellandkanals eingesetzt, der bei Gelmer die Ems überquert. Ich bin in Beckum geboren, aufgewachsen und zur Schule gegangen.

Während der Zeit in Gelmer hatten wir auch Schulunterricht. Die jungen, gesunden Lehrer waren bereits alle zum Kriegsdienst eingezogen worden. An den Schulen unterrichteten meist kranke oder ältere Lehrer. Sie mussten neben der Unterrichtung in der Schule am Heimatort, zum Beispiel in Beckum, zusätzlich die Luftwaffenhelfer in Gelmer unterrichten. Eine solche Anreise war nicht ungefährlich. Ständig gab es Fliegeralarm. Jeder musste sehen, dass er zum Schutz vor den Bombenangriffen möglichst schnell einen öffentlichen Luftschutzraum erreichte. Diese Luftschutzräume waren von außen durch weiße Farben an den Kellerfenstern gekennzeichnet, damit jeder sie in dem Augenblick, wenn die Sirenen losheulten, rechtzeitig erreichen konnte.

Die ständigen Fliegeralarme waren Schuld daran, dass Züge ausfielen oder sich zumindest gewaltig verspäteten.

Die Luftwaffenhelfer mussten in vielen Nächten viermal hintereinander Fliegeralarm über sich ergehen lassen. Sie fanden keinen Schlaf, waren tagsüber übermüdet und gereizt. Nun kann man sich vorstellen – Lehrer, die unter schwierigen Bedingungen zum „Schulort" mussten, fanden dann übernächtigte und gereizte Schüler vor. Aus dem Schulunterricht wurde nicht viel.

Dabei war ein solcher Unterricht für uns von großer Bedeutung, schließlich wollten wir doch unser Reifezeugnis erlangen. Immer wieder wurde uns 16-jährigen Soldaten der für ein Studium erforderliche Reifevermerk versprochen. Die Realität sah anders aus. Doch davon später.

Am 10. Oktober 1943 hatte ich Urlaub und verbrachte den Tag bei meiner Familie in Beckum. Es war ein zwar kühler, aber sonniger Herbsttag. An diesem Tag hatte ein besonders schwerer Luftangriff der Amerikaner die Stadt Münster weitgehend zerstört. Als ich abends wieder von Beckum nach Münster zurückkam, sah ich das Ausmaß der Zerstörung. Das Bild der brennenden Stadt werde ich nie vergessen. Die gesamte Innenstadt war ein Flammenmeer. Überall Feuer und Rauch. Häusergiebel stürzten brennend auf die Straße. Der Dom brannte. Es war ein schrecklicher Anblick. Ich fühlte mich unendlich einsam und machtlos, war aber auch wütend. Die Bergungsarbeiten in der Stadt waren bereits in vollem Gange. Niemand in der Bevölkerung konnte verstehen, warum ausgerechnet Münster so massiv bombadiert worden war. Galt doch der Bombenregen offensichtlich nur der Innenstadt und nicht irgendwelchen militärischen Einrichtungen.

Nach der Luftwaffenhelfer-Zeit wurde ich zum Militärdienst nach Krems bei Wien eingezogen. Im Anschluss an die Grundausbildung folgte eine Versetzung nach Jütland in Dänemark. Deutschland hatte im Jahre 1940 durch militärischen Überfall die neutralen Länder Dänemark und Norwegen besetzt. Verständlich, dass bei den Dänen die deutschen Besatzungssoldaten nicht besonders beliebt waren. Dennoch habe ich in Erinnerung, dass wir Weihnachten 1944 aus privaten dänischen Haushalten Weihnachtsgebäck geschenkt bekamen.

Von Dänemark wurde ich wieder zurück nach Deutschland – nach Bodenheim bei Mainz – zu einer Scheinwerfer-Batterie beordert. Zu dieser Zeit wurden deutsche Städte unablässig von den Alliierten bombardiert. Amerikaner und Engländer hatten – vor allem in der Region um Mainz die absolute Lufthoheit. Viele Felder lagen brach. Die Bauern waren im Krieg und die Frauen wagten sich aus Angst vor Luftangriffen nicht auf die Felder. Jedes Stück Vieh, das sich auf der Weide zeigt, jeder Mensch, ganz gleich, ob Soldat oder Zivilist, wurde von Jagdflugzeugen der Alliierten angegriffen.

In Bodenheim geriet ich 1945 in amerikanische Gefangenschaft und wurde in ein Gefangenenlager bei Cherbourg verfrachtet. Aus dieser Zeit ist mir Folgendes unauslöschlich im Gedächtnis geblieben:

Eines Tages kam ein wohl genährter, amerikanischer Soldat in unser Lager und warf das Brot, das für unser Abendessen bestimmt war, auf den Boden. Uns Gefangenen bot er an: Wer seinen Ehering abgibt, erhält ein Stück Brot.

Die alliierten Truppen hatten den deutschen Soldaten bei der Gefangennahme Schmuckringe und Uhren abgenommen, aber nicht die Eheringe. Für ein Stück Brot gaben nun viele Gefangene auch ihren Ehering ab. Ich werde nie das Bild vergessen, als der wohl genährte amerikanische Soldat mit den auf einer Kordel aufgezogenen Trauringen grinsend das Lager verließ.

Als ich mich eines Tages außerhalb des Lagers befand, sprach mich ein Franzose auf Deutsch an. Es war ein Deutscher, der als Gefangener im Ersten Weltkrieg auf einem französischen Bauernhof gearbeitet und später die Tochter des Hofes geheiratet hatte. Auf diesem Gelände waren viele Soldaten gefallen, Engländer, Amerikaner und Deutsche. Merkwürdigerweise waren die Kreuze von den amerikanischen und englischen Gräbern beseitigt und die Grabhügel eingeebnet. Nur die Grabstätten der deutschen Soldaten waren nicht zerstört.

Wie ich später erfahren habe, waren die Franzosen wütend auf die Amerikaner und Engländer, weil sie auch in Frankreich so viele Städte zerbombt hatten.

Kochen hatte ich als junger Mensch nie gelernt. Als die Amerikaner Köche suchten, habe ich mich gemeldet, obwohl ich wirklich nicht die geringste Ahnung von Küchenarbeit hatte. Ich hatte Glück und wurde der Gruppe zugeteilt, die Lebensmittel zum Kochen einzuteilen und zu verteilen hatte. In dieser Zeit arbeitete ich unter anderem auch in einer Küche, in der das Essen für amerikanische Soldaten zubereitet wurde. Die Essensreste wurden in Tonnen gekippt, die an der Straße standen für eine spätere Entsorgung. Die französischen Bauern der Umgebung holten sich gern diese Essensreste, um sie an ihre Schweine zu verfüttern. Die Amerikaner bemerkten bald, dass die Landwirte regelmäßig die Reste abholten. Um diese unbrauchbar zu machen, wurden sie vergiftet. Die französischen Bauern hatten keine Ahnung, was mit den Küchenresten geschehen war, weil die Amerikaner sie nicht darüber informierten. Die deutschen Gefangenen haben die Franzosen informiert und so verhindert, dass die Schweine vergiftet wurden. Wir deutschen Kriegsgefangenen konnten das nicht nachvollziehen, waren doch die Franzosen die Verbündeten der Amerikaner.

Die Versorgung der US-Armee in Frankreich erfolgte per Schiff von den USA aus. Im Hafen von Cherbourg wurden Lebensmittel, Kohle und Kleidung von Schiffen auf LKW umgeladen. Deutsche Kriegsgefangene fuhren diese LKW, für die Deutschen eine willkommene Gelegenheit, aus dem Lager herauszukommen. Den Umschlag im Hafen vom Schiff auf die Lastkraftwagen besorgten meist Franzosen. Diese waren es auch, die den deutschen LKW-Fahrern folgendes Angebot machten: Auf dem Weg vom Hafen zum Lager der Amerikaner lag an der Straße eine Fabrik mit mehreren großen Toren. Wer seinen Laster samt Ladung (Lebensmittel, Kohle, Kleidung) zur vereinbarten Zeit durch das Tor X auf das Firmengelände fährt, wird per Taxe bis nach Köln gebracht. Ich weiß von einigen Kriegsgefangenen, die auf das Angebot eingegangen sind. Sie haben uns per Post informiert, dass der Transport bis an den Stadtrand von Köln problemlos geklappt hat, trotz vieler Kontrollen in Frankreich und an der deutschen Grenze.

Kameraden brachten gelegentlich von der Arbeit außerhalb des Lagers Lebensmittel mit in das Lager, eine willkommene Bereicherung des täglichen Speisezettels für die anderen Gefangenen. So erhielt ich eines Abends Rührei, das mit Eipulver hergestellt war. Das Essen war verdorben und wir bekamen eine Eiweißvergiftung, die zur Lähmung führte. Wir konnten uns nicht mehr bewegen und auch nicht sprechen. Nur das Gehör funktionierte noch. Es ging uns wirklich sehr schlecht. Ein amerikanischer Arzt wurde gerufen und ihm der Vorgang geschildert. Statt einer Behandlung sah er uns auf dem Boden liegende Gestalten an und sagte: „Morgen in Zeltplanen wickeln und am Zaun des Lagers begraben." Dann trat er mit seinem Stiefel gegen meinen Fuß und ging. An eines kann ich mich sehr genau erinnern: Während dieser Krankheitsattacke hatte ich einen Heißhunger auf Zitrone. Unsere Kameraden, die in der amerikanischen Küche arbeiteten, haben dort Zitronen geklaut. Ich habe sie gegessen und bin wieder gesund geworden. Den erkrankten Mitgefangenen erging es ebenso.

Am 15. Dezember 1946 wurde ich aus der amerikanischen Gefangenschaft in Frankreich entlassen. Als ich nach Hause kam, war mein Elternhaus von englischen Besatzungstruppen besetzt. Mein Vater informierte sofort meinen Klassenlehrer, dass ich wieder zu Hause sei. Schnelle Reaktion des Lehrers: „Der Kurt muss morgen unbedingt in die Schule kommen, auch wenn er im Unterricht schläft. Der Reifevermerk auf seinem letzten Zeugnis berechtigt nicht zum Studium" sagte der Lehrer, der einen besonderen Grund hatte, mich sofort in die Schule kommen zu lassen: In Beckum lief zu diesem Zeitpunkt der letzte Förderkurs für Kriegsteilnehmer. Wenn ich also sofort zur Schule ging, dann würden die bevorstehenden Weihnachtsferien der vorgeschriebenen Schulbesuchszeit hinzu gerechnet. Folglich habe ich mich gewaltig hinter die Bücher geklemmt und gepaukt. Mit Erfolg: Ich wurde zur schriftlichen Abiturprüfung zugelassen.

Als dann die mündliche Prüfung bevorstand, erhielt einer meiner Klassenkameraden und ich die Nachricht, dass unsere Zeit im Förderkurs nicht ausreiche, um uns zur mündlichen Prüfung zuzulassen. Einer meiner Klassenkameraden, der sehr schwer krank aus der Gefangenschaft zurückgekommen war und dem wie mir einige Tage im Förderkurs fehlten, stammte von einem Bauernhof. Ein Schinken half dann weiter: Der Oberschulrat aus Münster ließ uns gnädig zur Prüfung zu.

Dieser Oberschulrat eröffnete dann am 3. Juli 1947 die mündliche Prüfung mit den Worten: „Ich prüfe unter dem Motto ,divide et lasse durchfallen'". Tatsächlich haben auch einige der Kriegsteilnehmer ihre Prüfung nicht bestanden. In dieser Prüfung sprach uns der Oberschulrat nicht mit Namen an, sondern nannte uns „Sie Kriegsverlängerer". Fast sechs Stunden wurden vier Schüler geprüft. Von diesen Vieren war ich der Erste, der gehen durfte.

Jetzt hatte ich mein Abitur und nun kam die nächste Hürde – es galt einen Studienplatz zu finden. Viele Universitäten waren durch Bomben zerstört, viele Professoren waren gefallen oder in Gefangenschaft. Die älteren Kriegsteilnehmer, die noch vor der Einberufung zum Militär ihr Abitur gemacht hatten, mussten natürlich den Jüngeren vorgezogen werden und wurden es auch. Fast alle hatten vor der Zulassung Auflagen zu erfüllen: Praktikum oder Trümmerbeseitigung – manchmal auch beides.

Schließlich bekam ich in Mannheim einen Studienplatz. Es war ein schönes Arbeiten für Professoren und Studenten. Alle Studierenden wollten schnell vorankommen, manche hatten Frau und Kinder und mussten noch nebenbei arbeiten, um Studium und Familie finanzieren zu können. Bafög gab es damals noch nicht. Alle hatten ein Ziel: So schnell wie möglich ein gutes Examen abzulegen.

Nun schließt sich wieder Kreis der Erinnerungen. Sie gehen zurück zum 10. Oktober 1943, dem Tag des ersten schweren Tagesangriffes auf Münster. Und auch das ist Erinnerung: In den Nürnberger Prozessen nach dem Krieg warfen die Alliierten der deutschen militärischen Führung Terrorangriffe auf England vor. Ein Klassenkamerad von mir, der die Ereignisse des Krieges auch nicht vergessen konnte, verschaffte mir Kontakt zu einem Piloten, der den Angriff auf Münster am 10. Oktober 1943 geflogen hatte. Er war dabei abgeschossen worden, konnte sich mit dem Fallschirm retten und landete bei Kattenvenne, zwischen Münster und Lengerich. Zu seiner Überraschung wurde er auf einem Bauernhof freundlich aufgenommen, bekam Kaffee und Kuchen, bevor er in Gefangenschaft kam. Er war Staffelführer gewesen und beschrieb bei seinem späteren Besuch in Münster den genauen Hergang des Angriffs. Mit einem Privatflugzeug flogen wir die genaue Strecke des damaligen Angriffs nach, während der ehemalige amerikanische Pilot filmte. Wir starteten in Hamm, flogen nach Dortmund und änderten dann den Kurs in Richtung Münster. Bereits über Dortmund konnte man das Kupferdach des Domes zu Münster sehen. Auf meine Frage, wie 1943 der Angriffsauftrag genau gelautet habe, antwortete er: „Die Stufen des Domes von Münster."

Heinz Dulisch

Flucht aus Ostpreußen

- Ostpreußen war jahrzehntelang in Vergessenheit geraten, kommt allerdings nach dem Zusammenbruch des Ostblockes wieder mehr in Erinnerung.
- Ostpreußen ist ca. 37 000 Quadratkilometer groß und damit größer als Nordrhein-Westfalen mit rund 34 000 Quadratkilometer.
- Bis zur Vertreibung lebten dort allerdings nur 2,5 Millionen Menschen im Vergleich zu 17 Millionen Einwohnern in Nordrhein-Westfalen.
- Ostpreußen war stark landwirtschaftlich strukturiert, rund 57 Prozent der Bevölkerung wohnten in Ortschaften unter 2000 Einwohnern.
- Aufgegliedert war Ostpreußen in drei Regierungsbezirke, und zwar Königsberg (Hauptstadt), Allenstein und Gumbinnen.
- Ich bin gebürtig aus Allenstein mit vor dem Zweiten Weltkrieg gut 50 000 Einwohnern, ohne Eingemeindungen, die erst später vorgenommen wurden.
- Nach dem Ersten Weltkrieg fand im südlichen Teil Ostpreußens eine Abstimmung unter der Aufsicht des Völkerbundes 1922 statt. 97,5 Prozent stimmten hierbei für Deutschland. Aus Erzählungen meines Vaters ist mir in Erinnerung, das in unserem Dorf Deuthen/Kreis Alleinstein mit etwa 800 Einwohnern lediglich zwei Einwohner für Polen stimmten.
- Die immer wieder in allen Medien breit gezeigte Vertreibung von Flüchtlingen weckt Erinnerungen an deutsche Flüchtlinge im Jahre 1945.

Der 1934 in Ostpreußen geborene Schriftsteller Arno Surminski schreibt hierzu (aus: Die Welt vom 4. Mai 1999):

„Wie sich die Bilder gleichen:
Ein zusammengeschossener Flüchtlingstreck, Tote im Straßengraben, aufgedunsene Pferdeleiber, Wäsche in den Bäumen, qualmende Ruinen, Menschen auf der Landstraße, jeder ein Bündel auf dem Rücken, an der Hand ein Kind. Das hatten wir doch schon einmal. Sind das wirklich die zur Grenze führenden Straßen im Kosovo oder die Alleen Pommerns und Ostpreußens damals vor 55 Jahren? Jene große Flucht von 1945 lebt nur noch in den Köpfen derer, die dabei gewesen sind. Die Weltöffentlichkeit nahm das Geschehen nicht wahr. CNN war noch nicht erfunden, Fotos über Flucht und Vertreibung am Ende des Zweiten Weltkrieges gibt es nur wenige.
Die Betroffenen wollten nicht mehr trauern um die, die sie am Straßenrand zurücklassen mussten, die tausendfachen Vergewaltigungen hatten ihnen die Sprache verschlagen. Mit den Bildern aus dem Kosovo ist alles wieder gegenwärtig.

> Dass die Opfer von 1945 nichts für die Zukunft bewirken konnten, dass niemand aus ihrem Leiden lernen wollte, ist die traurigste Erfahrung dieser Tage. Die Geschichte wiederholt sich, die gleichen Fehler werden immer wieder gemacht. Wir wollten doch lernen, aus den Verwilderungen des Zweiten Weltkrieges.
> Es rächt sich, dass das Geschehen von 1945 niemals richtig wahrgenommen wurde: Die Betroffenen von damals lebten lange mit dem Gefühl, dass das, was ihnen geschehen war, ins nebensächliche abgestuft wurde. Euphemistische Umschreibungen zum „Bevölkerungstransfer" und „Umsiedlung" beschönigten die Vorgänge. Vertreibungen sind aber in jeder denkbaren politischen und militärischen Konstellation Menschenrechtsverletzungen. Dies hätte die zivilisierte Welt schon 1945 erkennen müssen ... ."

Mit Recht spricht man heute von den verheerenden Wirkungen des Verschweigens und Verdrängens von Verbrechen an der deutschen Zivilbevölkerung. Hiervon kann sich keine einzige deutsche Regierung seit 1945 freisprechen. Was daraus entsteht, sind vernichtende Wiederholungszwänge.

Wie war es damals vor 55 Jahren in Ostpreußen? Beide Großväter sind im Ersten Weltkrieg gefallen, der eine an der Ost-, der andere an der Westfront; sie hinterließen jeweils Witwen mit sechs und fünf Kindern. Meinen Vater habe ich in meiner Kindheit nur selten gesehen. Er war von Anbeginn des Krieges im Jahre 1939 bis 1945 ständig an unterschiedlichen Fronten – Polen, Frankreich, Russland – und kam nur einmal im Jahr auf zwei Wochen „Heimaturlaub" nach Hause. Er wurde im Zweiten Weltkrieg zwei Mal schwer verwundet.

Vom Krieg selbst bekam ich allerdings erst als Achtjähriger im Herbst 1944 meinen ersten Eindruck, als lange Züge von Flüchtlingstrecks mit Pferde- und Ochsengespannen, Panje-Wagen mit dem runden Bügel über dem Pferdehals an unserem 1937 in Deuthen/Kreis Allenstein erbauten Vier-Familien-Haus vorbeizogen. Wir Kinder standen am Straßenrand und staunten über die uns unbekannten Bilder. Man sagte uns, dass Volksdeutsche aus Weißrussland und den baltischen Staaten vor der heranrückenden russischen Armee flüchteten. Später, im November 1944, der Winter hatte schon eingesetzt, kamen die Ersten aus der Nord-Ost-Ecke von Ostpreußen, aus Ragnit und Umgebung.

Ich kann mich noch daran erinnern, dass um diese Zeit die ersten Bilder in Zeitungen über Gräueltaten der Roten Armee in Nemmersdorf/Ostpreußen zu sehen waren. Jetzt wussten alle, dass es diesmal bei einer Besetzung Ostpreußens durch die Russen nicht so zugehen würde wie 1914. Auch damals war Allenstein wenige Tage von den Russen besetzt und es sei, so berichtete meine Großmutter, durchaus gesittet zugegangen. Es sei zu keinen Ausschreitungen der Russen gekommen. Selbst kleine Vergehen, wie Hühner- oder Obstraub, seien hart bestraft worden. Aber damals war es die Zaren-Armee und nicht die bolschewistische Rote Armee wie 1944./45.

Die Frauen – Mutter, Großmutter und Nachbarin – waren im höchsten Maße verängstigt und besorgt. Das Weihnachtsfest 1944 verlief sehr traurig. Die Fenster in allen Wohnungen mussten rechtzeitig vor Beginn der Dämmerung abgedunkelt werden, damit auch nicht der geringste Lichtschein nach draußen fallen konnte und damit möglicherweise feindlichen Bombern irgendwelche Anhaltspunkte geliefert hätte. Einen Weihnachtsbaum hatten wir in diesem Jahr auch nicht. Niemand hatte mehr Interesse daran, irgendetwas weihnachtlich zu gestalten. Und niemand hatte an Weihnachtsgeschenke gedacht. Es wurden auch keine Lieder wie in früheren Jahren gesungen. Über allem lag eine erdrückende Atmosphäre aus Angst und Schrecken.

Ich habe in Erinnerung, wie sich meine Großmutter über eine Landkarte beugte und tuschelnd zu meiner Mutter sagte: „Wie will dieses kleine Deutschland das riesige Russland schlagen?" Mutige Worte, wie mir später bewusst wurde. Sie hätten niemals aus den vier Wänden nach draußen dringen dürfen. Denunzianten lauerten überall. Der Frontverlauf wurde von den Frauen fast täglich anhand der Karte verfolgt und kommentiert.

Bis dahin hatten wir vom Krieg direkt wenig mitbekommen. Es herrschte aber auch in Ostpreußen Mangelwirtschaft. Wir haben oft gehungert. Auf die Bitte von uns Kindern: „Mutter, wir haben Hunger, hast du noch eine Schnitte Brot?" bekamen wir oft zur Antwort: „Ich habe kein Brot mehr, geht in die Schoten." Mit „Schoten" waren die Erbsen in unserem Garten gemeint. Wir hatten einen großen Gemüsegarten, aus dem wir dann das aßen, was gerade reif war. An Fleisch hatten wir kaum Mangel, da wir immer mehrere Hühner und sechs bis sieben Gänse hielten. Sie wurden geschlachtet und das Fleisch in Gläser eingeweckt.

Die ersten Bomben in Allenstein fielen am 18./19. Januar 1945. Die Detonationen waren in Deuthen deutlich zu hören. Es gab jedoch nur geringe Schäden, nur wenige Menschen wurden getötet.

Die Propaganda der nationalsozialistischen Partei verkündete in diesen Tagen, dass Mütter mit kleinen Kindern – sollte es notwendig werden – ausgeflogen würden. Da wir direkt neben dem kleinen Flugplatz in Deuthen wohnten, war meine Mutter relativ ruhig. Später erfuhren wir, dass eine geordnete Flucht vom Gauleiter Ostpreußens, Erich Koch, gar nicht vorgesehen war. Die Soldaten an der Front sollten um ihre Familien zu Hause bis zum letzten Blutstropfen kämpfen.

Auf diese Weise wollte man wohl die Bereitschaft fördern, das Land mit allen Kräften zu verteidigen.

Gauleiter Koch selbst ist rechtzeitig geflohen und lebte zunächst unerkannt in der Nähe von Hamburg als Landarbeiter. Erst 1950 wurde er von den

Briten an Polen ausgeliefert und in Warschau zum Tode verurteilt. Das Urteil wurde nicht vollstreckt, sondern in lebenslange Haft umgewandelt. Erich Koch, Gauleiter und Reichsverteidigungskommissar, stirbt 1986 90-jährig, im Gefängnis von Wartenburg in der Nähe von Allenstein.

Am 21. Januar 1945, Sonntagnachmittag, bei minus 20 Grad Celsius und leichter Schneedecke mit größeren Verwehungen, nahm der Volkssturm am Ortseingang mit Panzerfäusten Aufstellung. Ein Volkssturmmann mit weißer Armbinde bezog Position an einem Baum bei uns im Garten. Nach rund zwei Stunden war der Mann aber wieder verschwunden. Zum Volkssturm wurden damals Männer verpflichtet, die nicht mehr zur Wehrmacht eingezogen werden konnten, weil sie über 65 Jahre alt waren. Der Volkssturm war Hitlers letztes Aufgebot im Kampf gegen Russen, Amerikaner und Engländer.

In unserem Haus herrschte angstvolle Aufregung. Jedem ging durch den Kopf: Was nehmen wir mit, wenn es zur Flucht kommt? Auf jeden Fall den Kinderwagen für meine kleine Schwester – sie war am 30. November 1944 zur Welt gekommen – Schlitten und Koffer. Ich durfte mein Märchenbuch „Gebrüder Grimm" aus Platzmangel nicht mitnehmen. Ich hatte zwar versucht, es in den Kinderwagen zu schmuggeln. Meine Mutter entdeckte es und tauschte es gegen einen Ballen Inlett aus. Ich war sehr traurig, denn ich habe gerne in diesem Buch gelesen.

Mein siebenjähriger Bruder und ich nahmen die Situation zunächst nicht ernsthaft wahr, weil uns in diesem Alter der Ernst der Lage überhaupt nicht bewusst war. Gegen 16 Uhr verließen meine Großmutter väterlicherseits und meine Tante, die bei der Reichsbahn beschäftigt war, das Haus zu Fuß in Richtung Allenstein. Meine Mutter zögerte noch und hoffte auf die Versprechungen der Partei, dass Mütter mit kleinen Kindern ausgeflogen würden. Nichts geschah jedoch! Zwei Stunden später kam ein uns bekannter Feldwebel in Uniform und forderte unsere Mutter aufgeregt auf: „Frau Dulisch, sie müssen sofort weg, der Russe steht vor Allenstein". Gegen 21 Uhr kam der Kanonendonner beängstigend nahe. Wir verließen unser Haus Hals über Kopf, nachdem die Mutter uns mit Weihwasser gesegnet hatte. Wir verschlossen unsere Haustür. Ich ging, mit der linken Hand an der Hauswand vorbeistreichend, hinterher. Irgendwie kam in diesem Augenblick bei mir die Ahnung auf, dass ich das Haus so nicht wieder sehen würde.

Dann gingen wir zu unserer anderen Großmutter, die einige 100 Meter weiter in Deuthen wohnte. Sie war völlig aufgelöst und hatte in der Aufregung den falschen Koffer ihres Sohnes mit Sportkleidung mitgenommen, statt des Koffers mit den für die Flucht notwendigen Dingen. Meine Mutter bemerkte den Irrtum in letzter Minute.

Mutter schob den Kinderwagen durch den Schnee, Großmutter und ich zogen den Schlitten, der mit zwei bis drei Koffern bepackt war, mein siebenjähriger Bruder sollte den Schlitten schieben. Er war aber bald vom Laufen müde und setzte sich kurzerhand auf den Schlitten, statt ihn zu schieben. Es war eisig kalt, minus 20 Grad Celsius, und der Weg beschwerlich. Nach rund vier Kilometern durch die Dunkelheit, Richtung Nordwest, trafen wir auf eine einige Hundert kriegsgefangener Russen, die nur von zwei oder drei deutschen Soldaten bewacht wurden. Die Nacht war stockdunkel. Plötzlich schlugen die Russen erbarmungslos mit Stöcken auf uns ein. Sie hatten einfach Wut auf alles, was deutsch war. Die kleine Anzahl der deutschen Soldaten war nicht in der Lage das zu verhindern.

Gegen Mitternacht machten wir Rast in einem Haus in Abstich, in dem wir uns aufwärmen konnten, obgleich der Kanonendonner immer lauter wurde. Der Himmel war durch die Detonationen hell erleuchtet. Wenig später gab es eine gewaltige Explosion. Soldaten berichteten uns: Das Flughafengebäude, in dessen Nähe wir gewohnt hatten, war gesprengt worden. Wir hatten zunächst Glück. In Abstich nahmen uns Soldaten, die auf dem Rückzug waren, auf einem offenen Lkw mit. Wir fuhren Richtung Jonkendorf. Wir alle waren maßlos erschöpft und sorgten uns vor allem um Nahrung für die kleine Schwester, die nicht einmal zwei Monate alt war. In Jonkendorf lagerten wir eine oder zwei Nächte in einer Schule auf Stroh. Obwohl die Situation immer bedrohlicher wurde, uns Kindern war noch immer nicht der Ernst der Lage bewusst. So erinnere ich mich, dass ich mich in Jonkendorf über den Fund eines Bündels blauer Kopierstifte im Schnee königlich gefreut habe. Aus heutiger Sicht ist eine solche Regung kaum noch nachvollziehbar.

Von Jonkendorf aus ging die Flucht teils mit offenem Lkw teils mit dem Zug weiter. Am 25. Januar 1945 kamen wir in Königsberg an. Königsberg war unser Zwischenziel, weil die Schwester meines Vaters hier wohnte. Die Stadt war im August 1944 von den Engländern bombardiert worden und entsprechend zerstört. Die Russen standen, als wir ankamen, nur rund 15 Kilometer östlich von Königsberg. Königsberg war inzwischen zur Festung erklärt worden. Im damaligen Bewusstsein hieß das: Auf Anordnung von Hitler (des „Führers") musste die Stadt bis zum letzten Mann und zur letzten Patrone verteidigt werden. Trotz dieser angespannten Lage hatten wir zunächst einige Tage etwas Ruhe.

Was wäre mit uns geschehen, wenn wir nicht geflohen wären? Hierzu einige Zitate aus dem Buch des völlig unverdächtigen russischen Oberst Lew Kopelew: „Aufbewahren für alle Zeit".

Kopelew war ein Rote-Armee-Kommissar. Er sprach als Germanist akzentfrei deutsch. Er wurde später von den Sowjets angeklagt wegen der Straftat: „Deutsche und ihre Habe gerettet und Mitleid mit den Deutschen gezeigt zu haben". Eine Verurteilung zu 15 Jahren Straflager folgte.

Kopelew beschreibt in diesem Buch auf Seite 105:

„Am Abend kamen wir nach Allenstein. Die Stadt war fast kampflos in unsere Hand gefallen. Für alle so überraschend, dass, als die Kossaken des Generals Oslikowski schon den Bahnhof besetzt hatten, noch etwa eineinhalb bis zwei Stunden die fahrplanmäßigen Züge aus Königsberg, Johannisburg und Lück einliefen: Militärzüge, Güterzüge, Personenzüge voller Flüchtlinge."

Ferner auf Seite 119/120:

„Auf dem Bahnhof häuften sich auf einem der Bahnsteige Schweinehälften und Speckseiten, über die man weg klettern musste. Auf offen Güterwagen standen Lkw und Pkw, Kanonen, Panzer; in den Packwagen lagen Zivilistenbesitz und Heeresgut. Zwei Wagen waren bis oben hin voll gepackt mit Radioapparaten, an der Bahnsteigkante hatte man Volksempfänger aufgestapelt. Hin und wieder ein Toter. Vor einem Personenwagen sah ich die Leiche einer kleinen Frau. Das Gesicht vom hoch gerutschten Mantel bedeckt, die Beine, in den Knien abgewinkelt auseinander gerissen. Eine dünne Schneeschicht und ein schamhaft darüber geworfener Stofffetzen verhüllten kaum den verkrümmten, geschändeten Körper. Offenbar hatten mehrere sie vergewaltigt und dann getötet, vielleicht war sie aber auch so gestorben, im schrecklichen Krampf erstarrt."

Auf Seite 91 beschreibt er folgende Situation in Allenstein:

„In einer Seitenstraße lag an der Zierhecke eines Hauses, das vom Trottoir durch ein hohes Gitter getrennt war, die Leiche einer alten Frau: ihr Kleid war zerrissen. Zwischen ihren mageren Schenkeln stand ein Telefonapparat, der Hörer war ihr, so gut es ging, in die Scheide gestoßen. Auf den Straßen streunten Soldaten herum. Gemächlich schlenderten sie von Haus zu Haus, einige hatten Bündel oder Koffer bei sich. Einer von ihnen erklärte redselig, die Deutsche da sei eine Spionin gewesen; sie hatten sie beim Telefon erwischt, da ließ man sie nicht erst lange kreischen."

Zusammenfassend fragt Kopelew auf Seite 17:

„Warum entpuppten sich so viele unserer Soldaten als gemeine Banditen, die rudelweise Frauen und Mädchen vergewaltigen am Straßenrand im Schnee, in Hauseingängen; die Unbewaffnete totschlugen, alles, was sie nicht mit schleppen konnten, kaputt machten, verhunzten, verbrannten? ... Sinnlos – aus purer Zerstörungswut ... Wie ist das nur alles möglich geworden?"

Um auf Seite 138 schließlich in einem Zwiegespräch zu folgendem Schluss zu kommen:

„Nicht die Deutschen tun mir Leid, sondern die Unsrigen. Es geht um unsere Moral, unsere Disziplin, unseren Ruhm ... In Ostpreußen verrieten wir unsere Moral."

An dieser Stelle muss auch der Name eines Menschen – kein typisch russischer Name – genannt werden, der zu den größten Kriegsverbrechern des Jahrhunderts gehört, aber eigenartigerweise so gut wie nie erwähnt wird. Neben ihm wirkt Josef Goebbels wie ein kleines Licht, ein Lehrling geradezu.

Es handelt sich um Ilja Ehrenburg, den bolschewistischen Propagandisten und Deutschenhasser, der die Rotarmisten Tag für Tag mit neuen Hetzparolen

gegen die deutsche Zivilbevölkerung aufpeitschte. Hierzu aus dem Buch von Jürgen Thorwald in „Es begann an der Weichsel".
Einer der Aufrufe des Ilja Ehrenburg (Seite 53):

„Tötet, ihr Rotarmisten, tötet! Denn es gibt nichts, was an den Faschisten unschuldig ist, die Lebenden nicht und die Ungeborenen nicht. Tötet!" Dann stürzten sich die Rotarmisten auf die Häuser.

Es gab jeden Tag eine neue Parole gegen die deutsche Zivilbevölkerung, eine abscheulicher als die andere. Dies wurde von höchster russischer politischer Stelle nicht nur geduldet, sondern bewusst gefördert.

Die Umkesselung Ostpreußens wurde immer enger. Ostpreußen war vom „Reich" schon Ende Januar 1945 vollständig abgeschnitten und bildete das, was es seit 1918 immer war, eine Insel. Es stand nur noch der Wasserweg über die Ostsee offen. Luftangriffe, Artillerie und Stalinorgel beschossen Königsberg Tag und Nacht. Ab Anfang Februar konnten wir den Luftschutzraum, in dem ein ständiger Streit um die Plätze auf den Holzpritschen herrschte, so gut wie nicht mehr verlassen.

Im Luftschutzraum – einem normalen Kellerraum – erreichte uns dann auch die Nachricht vom Untergang der „Wilhelm Gustloff" mit über 9000 Toten. Fast nur Frauen, kleine Kinder und verwundete Soldaten. Auch die Bombardierung Dresdens wurde mit Entsetzen im Keller aus den Nachrichten, die über den Volksempfänger gesendet wurden, vernommen. Unter diesen Umständen „feierte" ich meinen neunten Geburtstag im Luftschutzkeller.

Am 3. oder 4. März 1945 gelang es der deutschen Armee, den Seekanal von Königsberg zur Küste freizukämpfen, so dass wir nachts unter Beschuss auf einem kleinen Transportschiff Königsberg verlassen konnten. Mit einem Lkw wurden wir weiter nach Fischhausen ins Samland transportiert und dort in einer noch intakten Wohnung einquartiert. Zu diesem Zeitpunkt war das Samland vom Krieg noch recht unberührt, so dass wir hier einige Tage Ruhe fanden. Wir Kinder spielten auf abgestellten Wehrmachtsautos. Ich habe dort meine erste Zigarre auf der Toilette geraucht. Mir ist anschließend furchtbar schlecht geworden. Sonntags besuchten wir die überfüllte Kirche.

Es herrschte aber immer wieder ein Engpass in der Versorgung: Es war zum Beispiel unglaublich schwierig, das Lebensnotwendige für unsere kleine Schwester zu beschaffen. Es gab keine Windeln und nur sehr wenig Möglichkeiten, die verschmutzten zu waschen. Besonders problematisch war es, Milch für unser Baby zu erhalten.

Der Zugverkehr zur nahen Front lief noch sporadisch. Aufgeschreckt wurden wir nach einigen Tagen durch den Einschlag einer Schiffskanonen-Granate in das Nachbarhaus. Ein toter Mann wurde hinausgetragen. Immer mehr deutsche Soldaten fuhren durch den Ort und erregten unser Interesse.

In Fischausen erlebten wir das traurige Osterfest 1945, eingeschlossen und ohne Perspektiven für eine Rettung.

Dann, an einem wunderschönen Frühlingstag mit Sonnenschein, Samstag, den 7. April 1945, traf uns ein furchtbarer Schicksalsschlag. In unserer Wohnung in Fischausen hielten sich fünf bis sechs deutsche Soldaten auf, die hinter den russischen Linien kämpften und einen Verwundeten zu versorgen hatten. Sie hatten ihr Kraftfahrzeug im Hof abgestellt. Mein jüngerer Bruder, die ältere Cousine, meine Tante und ich befanden sich in der Küche bei den Soldaten. Im Wohnzimmer nebenan fütterte meine Mutter die kleine Schwester. Ferner waren in diesem Raum meine Großmutter, die eineinhalbjährige Cousine und eine Bekannte, die Näharbeiten für uns machte.

Plötzlich, gegen 15.45 Uhr, begann draußen ein fürchterliches Heulen, so als ob sich ein großer Lastzug mit hoher Geschwindigkeit dem Hause näherte. Es war aber kein Lastzug, sondern gezielt geworfene Bomben. Die Erste fiel auf die Straße direkt vor unser Haus. Die Zweite traf das Wohnzimmer, in dem sich Mutter, Schwester, Großmutter, die kleine Cousine und die Näherin befanden.

Die Näherin wurde in den Flur geschleudert und überlebte verletzt. Die kleine Cousine wurde durch den Luftdruck unter die Nähmaschine geschleudert und überlebte nahezu unverletzt. Meine kleine Schwester wurde durch das Fenster auf die Straße geschleudert, wo sie später von einem Soldaten gefunden wurde. Wie wir in der folgenden Nacht von diesem erfuhren, trug er sie in den gegenüberliegenden Hauptverbandsplatz. Von ihr haben wir, trotz intensivster Versuche, nie mehr etwas gehört. Mutter und Großmutter wurden nicht aufgefunden; sie sind von den Bomben erschlagen worden. Mein Bruder und ich wurden von den Soldaten aus den Trümmern des Hauses durch den Keller ans Tageslicht gezogen, ebenso meine Tante und die ältere Cousine. Wir durften das Haus nicht mehr betreten, da Einsturzgefahr herrschte. Zunächst wurden wir in einem nahe gelegenen Haus im Keller untergebracht. In der folgenden Nacht folgte eine russische Angriffswelle der Nächsten. Fischhausen wurde in dieser Nacht dem Erdboden gleichgemacht. Die Menschen im Keller haben die ganze Nacht laut gebetet. Am nächsten Morgen nahmen die Soldaten uns auf einem offenen Militär-Lkw in Richtung Norden mit, und zwar nicht nach Pillau, wo wir Rettung erhofft hatten, sondern nach Palmnicken, zur Bernsteinküste.

Hier verbrachten meine Tante und wir vier Kinder (eins bis neun Jahre alt) die nächsten zwei bis drei Tage mit vielen anderen Flüchtlingen in einer Schule. Schließlich ergab sich die Möglichkeit, nach Pillau, der Hafenstadt, zu kommen. Außerhalb der Stadt lebten wir in Baracken. Zwei bis drei Tage stand Pillau unter ständigem Beschuss von Artillerie, Stalinorgeln und Panzern, sogar Maschinengewehr-Schüsse waren zu hören. So nah war die Front! Oft suchten wir Schutz hinter den dünnen Spindwänden. In der Baracke war es sehr kalt, weil nur ein Kanonenofen heizte. Auf diesen hatte jemand zum Aufwärmen eine geschlossene Flasche mit Kaffee gestellt, die plötzlich explodierte. Meine Tante, die den Bombenangriff überlebt und nun vier kleine Kinder zu versorgen hatte, wurde im Gesicht getroffen und trug erhebliche Brandwunden davon.

Etwa am dritten Tag wurden wir am Nachmittag auf einen Pregelfrachter gebracht, der ausschließlich Frauen mit Kindern aufnahm. Es war erstaunlich, wie relativ geordnet alles verlief. Wir wurden im Laderaum des Pregelkahns „Brigitte" auf Stroh untergebracht. Das kleine Schiff hatte nur eine Toilette. Ein Eimer kreiste für rund 200 bis 300 Menschen. Gefahren wurde nur nachts im Geleitzug von sechs bis acht Schiffen Richtung Westen, weil tagsüber die Gefahr von Angriffen der russischen U-Boote zu groß war. Der Kahn war so schwer beladen, dass die Wellen über die Reling schlugen und durch die Luken auch in den Laderaum drangen. Ich war schwer seekrank. Nach etwa zwei bis drei Tagen wurden wir auf offener See vor Swinemünde auf die „Walter Rau" – das war ein ehemaliger Walfänger (13 000 Bruttoregister-Tonnen) – umgeladen, da die „Brigitte" auf Grund eines Minenstreifschusses schräg im Wasser lag. Die „Walter Rau" hat in insgesamt drei Einsätzen 18 000 Flüchtlinge aus Ostpreußen gerettet.

Es sei dankbar fest gehalten, dass die Rettungsaktion der deutschen Kriegsmarine in Ostpreußen wohl ihre größte militärische Tat im Zweiten Weltkrieg war. Sie hat aus dem eingeschlossenen Ostpreußen und den übrigen deutschen Ostseehäfen unter Einsatz des Lebens vieler Soldaten über zwei Millionen Menschen vor dem sicheren Tod gerettet.

Die „Walter Rau" war völlig überladen. Wir lagen im Maschinenraum auf Eisenplanken bei ohrenbetäubendem Lärm und erfuhren hier verspätet, dass der amerikanische Präsident Roosevelt gestorben sei. Es kam die Hoffnung auf, dass die Amerikaner eventuell einen Separatfrieden mit Deutschland schließen würden. Dies stellte sich später als illusorisch heraus. Erstaunlich war auch hier, dass die Organisation relativ gut funktionierte. Minensuchboote fuhren vorweg. Wir wurden allerdings auch aus der Luft attackiert. Dies habe ich als besonders angstvolle Situation im Gedächtnis behalten. Für niemanden gab es ein Entrinnen. Dieses entsetzliche Gefühl, völlig hilflos dem Tod ausgeliefert zu sein, habe ich bis heute nicht verdrängen können.

Wir hatten aber Glück. In Eckernförde (Schleswig-Holstein) wurden wir gegen Ende April 1945 ausgebootet und in der Wielers-Jessen-Schule, im Zentrum der Stadt, auf Stroh untergebracht. Die Schule steht heute noch und erfüllt ihren ehemals vorgesehenen Zweck. Die „Walter Rau" wurde kurz danach in der Eckernförder Bucht von britischen Bombern angegriffen, schwer getroffen brannte das Schiff völlig aus.

In Eckerndörde herrschte große Hungersnot. Wir waren glücklich, wenn wir bei Bauern auf dem Land ein wenig Brot oder Kartoffeln erbetteln konnten. Die holsteinischen Bauern hatten selbst nicht viel. Aber sie teilten mit den Flüchtlingen. Wenn sie etwas übrig hatten, gaben sie es her, und wenn es nur zwei bis drei Kartoffeln waren. Morgens und abends gab es in der Schule pro Person zwei auf der Briefwaage abgewogene Schnitten trockenen Brotes, mittags immer eine Steckrüben-Wasser-Suppe ohne Kartoffeln, Fett oder gar Fleisch.

Epidemien, schwere Krankheiten und Mangelerkrankungen waren an der Tagesordnung. Ich hatte zeitweise bis zu 17 Geschwüre. Anfang Mai 1945 wurden wir in einem nahe gelegenen Dorf in eine Turnhalle verlegt. 200 bis 300 Personen lagerten in einem Raum. Es gab keine Matratzen, keine Decken. Wir lagen auf dem Fußboden auf Stroh. Meine mutige Tante beschwerte sich beim Bürgermeister, der dann schließlich dafür sorgte, dass wir einen kleinen Raum für fünf Personen in einer Baracke beziehen konnten. In zwei Baracken lebten an diesem Ort insgesamt rund 40 bis 50 Personen. Es gab nur eine Kochstelle. Jeder kann sich ausmalen, was das bedeutet hat: Circa zehn Familien mussten sich eine Kochgelegenheit teilen.

Die Flucht hatte nun im Mai 1945 für uns ihr Ende gefunden und es begann das Lagerleben, das zweieinhalb Jahre andauern sollte. Meinen Vater haben wir erst im Dezember 1945 mit Hilfe des Deutschen Roten Kreuzes gefunden. Er lag schwer verwundet in einem Lazarett bei Hamburg. Wir lebten später nach der Ankunft eines weiteren Onkels, der Großmutter und einer Tante mit bis zu neun Personen in einem einzigen Barackenraum. Eine Situation, die für Asylbewerber heutzutage kaum vorstellbar ist.

Ich werde oft danach gefragt, welches Verhältnis ich heute zum ehemaligen Ostpreußen und seinen jetzigen Bewohnern habe. Das Verhältnis ist völlig entspannt und locker. Es wohnen auch dort, fast ohne Ausnahme, Flüchtlinge, denen es anfangs nicht viel besser als uns ergangen ist. Ich habe nach dem Krieg dreimal Allenstein besucht und dort nie ein unfreundliches Wort gegenüber Deutschland oder Deutschen gehört. Die Landschaft ist unverändert schön, die Menschen allerdings, ihre Sprache und Gebräuche sind mir fremd.

Ein Erlebnis aus dem Jahre 1994 verschlug mir fast die Sprache: Mein Bruder und ich suchten in Deuthen den Ort auf, wo früher das Haus meiner Großmutter stand, in dem wir beide geboren worden waren. Eine ältere Dame machte sich im Garten zu schaffen und bemerkte uns. Wir traten an den Zaun, grüßten und versuchten ihr klar zu machen, was wir hier suchten. Zu unserer Überraschung verstand sie etwas deutsch und lud uns sofort in das Haus zu einer Tasse Kaffee ein. Bald stand auch Kuchen auf dem Tisch, so dass schnell eine freundliche Atmosphäre entstand. Die ältere Dame berichtete, dass sie und ihr Bruder nach 1945 als Polen aus der Ukraine ausgewiesen worden waren. Ihre Mutter war Deutsche, daher die Sprachkenntnisse. Ihr Vater war polnischer Offizier und 1940 von den Russen bei Katyn erschossen worden. Beim Abschied stellte die alte Dame fest: „Dieses Land war immer deutsch und es muss auch zu Deutschland zurückkommen, sonst gibt es keinen Frieden". Mir verschlug dieser Satz die Sprache.

Ist Deuthen nun mein zu Hause? Überwiegend nein, weil mir die Menschen fremd sind und ich ihre Sprache nicht verstehe. Alle Häuser, die uns oder den Verwandten gehörten, sind zerstört oder verfallen.

Auf einem Platz in Allenstein fühle ich mich allerdings noch wie zu Hause. Es ist unser alter Sitzplatz in der großen Jacobi-Kirche, wo ich 1936 getauft wurde und die heute als „Kathedrale" der Erzbischofssitz des Ermlandes ist. Dort hatte unsere Familie immer ihren festen Platz in einer der hinteren Reihen auf der linken Seite. „Unseren" Platz habe ich selbstverständlich schon beim ersten Besuch nach dem Krieg, noch in Begleitung meines Vaters, sofort wieder gefunden. Wenn ich auf diesem Platz sitze, auf dem früher meine viel zu früh verlorene Mutter gesessen hat, fühle ich mich wie zu Hause. Allenstein ist also der erste Ort, den ich als Heimat bezeichnen kann. Dort gibt es neben der Kirche noch heute den Friedhof mit den Gräbern meiner Vorfahren.

Kosel und Eckernförde, wo ich fünfeinhalb Jahre meiner Jugend und Schulzeit verbrachte, ist der zweite Ort, wo ich mich heimisch fühle. Hierhin zieht es mich wenigstens jedes Jahr ein Mal. Münster und Warendorf schließlich sind die dritte Heimat. In Münster bin ich zum Gymnasium gegangen, habe eine Banklehre absolviert, habe studiert, habe meine Frau gefunden und gerne gearbeitet.

Ich bin also, und so sehe ich das heute, ein reicher Mensch. Einer der sich an drei Orten gleichermaßen und wohlbegründet zu Hause fühlen kann.

Johannes Tovar

... *nur sagen durfte niemand etwas*

Meine ersten Erinnerungen an die unselige Zeit des „Dritten Reiches" gehen in die ganz frühe Kindheit zurück. Unsere Familie wohnte in Ahlen mit meinen Großeltern in einem Haus in der Stadt. Eines Abends waren meine Eltern und Großeltern sehr aufgeregt. Die Rollläden wurden im ganzen Haus heruntergezogen. Von der Straße klang Menschenlärm, Gesang und – daran erinnere ich mich ganz deutlich – Schalmeien-Musik. Obwohl wir uns laut Weisung unserer Eltern absolut ruhig im Haus verhalten sollten, haben wir Kinder versucht, einen Blick auf die Straße zu werfen. Da es bereits dunkel war, konnten wir nur Männer in dunklen Lederjacken erkennen. Plötzlich war Polizei auf der Straße – sie bestand zum Teil aus Männern der SA, die als Hilfspolizisten eingesetzt worden waren – und versuchten, die Männer in den Lederjacken in Seitenstraßen abzudrängen. Es entstanden Schlägereien. „Das sind die Kommunisten" erfuhren wir. Was wir auch erfuhren: Die Kommunisten wohnten hauptsächlich im Zechengebiet und waren im Bergwerk beschäftigt.

Übrigens haben nicht alle Bergarbeiter solche Aufzüge veranstaltet. Es gab – so meine Erinnerung aus Kindertagen – auch die „Frommen", die zum größten Teil aus Polen stammten. Ihre Frauen waren im polnischen Mütterverein zusammengeschlossen und sangen in der Fronleichnamsprozession polnische Kirchenlieder. Die Demonstranten stammten vorwiegend aus dem Ruhrgebiet. Dort waren Zechen geschlossen und viele Bergarbeiter geworden. arbeitslos.

Ahlen war eine katholisch geprägte Stadt, in der ich von 1935 bis 1938 die Volksschule (so hieß damals die Grundschule) besuchte. Wir hatten auch ganz selbstverständliche Verbindungen mit jüdischen Mitbürgern. Mit den Kindern des jüdischen Metzgers in unserer Straße haben wir gespielt. Die ersten Hetzereien gegen die Juden begannen mit der Behauptung, die Juden würden Rattenfleisch in ihrer Wurst verarbeiten. Uns Kindern war so etwas völlig unverständlich. Ich war damals zehn Jahre alt.

Die „Reichskristallnacht" erlebte ich als etwas Furchtbares. Am folgenden Morgen lagen überall dort wo Juden wohnten zerbrochene Möbel, Fensterglas, Gegenstände aus den Wohnungen auf der Straße. Ich war sehr schockiert. In meinem Elternhaus herrschte Aufruhr und ich erinnere mich an die entsetzte Feststellung: „Wie kann man so etwas nur machen. Und hättest Du gedacht, dass der und der dabei mitgemacht hat?" Auch in unserer Klasse herrschte Betroffenheit. In unserer Schule gab es Duschbäder, in die wir alle acht oder 14 Tage geschickt wurden. Nun herrschte am Morgen nach der Reichskristallnacht ein Riesenlärm unter den Duschen. Eigentlich waren wir nie leise. Aber an diesem Tag waren wir aufgeregt und besonders laut. Da ging die Tür auf und der Hausmeister kam herein: „Jetzt seid mal leise und denkt mal daran, was heute Nacht mit den Juden passiert ist", forderte er uns auf.

Die Juden seien Untermenschen, hämmerte uns permanent die Nazi-Propaganda ein. Ich habe das nicht nachvollziehen können. Warum sollten Juden Untermenschen sein? Schließlich spielte ich doch mit den gleichaltrigen Kameraden. Wir nahmen an ihren Festen teil und ich habe sogar eine jüdische Beerdigung erlebt. Überhaupt, was waren eigentlich „Untermenschen"? Keiner von uns hatte den Mut, etwas zu hinterfragen, weil wir alle – auch schon wir Zehn- und Elf-Jährigen – irgendwie unter Druck standen. Einige unserer Lehrer unterrichteten uns in Uniform. Bevor der Unterricht begann, mussten wir Kinder die Hacken zusammenschlagen, stramm stehen und laut mit der ausgestreckten Hand „Heil Hitler" grüßen. Ein Biologielehrer erledigte den streng vorgeschriebenen Gruß auf seine Art: Beim Betreten des Klassenzimmers hob er die rechte Hand, ließ sie sofort sinken und sagte „setzen". Unser Religionslehrer sagte uns: „Immer schön den Führer grüßen, dann bringt Ihr Euch und mich nicht in Verlegenheit." Einige Geistliche waren bereits vor dem Zweiten Weltkrieg eingesperrt worden, weil sie angeblich den Moskauer Rundfunk abgehört hätten. Das war streng verboten. Wir lebten zwar in der katholischen Tradition, aber keiner von uns hatte den Mut, irgendetwas gegen die Machenschaften der Nazis zu unternehmen. Alle hatten Angst vor Denunzierung, Verhaftung und Konzentrationslagern. Letzere galten damals als Arbeits- und Umerziehungslager. Was sich später dort abgespielt hat, haben wir damals nicht im Geringsten geahnt, geschweige denn irgendetwas gewusst. Menschen, die zeitweise dort inhaftiert waren und später wieder entlassen wurden, sprachen nicht über über ihre Erlebnisse, aus der begründeten Furcht, wieder in „Schutzhaft" genommen zu werden.

Mit 14 Jahren musste ich zur Hitlerjugend. Das hat mir keinen Spaß gemacht. Da ich von Natur aus nicht unbedingt sportlich veranlagt bin, machten mir die vielen sportlichen Aktivitäten auch keinen Spaß. Außerdem war ich auch noch Messdiener. Ich hatte meine liebe Not, die Termine alle auf die Reihe zu bekommen: Mittwochs war Hitlerjugend angesagt, Donnerstags oder Freitags gingen wir zum Kaplan in die Gruppenstunde, und Samstags stand wieder die Hitlerjugend auf dem Programm.

Inzwischen war der Zweite Weltkrieg in vollem Gang. 1942 wurden von der Hitlerjugend junge Leute gesucht, die Sanitäter werden wollten. Das lag mir mehr, ich meldete mich und wurde als Hilfssanitäter ausgebildet. Im Januar 1944 wurde es ernster. Als Luftwaffenhelfer erhielten meine Klassenkameraden und ich den Marschbefehl ins Ruhrgebiet. Nach der Ausbildung blieb ich bis zum Ende des Krieges bei der Luftabwehr. Während dieser Zeit – von Januar bis September 1944 – gingen wir in Kamen drei Stunden nachmittags zur Schule. Wir hatten nur einen so genannten Grundunterricht in Deutsch, Mathematik, Englisch, Geschichte und Erdkunde. Studienräte aus Ahlen und Kamen hatten diesen Unterricht zusätzlich zu ihren Vormittagsstunden zu erteilen.

Nach dem Hilfsdienst als Luftwaffenhelfer legten wir unsere Hitlerjugend-Armbinde ab und waren von dem Augenblick an Flak-Soldaten. Damit hörte auch unser Schulunterricht auf. Unsere Aufgabe bestand darin, in Bergkamen, Hamm und Ahlen neuralgische Punkte wie Brücken und Bahnlinien gegen die feindlichen Tiefflieger zu schützen. Wir mussten die Flugzeuge rechtzeitig orten, erkennen und mit der leichten Zwei-Zentimeter-Flak beschießen.

Über das Attentat auf Hitler am 20. Juli 1944 redeten wir untereinander nicht viel. Jeder dachte sich aber seinen Teil und viele waren sauer, dass es nicht geklappt hatte. Nur sagen durfte niemand etwas, aus Angst, er wird von einem „linientreuen" Kameraden denunziert. Und das hätte die sofortige Verhaftung und Schlimmeres nach sich gezogen. Als Soldaten hatten wir mittlerweile schon gelernt, mit der Hand an der Mütze zu grüßen. Aber nach dem 20. Juli 1944 gab es einen Tagesbefehl: Wir hatten von dem Tag an auch mit Führergruß zu salutieren. Ein Befehl, dem zu widersetzen sich niemand gewagt hätte.

Gleichwohl begannen bereits 1938 mit den Anfängen der Judenverfolgung erste Zweifel aufzukommen, ob das wohl alles so in Ordnung sei, was das Hitlerregime anordnete, durchführte und forderte.

Im Herbst 1944 merkten wir alle, dass kein gutes Ende bevorstand. Im Frühjahr 1945 rückten die Fronten der Amerikaner, Engländer und Franzosen von allen Seiten immer näher. Alte Männer und Jugendliche wurden zum Volkssturm aufgeboten und marschierten mit Panzerfäusten gegen die Fronten. Ich beobachtete fassungslos eine solche Sinnlosigkeit. Zwei Tage vor Ostern 1945 erhielten wir den Befehl nach Pelkum zu gehen. Auf dem Friedhof dort haben wir uns hinter Grabsteinen eingebuddelt und mit Decken zugedeckt. Am Rande des Friedhofs mussten wir 60 Zentimeter tief Geschütze eingraben. Als wir mit der Arbeit fertig waren, sahen wir Panzer der Alliierten auf der anderen Seite der Lippe. Der Batterieführer gab den Befehl: „Geschütze sprengen und jeder muss sehen, wie er weiter kommt." Aber wir saßen im „Ruhrkessel" fest und sahen keine Chance, über die Lippe zu gelangen, ohne den Amerikanern oder Engländern in die Hände zu fallen. Nur nicht in Gefangenschaft – war unser einziger Gedanke. Einer meiner Kameraden hatte in Rhynern Verwandte, die einen Bauernhof hatten. Dorthin schlugen wir uns durch.

Ein Bild aus diesen Tagen geht mir nicht aus dem Kopf: Über die Autobahn zog ein riesiger Treck von Menschen. Meist waren es Russen, Polen, deutsche

Frauen und Kinder. Autos gab es damals ohnehin keine mehr. Alle waren in einem sehr schlechten Zustand.

Wir kamen wohlbehalten auf dem Bauernhof an. Die Verwandten meines Kameraden haben uns die Kleider ihrer Kinder gegeben. Unsere Uniformen warfen wir weg. Wir versteckten uns, weil wir Angst vor SS-Kontrollen hatten. Am 11. April 1945 hörten wir plötzlich Detonationen von Geschützen. Kurz darauf zogen die amerikanischen Soldaten an unserem Bauernhof vorbei. Wir hatten Glück: Wir galten als Jugendliche und wurden nicht als Soldaten identifiziert. Alsbald konnten wir zu Fuß durch das bombenzerstörte Hamm in unsere Heimatstadt Ahlen zurückkehren, die Dank des vernünftigen Handelns des Lazarett-Chefs Dr. Rosenbaum als „Offene Lazarettstadt" vor größeren Zerstörungen verschont blieb. Das Glück begleitete mich, auch als ich später in Ahlen einem Amerikaner vorgestellt wurde. Ich habe verschwiegen, dass ich Soldat gewesen bin. Und als Luftwaffenhelfer hatte ich nichts zu befürchten. Ich erhielt einen Entlassungsschein. Ich kann mich daran erinnern, dass Kameraden später noch als Soldaten – von wem auch immer – angezeigt wurden und in Kriegsgefangenschaft gerieten.

Im Laufe des Sommers 1945 kamen viele Flüchtlinge aus dem Osten nach Ahlen. Ich habe mich freiwillig als Helfer gemeldet. Es waren so genannte Flüchtlingskomitees zusammengestellt worden, denen Menschen aus allen Parteien angehörten. Die Flüchtlinge kamen auf offenen Güterwagen in einem erbarmungswürdigen Zustand an. Ich habe geholfen, Gepäck zu tragen und sie zu ihren ersten Unterkünften begleitet. Meist wurden sie zunächst einmal in Gasthaus-Sälen und Turnhallen untergebracht. Über das Wohnungsamt beziehungsweise Flüchtlingsamt erhielten sie Wohnungen, das heißt ihnen wurden Behelfswohnungen zugewiesen. In allen Häusern der Stadt mussten Zimmer für die Flüchtlinge bereit gestellt werden. Auch in meinem Elternhaus waren zwei bis drei Flüchtlinge für eineinhalb Jahre untergebracht.

Ansonsten waren wir froh, dass wir ab 1946 wieder zur Schule gehen konnten. Für den Übergang hatte ich Privatunterricht in Englisch und Latein erhalten. Wir fanden uns bald in gleichaltrigen Gruppen zusammen und diskutierten über Gott und die Welt. Auch kirchliche Gruppen gründeten sich und vermittelten uns Bindungen, die wir in diesen Zeiten dringend brauchten.

Klaus Meyer

Ein Regime sitzt am längeren Hebel

Es war im Juni 1942, als meine Eltern mit ihren fünf Kindern aus der Ruhrgebietsstadt Bochum in das kleine Landstädtchen Lüdinghausen im Münsterland umsiedelten. Das heißt anfangs war nur meine Mutter bei uns, denn mein Vater musste als ‚kriegswichtiger Apotheker' – das war damals durchaus ernst gemeint – noch längere Zeit für die Arzneiversorgung in seinem Bereich sorgen. In diesem Jahr hatten die Bombenangriffe auf kriegswichtige Ziele in den Städten stark zugenommen. Wenngleich es für uns große Jungens – ich war gerade zehn Jahre alt, mein Bruder ein Jahr älter – sehr aufregend war, nach einem Bombenangriff noch warme Bombensplitter zu suchen, so war die Lage der Apotheke direkt neben dem Rüstungsbetrieb des Bochumer Vereins doch sehr gefährdet. Wenige Monate später wurde das Haus mit einer einzigen Luftmine völlig zerstört. Gottlob hat mein immer vorsichtiger Vater sich rechtzeitig durch eine geschützte Wendeltreppe im Innern des Hauses retten können und wurde wenig später aus dem verschütteten Keller befreit.

Wir kamen entsprechend unserer schulischen Laufbahn in die Oberschule für Jungen, für mich die Sexta, mein Bruder kam in die Quinta, so nannte man das damals. Heute entspricht das der fünften und sechsten Klasse eines Gymnasiums. Geleitet wurde die Schule von einem zum größten Teil in der christlichen Tradition stehenden Lehrerkollegium, aber einige Studienräte neigten dem nationalsozialistischen Gedankengut zu. Insbesondere der Turnlehrer ist mir in unangenehmer Erinnerung geblieben, er hatte eine irritierend zackige Art und es hatte ihn ebenfalls von Bochum hierher an diese Schule verschlagen. Dies entsprach wohl nicht seinen damaligen Lebensplänen; er hielt sich nicht zurück, sich ständig darüber in abwertender Form zu äußern. „Kaff" und „Dorf" waren noch milde Bezeichnungen für immerhin eine Kreisstadt. Seine Begeisterung, nun Jungens aus seiner Heimatstadt Bochum in seinen Klassen zu haben, kannte keine Grenzen, ständig wurden wir ermuntert, das provozierend aufreizende Lied von den „Bochumer Jungs" mit ihm zu singen. Unsere Klassenkameraden reagierten dementsprechend. Oft hatten wir nach Schulschluss einen schweren Stand auf dem Nachhauseweg. Prügeleien und Rempeleien waren unser täglich Brot und es dauerte lange, bis wir uns den notwendigen Respekt und eine brauchbare Position in der Klassenhierarchie verschafft hatten.

Diese unterschiedliche Zusammensetzung des Lehrkörpers – hie christlich-tradiert, dort nationalsozialistisch orientiert – hat auch bei den Schülern, insbesondere der höheren Klassen, auf unterschiedliche Weise Einfluss gehabt. Es konnte nicht ausbleiben, dass Lehrerschaft, Kirche, Elternhaus und Hitlerjugend unser Denken prägte, je nachdem wo diese standen. Das Gedankengut des nationalsozialistischen neuen Menschen beeinflusste uns ebenso wie die Werteordnung der christlichen Tradition. Es bedurfte wohl nur eines geringen Anlasses, um den empfundenen Widerspruch bei heranwachsenden Jugendlichen an die Oberfläche zu bringen.

Eines Tages, es war wohl im Frühjahr 1943, bemerkte ich eine seltsame Unruhe und Unordnung bei Lehrern und Schülern statt der gewohnten Ordnung. Viele Schüler liefen in der Pause mit dem Füllhalter auf die Faust neben den Daumen so aufgesetzt, dass es wie eine Pistole wirken sollte. Dabei redeten sie italienisch klingende Worte und andere mir unverständlichen Begriffe. Erst später wusste ich, dass dies Verhalten durch die Absetzung von Graf Ciano, dem damaligen Außenminister Italiens, die auf Grund ernsthafter Meinungsverschiedenheiten zwischen Mussolini und Adolf Hitler verursacht war. Die Pausenordnung geriet durcheinander und wurde nicht beachtet. Einige Lehrer wirkten sehr bedrückt, andere versuchten, die Ordnung wieder herzustellen, was nur mühsam gelang. Ich verstand von allem nicht sehr viel. Als wir in die Klasse zurückkamen, war es dennoch anders als sonst. Auch hier war kein geordneter Unterricht möglich, es war, als wenn man ein drohendes, nicht mehr abwendbares Unheil erwartete und doch auf eine glückliche Lösung hoffte. Nebenbei wurde unter vorgehaltener Hand erzählt, man habe Hitlerbilder, die damals in jeder Klasse oberhalb des Lehrerpults an der Wand hingen, umgedreht, nackte Frauen darauf gemalt und dann aus dem Fenster geschmissen. Das, so war mir als 10-Jährigem damals sofort klar, war etwas ganz Schlimmes und konnte nicht ohne Folgen bleiben. An jenem Tag gingen alle nach Schulende bedrückt nach Hause, kaum jemand redete mit dem anderen, jeder wusste, es würde noch schlimmer kommen.

Und das kam schon am nächsten Morgen. Kaum hatten wir uns in die Klasse gesetzt, kamen mehrere Herren in Ledermänteln und den damals üblichen Schlapphüten und machten uns klar, dass das, was am gestrigen Tag passiert war, nicht der Geist der Jugend des Nationalsozialismus sei. Nach einer langen Rede voller Vorwürfe, von der wir sicher nur wenig verstanden haben, wurde uns eröffnet, dass die Schule geschlossen würde. Wenn nicht schon der Ernst der Vorwürfe, so hat diese Eröffnung uns die Schwere der Ereignisse vor Augen geführt. Wie sollte es weitergehen, war unser erster Gedanke, der jedoch kaum gedacht werden konnte: denn schon folgte Naheliegendes. Alle Schüler bis einschließlich Untertertia wurden für sechs Wochen in ein Jugenderziehungslager kommandiert, alle Schüler aus höheren Klassen als Flakhelfer oder zu anderen paramilitärischen Diensten eingezogen.

Damit nicht genug, konkrete Anordnungen folgten unverzüglich. Ein langer Zettel wurde uns überreicht, auf dem alle Sachen standen, mit denen wir am nächsten Morgen um 8 Uhr auf dem Bahnhof anzutreten hatten. Im ordnungsgemäß gepackten ‚Affen' (Rucksack der Hitlerjugend) musste Kleidung, Unterzeug, Hemden, Uniform vorhanden sein. Pardon gab's nicht. Selbst einflussreiche Familien liefen vergeblich Sturm, um ihren Sohn davon zu befreien. Es ist mir heute noch ein Rätsel, wie Hunderte von Müttern und Vätern innerhalb weniger Stunden alles ordnungsgemäß beschaffen konnten.

Ab nächsten Morgen lief der Drill, den wir schon von unseren Hitlerjugendtreffen kannten. Antreten auf dem Bahnsteig, Abzählen, Namen abhaken, ab in den Zug und so ging's nach Haldem bei Lemförde (nahe Dümmersee). Dort in umgekehrter Reihenfolge das Gleiche, Gruppenzimmer beziehen, Spind einräumen, Betten bauen, in die Ordnung dieser Erziehungsanstalt einweisen. Die uns beaufsichtigenden Personen waren höhere Fähnleinführer, verwundete Soldaten, Gefreite oder Unteroffiziere. Die Tage verliefen ziemlich gleichförmig, Wecken, Aufstehen, Fahnenappell, Frühstück, nationalsozialistischer Erziehungsunterricht, Sport mit Mutproben, Nachtmärschen, Abhärtungstests, Wache schieben, sicher auch normaler Unterricht, jedoch weniger in den klassischen Fächern Latein, Mathematik als vielmehr Deutsch, Rechtschreiben, Erdkunde. Ich kann mich nicht erinnern, dass bei den Exerzierübungen, Sport- oder paramilitärischen Disziplinen prinzipiell ein Altersunterschied gemacht wurde, ob einer zehn oder 14 Jahre war. Meines Wissens wurden wir genauso einbezogen wie alle andern. Einzelheiten sind mir wenig in Erinnerung geblieben. Einiges jedoch ist unvergesslich:

Zwei Jungens aus dem gleichen Jahrgang wurden mit nacktem Oberkörper gegenübergestellt und ihnen entlaubte Zweigbüschel, also Reisig, in die Hand gedrückt. Mit denen hatten sie aufeinander loszuschlagen. Wer zurückwich, war feige, also hatte er mit größerem Mut als der Andere auf diesen zu schlagen. Zurückweichen war ohnedies keine Lösung, denn hinter jedem stand ein Erzieher mit einer langen Stange, mit der er den Zurückweichenden in den Rücken stieß. Dermaßen in die Zange genommen, nahm man seinen Mut zusammen und drosch so lange auf den Anderen ein, bis die Übung zu Ende war.

Eine andere mir in Erinnerung gebliebene Erziehungsübung: Mitten im Park war ein Teich. Quer über den Teich wurde ein kräftiger Strick gespannt und wir hatten nacheinander am Strick entlang über den Teich zu hangeln. Wohlgemerkt, es war waren noch kühle Frühjahrstage und wer fiel, fiel ins kalte Wasser. Da wir nun nicht sehr ungeschickt waren, kamen die meisten auch über den Teich, ohne hineinzufallen. Das war nicht im Sinn der beaufsichtigenden Erzieher. Also wurde der Strick mit Schmierseife eingeschmiert. Nun war die Quote der ins Wasser Fallenden mehr in ihrem Sinne. Leider kamen wir Jüngeren erst später dran, so dass mir die Bekanntschaft mit dem kalten Wasser auch nicht erspart blieb. Jedenfalls kamen wir nach sechs Wochen wieder heil und leidlich gesund zu Hause an. Und was mich betraf, begann das normale Leben wieder, wie gewohnt.

Was hat diese Aktion nun für Folgen gehabt? Ein Fazit möchte ich über das Anekdotische hinaus doch ziehen, wobei ich zwei Antworten gebe, eine persönliche und eine über die gesamte Situation.

Persönlich haben mich diese sechs Wochen nicht sehr beeindruckt. ‚Erzogen' im nationalsozialistischen Sinne wurde ich sicherlich nicht. Die Zeit der Ertüchtigung im sportlichen und kameradschaftlichen Sinn, unter dem Gesichtspunkt der Abhärtung und des Muthabens war sicher gut und gerade zum richtigen Zeitpunkt, um aus einem Kind einen Jugendlichen zu machen. Gestört hat mich, daran kann ich mich sehr genau erinnern, die plumpe Vordergründigkeit, zu welchen Zielen wir erzogen werden sollten. Eine subtile ‚Erziehung' Gymnasiasten gegenüber konnte von biederen Gefreiten und Unteroffizieren mit Fronterfahrung auch nicht erwartet werden. Insofern verpuffte der Erfolg. Bis heute ist mir in Erinnerung geblieben, auf welch plumpe Weise die Namen für mich anerkannter Personen verunglimpft wurden. Als Beispiel möge der im Park herumlaufende Esel genannt werden, der ostentativ ‚Clemens August' gerufen wurde. Clemens August war der unerschrockene Kanzelprediger während des Hitler-Regimes, Bischof von Münster und spätere Kardinal, und dementsprechend im Regime unbeliebt. Ähnliche Beispiele gab es mehrere. Dass mich das störte, scheint mir aus heutiger Sicht wohl in der beginnenden Entwicklungsphase, selber zu denken, gelegen zu haben.

Doch gab es auch noch die Dimension der Schule, der Lehrer, der Erzieher im Internat, wo viele Schüler aus dem Ruhrgebiet untergebracht waren. Diese Folgen waren gravierend für nicht wenige von ihnen an Leib und Leben. Die Gestapo schloss die Schule bis auf die Sexta, alle Schüler der höheren Klassen, soweit sie nicht eingezogen worden waren, mussten sich nach anderen Schulen umsehen, um ihre Ausbildung weiter zu führen. Mein Bruder auf der Quinta hätte an jedem Tag mit dem Zug nach Dülmen, rund 20 Kilometer entfernt, fahren müssen. Das war jedoch wegen der ständigen Tieffliegerangriffe sehr gefährlich. Züge auf freier Strecke waren für Jabos (Jagdbomber) ein beliebtes Ziel für Tieffliegerangriffe. Sobald ein solcher Angriff bemerkt wurde und der Zug auf freier Strecke hielt, sprangen alle Reisenden blitzschnell aus dem Zug in den nächsten Graben, um ihr Leben zu retten, denn die Geschosse durchschlugen die Scheiben. Nach dem Angriff einsteigen und weiterfahren. Diese Angriffe häuften sich in jener Zeit und meine Eltern hielten es für besser, meinen Bruder zurück in die Sexta zu versetzen, als ihn ständig in einer solchen Gefahr zu wissen. Somit waren wir beide für einige Zeit zusammen und immer in der höchsten Klasse.

Der Schuldirektor, einige Studienräte, auch der Religionslehrer, der Leiter des Internats – er war Jesuit – und einige Erzieher wurden inhaftiert und kamen in ein Konzentrationslager, die meisten nach Dachau. Dort sind einige gestorben, andere kamen körperlich und geistig gebrochen nach Kriegsende wieder nach Hause. Die zur Flak und anderen Einheiten eingezogenen Schüler der höheren Klassen durchliefen die paramilitärische und militärische Schiene. Es waren ja noch zwei Jahre Kriegszeit mit zunehmendem Bedarf an jungen Soldaten. Nicht wenige Familien in der kleinen Stadt hatten dadurch den Verlust ihres Sohnes ‚auf dem Felde der Ehre' zu beklagen.

Die vermeintlich kleine Ursache von Dumme-Jungen-Streichen hatte letzten Endes einschneidende Folgen für Schule und Schüler, für Lehrer, Erzieher und Familien gehabt, die bis hin zum Verlust des Lebens gingen. Doch war der anti-nationalsozialistische Ausbruch an jenem Tag in der Schule nichts anderes als die Manifestation einer christlichen Geisteshaltung von Elternhäusern und Lehrern.

Solche in der kleinem Zelle der Familie verborgenen Einstellungen, basierend auf der christlichen Werteordnung, können von keinem totalitären System geduldet und mussten mit aller Konsequenz ausgemerzt werden. Kein Wunder, dass wir – ich war am Kriegsende 13-jährig – die für uns neuen demokratischen Spielregeln begeistert begrüßt haben.

Die Osterwoche 1945. Das Kriegsende im Frühling.

Es war Frühling, im April, die Osterwoche hatte schon begonnen. Es war Frühling von einer solchen Pracht, wie man es inzwischen nur in den Heimatfilmen geboten bekommt. Die blanke Sonne lachte schon seit Tagen vom Himmel, die Bäume prangten im frischen jungen Blättergrün, überall am Wege, in den Hecken und Gärten blühte es an Blumenpracht in allen Farben. Jeder Morgen lockte mit einem Konzert von Vogelstimmen, als ob sie es mit den herrlichsten Kompositionen aufnehmen wollten.

Aber es war das Jahr 1945, nur noch wenige Tage waren es bis zum Ende des mörderischen Krieges. Jeder wusste es und richtete sich darauf ein, keiner redete davon, um sich und seine Familie nicht noch in den letzten Tagen in Gefahr zu bringen. Auch mit Nachbarn und Freunden, wenn man sie so kannte, wie man sich nach jahrelanger Freundschaft kennt, war ein Austauschen möglich, wie man sich verhalten sollte. Wir in unserer Familie, sechs Kinder, zwei „ausgebombte" Großmütter und eine ohne Habe aus Litzmannstadt (heute wieder Łódź, Polen) geflohene Tante, hatten mit den Eltern schon seit Monaten im Keller geschlafen. Auch sonst war der Keller eine Art Fluchtburg, die die Erwachsenen und wir halbwüchsigen Kinder (14, 13 und zehn Jahre) nur zeitweise verließen, um Notwendiges, wie Essen kochen, notdürftig waschen oder Besorgungen zu erledigen. Die Schule hatte schon lange aufgehört. Alle waren bedrückt, beschäftigt zwar, um das Notwendigste zum Leben zu besorgen, aber in der nervlichen Belastung angespannt. Man fühlte sich, wie in einer unausweichlichen Situation eingesperrt.

Dabei war es uns im Kriege in dem kleinen münsterländischen Städtchen noch gut gegangen. Kriegseinwirkungen hatte es wenige gegeben, die Schäden waren gering. Natürlich waren alle Belastungen und Einschränkungen, wie knappe Lebensmittel, Mangelversorgung, auch dort zu spüren. Aber die Auswirkungen auf den Einzelnen waren geringer, weil Nachbarschaftshilfe, gute Kontakte und Aushilfe in der Landwirtschaft sowie manches ‚schwarze' Geschäft die Folgen abmilderte.

Ich weiß noch genau, wie mein Vater, als großstädtischer Apotheker die einzige Apotheke des Ortes übernehmend, sich in die ländliche Versorgung mit Arzneimitteln und allem, was sonst in der Apotheke war, zurechtfinden musste. Eine riesige Flasche mit Labessenz hatte er im Keller vorgefunden, was sie dort sollte, war ihm unklar. Das änderte sich schlagartig, als ein Bauer mit der Selbstverständlichkeit eines Wissenden, eben diese Essenz forderte. Meines Vaters Nachfrage, was er damit machen wolle, elektrisierte ihn. „Käse, natürlich" war die Antwort und von Stund an wurde Labessenz nur herausgegeben gegen das Versprechen, einen Laib Käse aus der bäuerlichen Produktion in der Apotheke abzuliefern. Noch heute habe ich den leckeren Geschmack des frisch bereiteten Käses im Mund.

Die Pracht des aufbrechenden Frühlings war in jenem Jahr wie eine Explosion der Natur. Alle empfanden, wie sehr jegliches Leben aus dem Boden hervorbrach, wie die farbenfrohe, jubilierende, von frischem Grün strotzende Natur gleichsam zur Metapher für den Begriff ‚Leben' stand. Es war, als wolle die Welt um uns herum ein Gegenbild zu den grauenvollen Zerstörungen, zu den Nachrichten von Tod und Verderben schaffen. Und doch gab es immer noch einige im Ort, die durch ihre ‚Verteidigung' die unaufhaltsame Walze amerikanischer Truppen an Menschen und Material stoppen wollten. Überall im Land sind solche oft glücklich, manchmal unglücklich ausgegangenen Konfrontationen mit den nationalsozialistischen Uniformträgern bekannt geworden, wenn besorgte Bürger einer Stadt die weiße Fahne vom Kirchturm hissen wollten, während die letzten Unentwegten noch an der Verteidigungslinie bauten. So war es natürlich auch in Lüdinghausen und das Hin und Her der Befehle, Parolen, Gerüchte und vertraulichen Informationen lief in jenen Tagen in immer schnellerem Wirbel durch die Stadt. Da war es klar, dass mein Vater seine Familie und die ihm Anvertrauten zuerst einmal in Sicherheit bringen wollte. Das war auf dem Hof einer befreundeten Bauernfamilie, der nach den gegebenen Umständen als der sicherste Hort galt, am besten gegeben.

Einige Tage vorher wurden mit einem geliehenen Pferdefuhrwerk Matratzen, Wäsche und sonstige Habseligkeiten dorthin gebracht, wobei der Weg möglichst durch die Wälder führte, um den überall lauernden Tieffliegern auszuweichen, die auf alles schossen, was sich bewegte.

Am Gründonnerstag war es so weit. Als die vorrückenden Amerikaner sich auf einige Dutzend Kilometer der Stadt genähert hatten, wurden auf gleichem Wege per Pferdefuhrwerk die Großmütter, der zweijährige Säugling, die kleineren Kinder und restliche Habe zum Hof befördert, die anderen Kinder gingen die sechs Kilometer zu Fuß, wobei wir Älteren einen übergroßen Bollerwagen mit letzten persönlichen Sachen zu ziehen hatten. Auf dem Hof ging es zu wie „im Nachtlager zu Granada", weil in allen Stuben und Kammern der Bauernfamilie zahlreiche aus der Stadt geflüchtete Familien hausten. Auf die gleiche Idee wie wir waren natürlich auch andere Menschen gekommen. Den Bauern ist heute noch für ihre selbstverständliche christliche Nächstenliebe zu danken. Überall Matratzen auf dem Boden, halb ausgepackte Koffer und Pappkartons, die laufende Versorgung der kleinen Kinder und der anderen Angehörigen blieb auch nicht ohne Spuren. Aber wir hatten ein sicheres Gefühl, das uns auch von unserer tapferen Mutter und den anderen Erwachsenen vermittelt wurde.

In der Nacht zum Karfreitag ereignete sich etwas Schreckliches. Die vorderste Kampflinie war schon in unmittelbare Nähe gerückt und wir konnten den Lärm von Panzern, Waffen und Autos in der Ferne hören. Gelegentlich fielen Schüsse. Alle duckten sich in ihre Kissen oder sonstige Ecken. Da klopfte es an die Tür, aber statt der erwarteten Amerikaner kam der junge Kaplan der Stadtkirche, Betreuer der Messdiener und bei ihnen allen beliebt, zusammen mit zwei Frauen herein. Die große Besorgnis aller, warum er bei solcher Gefahr noch draußen herumliefe, mündete in die beschwörenden Bitten, doch zu bleiben. Der Kaplan jedoch war wie von einer unbekannten Unruhe getrieben, lief herum und murmelte fahrig, dass er den Krieg nicht überleben würde. Unsinn sei das, so wurde auf ihn eingeredet, in wenigen Stunden sei alles vorbei. Nach ein, zwei Schnäpsen stürmte er wieder weiter, er ließ sich auf keinen Fall halten. Die beiden Frauen waren ihm vorsichtig gefolgt. Da fiel ein gewaltiger Schuss, viel lauter als das sonst gewohnte Gewehrfeuer, und wenige Minuten später waren die Frauen wieder zurück, aschfahl, das Entsetzen stand ihnen ins Gesicht geschrieben. Der Kaplan war tot, eine Panzerfaust hatte ihn von hinten durchbohrt, nachdem er auf den Anruf eines amerikanischen Soldaten nicht reagiert hatte und weitergestürmt war.

Nicht zuletzt dieses Ereignis hat mir den Abend so tief ins Gedächtnis eingegraben, dass ich bis heute mich an viele Einzelheiten so gut erinnern kann. Für mich als 13-Jährigen war nicht so sehr der Tod des Kaplans ein Schock, als vielmehr die Begleitumstände. Die Grausamkeit des Todesschusses, die unerklärliche Unruhe, die Sinnlosigkeit haben mich noch lange verfolgt und sind mir bis heute ein Synonym dafür geblieben, dass nicht alles im Leben planbar, messbar, rational steuerbar ist, sondern immer auch ein Rest an Unwägbarem, Unerklärbarem bleibt.

Die amerikanischen Truppen marschierten die ganze Nacht durch mit Panzern, Kettenfahrzeugen, LKW und Jeeps in der Nähe vorbei, pochten an die Tür des Bauernhauses, kontrollierten alle Räume nach Waffen und deutschen Soldaten und zogen weiter, als sie die Familienhäuflein auf den Matratzen vorfanden. Am nächsten Morgen stand der ganze Hof voller Militärwagen und es wimmelte von GI's, die sich an der Pumpe wuschen, sich verpflegten und ihrem Soldatenalltag nachgingen. Erste Erfahrung: Sie waren sehr freundlich zu uns Kindern und verteilten freigebig Schokolade und andere Süßigkeiten, was schlagartig mein Feindbild veränderte. Alle auf dem Hof waren gelöster als am Vortag und fröhlicher. Es war, als sei man von einem Albtraum erlöst. Dennoch blieb das Bewusstsein, dass wir ja noch in einer Zone brisanter Gefahr lebten. In in der Nacht und auch am folgenden Tag waren in Hörweite Kampfhandlungen und Schüsse zu vernehmen. Und über allem dieser herrliche Frühlingstag mit seinem klarblauen Himmel, der aufbrechenden Natur und den unbekümmert jubilierenden Vögeln.

Inzwischen hatten wir über die letzte Telefonverbindung, ehe sie abgeschaltet wurde, von meinem Vater gehört, dass im Städtchen und auch in der Apotheke alles gut abgelaufen war. Zum Nachmittag, Karsamstag, wollte unsere couragierte Tante sich allein auf den Weg machen, um uns abzuholen. Sofort begannen die Vorbereitungen. Die wichtigsten Sachen einpacken und auf den Bollerwagen verstauen, der Rest und die Matratzen ordentlich beiseite legen, sie sollten später mit dem Pferdewagen abgeholt werden. Überlegungen und hitzige Diskussion, wie wir unsere gehbehinderte Großmutter mitbekommen sollten. Ein vorsichtig geäußerter Vorschlag, sie solle so lange auf dem Hof bleiben, bis das Pferdefuhrwerk sie mitnehmen könne, wurde von ihr mit einem derart energischen Aufbegehren abgelehnt, wie wir es von der zarten Person überhaupt nicht erwartet hatten. Eine Widerrede war danach nicht mehr möglich. Das war also vom Tisch, nicht aber das Problem, wie wir Großmutter und Säugling per Bollerwagen durch die feindlichen Linien bringen sollten. Schließlich die Lösung: Oma wurde in gemeinsamer Anstrengung auf den prall gepackten Wagen gehievt und mit Stricken festgezurrt. Ihr in den Schoß der Zweijährige und ebenfalls locker festgebunden.

Als die Tante ankam, mussten zunächst die wichtigsten Neuigkeiten über den Ablauf des Einmarsches der Amerikaner berichtet werden. Wie sah es in der Stadt aus? Gab es eine Sperrstunde? Hatte es Verluste gegeben? Welches Schicksal hatten die letzten Unentwegten des Regimes genommen? Und dann ging es auf den sechs Kilometer langen Heimweg in die Stadt. Die groteske Komik dieses Zuges stand in einem so krassen Widerspruch zu unseren Gefühlen, unserer Angst, zu der von uns so empfundenen Unausweichlichkeit unseres Schicksals, dass ich heute noch denke, es ist unwirklich, so etwas kann gar nicht geschehen.

Voran mein 10-jähriger Bruder mit einem Stock und einem weißen Laken daran, dann wir beiden Ältesten, die den Bollerwagen zogen, auf dem die festgebundene Großmutter mit dem Kleinkind saß, meine Mutter und die Tante schoben den schweren Wagen von hinten. Die andere Oma lief mit den beiden kleinen Schwestern nebenher. Zuerst ging alles gut, da wir, durch Wald geschützt, einige Kilometer unbemerkt unseren Weg nehmen konnten. Sobald wir jedoch auf einer freien Fläche waren, hatten wir höllisch auf Tiefflieger, nun teilweise deutsche, aufzupassen. Sobald wir auch nur in der Ferne das uns gut bekannte Geräusch hörten, das wir sehr wohl von anderen Flugzeuggeräuschen unterscheiden konnten, suchten wir schnell eine Deckung. Das hieß, im Schweinsgalopp in den nächsten Wald laufen, den Bollerwagen mit seiner Fracht hinter uns her ziehend. Wenn ein schützender Wald nicht schnell genug zu erreichen war, blitzschnelles Abbinden von Kleinkind und Oma, sie herunterheben und in den nächsten Graben werfen. Nach dem dritten und vierten Mal einer solchen Aktion klappte das immer besser.

Um nicht missverstanden zu werden, die Komik dieser Situation hatte durchaus ihren ernsten Hintergrund: es wurde auf uns geschossen. Das Gefühl, im Graben zu liegen und seinen Rücken schutzlos einer solchen Attacke ausgesetzt zu wissen, habe ich bis heute nicht vergessen. Dementsprechend waren wir, auch wir Halbwüchsigen, mit unseren Nerven bis zum Reißen gespannt.

In dieser Situation bemerkten wir, dass die uns zu Fuß begleitende Oma, die auf die beiden Schwestern aufzupassen hatte, anfing, die reichlich im Wald wachsenden Primeln zu sammeln. Meine beiden Schwestern halfen ihr mit großer Begeisterung dabei. Ihre Unbekümmertheit stand in einem krassen Gegensatz zum Ernst der Lage. Dabei hatte sie ihre Fürsorge für die beiden Kinder nicht vernachlässigt. Selbstverständlich sprang sie ebenso in den Graben wie wir, wenn es nötig war. Es ist wohl kaum vorstellbar, was im Herzen meiner Mutter in dem Moment vorging. Jedenfalls merkte man ihr an, dass sie dies kaum ertragen konnte. Entsprechend harsch wies sie ihre Mutter zurecht, was diese jedoch nicht ernsthaft beeindruckte. Bei einer derartigen Schutzsuche im Graben waren die Flugzeuge so schnell herangekommen, dass wir Großmutter und Säugling auf dem Wagen nicht mehr losbinden konnten. Das Ergebnis war, dass wir alle im Graben lagen, nur die beiden thronten aufrecht auf dem Wagen. Der Angriff ging vorüber, gottlob war nichts passiert, beide saßen immer noch aufrecht auf dem Wagen und uns wurde erst jetzt das ganze Drama bewusst.

Inzwischen hatten wir uns schon bis auf einen Kilometer dem Stadtrand genähert und hofften nun bald im Schutze der Häuser besser und unbehelligt ins Zentrum zu gelangen. Wir waren gerade an einer Straßenkreuzung, da kam uns eine Kolonne amerikanischer Jeeps und LKW entgegen. Mein Bruder wurde ermahnt, die weiße Flagge noch höher zu tragen und wir näherten uns der Kolonne mit gesenktem Blick. Als wir auf gleicher Höhe mit dem ersten Wagen waren, hielt die Kolonne an. Ein pechschwarzer GI stieg aus, Kaugummi kauend, aus seinem runden Gesicht grinsten uns seine weißen Zahnreihen und das Weiße seiner Augen an. Er stellte sich an seinen Wagen, nahm die Waffe von der Schulter und legte sie in unsere Richtung auf den Unterarm. Unsere Fantasie, was nun mit uns geschehen werde, produzierte augenblicklich die schlimmsten Schreckensbilder, die Angst ließ uns steif werden im Nacken und keiner sagte ein Wort. Wir taten das Beste, was in solchen Fällen zu tun ist, wir gingen weiter, vorbei dicht an der aufgepflanzten Waffe und dem grinsenden und kauenden schwarzen Gesicht. Solange uns keiner auffordert, anzuhalten, so dachten wir, bleiben wir in dem Zustand, der uns der Beste schien, und das war das Weitergehen nach Hause. Endlos schien uns die Kolonne, aber schließlich war sie doch zu Ende. Wir erreichten bald das Weichbild der Stadt und damit ihre schützenden Häuserfronten. Noch einige Straßen waren es, die wir unbehelligt zu gehen hatten. Das Herz schlug uns bis zum Halse, denn inzwischen war die Sperrstunde angebrochen. Durch die Verzögerungen bei den Angriffen hatten wir mehr Zeit verbraucht als wir vorher gerechnet hatten. Schließlich wussten wir einen Tag nach dem Einzug der fremden Besatzungstruppen noch nicht, wie sie sich verhalten würden. Jeder Bürger war daher peinlich bemüht, die erlassenen Anordnungen einzuhalten, um so weniger in die Gefahr zu geraten, unangenehm aufzufallen. Die letzten inzwischen menschenleeren Straßen konnten wir aber unbehelligt passieren und wurden von unserem Vater mit größter Erleichterung empfangen.

Und auch das geschah: „Fraternisation"
oder einfach nur Menschlichkeit?

Einige Wochen waren nach dem Kriegsende 1945 ins Land gegangen. Das Leben für die Bürger in der kleinen Stadt Lüdinghausen im Münsterland begann sich zu normalisieren, zumindest im Rahmen des Arrangierens mit den überall im Stadtgeschehen befindlichen Besatzungssoldaten. Eine notdürftige eigene Verwaltungsstruktur war aufgebaut, bürokratische Maßnahmen, durchaus auch unsinnige oder widersprüchliche, seitens der Besatzungsbehörden mussten befolgt werden und noch längst nicht war das Erinnern an das wenige Wochen vorher noch reale Kriegsgeschehen verblasst.

Aber es hatte sich etwas geändert. Die bedrückten Minen in den letzten Wochen vor Kriegsende waren fröhlicheren Gesichtern gewichen. Es ging in einer kaum wirklich fassbaren Weise aufwärts, wozu sicher auch die gerade in den ersten Monaten geringer gewordene Sorge um das tägliche Brot beigetragen hatte. Das war sogar wörtlich zu nehmen, denn solches hatten wir reichlich, wenn auch in Form des für uns ungewohnten weißen Brotes. Zu essen gab es in jenen Wochen genug. Karge Zeiten mit dem Maismehlbrot, Oel aus mit Schwarzbrot ‚geschmacksneutral' gemachten Lebertran und endlos auftauchenden Gemüse-Eintöpfen kamen erst später.

Mein älterer Bruder mit 14 und ich mit 13 Jahren lungerten in der Stadt herum, trafen uns mit Freunden und heckten allerlei harmlose Spielereien aus, so wie Halbwüchsige dies in dem Alter halt tun. Dass dies jedoch nicht in jedem Fall harmlos war, bekamen wir zwar mit, hat uns aber nicht nachhaltig beeindruckt, wohl aber unsere Eltern. So entsinne ich mich, dass das große Schwimmbecken der örtlichen Badeanstalt als Ablageplatz für weggeworfene Waffen gedient hat und auch der eine oder andere Unfall passierte, wenn daraus etwas geklaut und damit hantiert wurde. Noch heute habe ich eine Narbe an der Backe, als eine Schreckschusspatrone, die wir ins Feuer geworfen hatten, explodierte und die Hülse in eben diese Backe geschleudert wurde. Das größte Problem hatte ich zu Hause, zu erklären, warum ich so stark an der Backe blutete. Ich bin sicher, dass mir damals meine Erklärung nicht geglaubt wurde.

Ziemlich brisant wurde es, als wir mehrere deutsche Feldtelefone mit reichlich Telefondraht fanden, die uns zur Verlegung zwischen den Häusern mehrerer Freunde hindurch und über einen alten Judenfriedhof hinweg reizten. So konnten wir uns miteinander verständigen, auch wenn die leidige Sperrstunde schon angebrochen war. Das hatten Soldaten der Besatzungstruppen beobachtet und sofort daraus geschlossen, dass es sich hier nur um eine Truppe des „Werwolf" handeln könnte. Unter dem Namen waren damals jugendliche Partisanen bekannt und von den Amerikanern gefürchtet. Es war deshalb aus ihrer Sicht völlig richtig, aus unserer jedoch unverständlich, dass der Friedhof plötzlich von einer Einheit umstellt wurde und wir unsanft auf Pritschenwagen befördert und barsch ins örtliche Gefängnis transportiert wurden. Es ging wie ein Lauffeuer durch die kleine Stadt, dass die Söhne des Bürgermeisters, des Lehrers, von achtbaren Handwerkern und Kaufleuten, vom Arzt und Apotheker im Gefängnis saßen. Es war ja nicht ohne Gefahr, was passieren würde, da ja das Kriegsende nur wenige Wochen hinter uns lag. Und so kam es, dass eine Abordnung von Bürgern den Kommandanten aufsuchte, um ihn von der Harmlosigkeit der Jungenschar zu überzeugen. Ich kann mich noch erinnern, dass er sich zunächst sehr unzugänglich gab, wohl aus erzieherischen Gründen, und schließlich uns doch wieder freiließ. Heute kann ich die Sorge unserer Eltern besser nachvollziehen als damals.

Ich habe von allen Erinnerungssplittern diese wenigen erzählt, um die Stimmung zwischen Besatzern und Bürgern zu zeichnen, zwischen denen unbekümmerte Halbwüchsige sich bewegten und für manche Unruhe sorgten. Wir hatten uns ja auch mit Besatzungssoldaten angefreundet und mit ihnen nationalsozialistische Abzeichen und andere Souvenirs gegen die damalige Einheitswährung, die Zigarette, getauscht. Da wir diese wieder verkauften, hatten wir immer reichlich von dem wertlosen Geld in der Tasche. Der einzelne GI war uns vertraut, den höheren Chargen begegneten wir jedoch mit misstrauischem Respekt.

Mit einem aus den höheren Chargen sollten wir jedoch bald in näheren Kontakt kommen. Bei der Besatzungstruppe gab es einen Major, der für die Kommunikation der einzelnen Truppenteile verantwortlich war. Das vorhandene Telefonnetz war unzulänglich, teilweise zerstört und völlig überlastet. US-eigene Kabel waren also notwendig. Der Major war also ständig unterwegs und musste mit Deutschen verhandeln, was ihm fast unmöglich war, da er die deutsche Sprache nicht beherrschte. Folglich suchte er mit einer Anzeige einen Dolmetscher, der ihn für die Kontakte mit deutschen Bürgern begleiten sollte. Diese Anzeige hatte einen überwältigenden Erfolg, meldeten sich doch stellungslose Englischlehrer, gut englisch sprechende Angestellte, ältere Damen mit erworbenen Englischkenntnissen. Mein älterer Bruder überraschte meine Eltern mit der Mitteilung, dass er sich auch auf die Anzeige melden würde. Er war in den zwei Jahren seiner schulischen Englischlehre wenig als fleißiger Schüler aufgefallen, dafür jedoch mit einem beneidenswerten Selbstbewusstsein begabt. Die Reaktion meiner Eltern war normal: Sie fielen aus allen Wolken, legten ihm jedoch nicht allzu viel in den Weg in der sicheren und beruhigenden Annahme, durch seine mangelnden Englischkenntnisse würde sich die Bewerbung von selbst erledigen.

Dies erwies sich jedoch als Trugschluss. Aus mir heute noch unerfindlichen Gründen hatte sich der Major für ihn entschieden und ihn allen anderen, bei weitem besser Qualifizierten, vorgezogen. Meine Eltern waren um eine Erfahrung reicher und überließen ihren 14-jährigen Ältesten, nicht ohne Sorge in den wirren und unklaren Zeiten, einem unbekannten Major und einem stets grinsenden farbigen Fahrer, dessen freundlich leuchtende Augen und blendend weiße Zähne im kreisrunden pechschwarzen Gesicht uns immer in Erstaunen versetzten. Mein Bruder Hans-Jürgen wurde morgens von ihm abgeholt und nachmittags wohlbehalten wieder abgeliefert. Uns anderen fünf Geschwistern war der ‚Job' meines Bruders, wie man das seitdem zu nennen pflegte, äußerst sympathisch, brachte er uns stets von seinem Überfluss an Schokolade, Keksen, Bonbons, Kaugummi (sehr begehrt!) mit. Wenige Wochen nach Kriegsende waren das unbekannte neue Güter, gaumenfreudige Entdeckungen. Auch Zigaretten waren hin und wieder dabei, für meine Eltern ein angemessener Ausgleich für ihre Sorgen, für uns eine willkommene Einnahmequelle, da wir stets darauf wartende Abnehmer hatten.

Ganz unbegründet werden die Sorgen meiner Eltern nicht gewesen sein. Hans-Jürgen erzählte gelegentlich von der abenteuerlichen Fahrweise des Schwarzen. Man stelle sich einen amerikanischen Jeep mit einem Major und einem 14-jährigen Jungen auf engen münsterländischen Sträßchen, die vielfach noch ungeteerte Schotterwege waren, vor. Der Fahrer bewegte das Lenkrad mit den Füßen und sang aus vollem Halse amerikanische Gassenhauer! Es müssen nicht immer gemütliche Fahrten gewesen sein. Auf jeden Fall passierte nie ein ernsthafter Unfall, was nicht zuletzt auf den äußerst geringen Verkehr in jenen Monaten zurückzuführen ist.

Ständig musste mit deutschen Landwirten verhandelt werden, um neue Leitungen zu ziehen, Ortsbehörden wurden informiert und bürokratische Hindernisse waren zu beseitigen. Mein Bruder schien seine Übersetzungsfähigkeiten wohl erfolgreich an den Mann gebracht zu haben, denn alle waren zufrieden. Der Major hatte inzwischen den jungen Deutschen in sein Herz geschlossen, er kam öfter in unser Haus, wurde auch schon mal eingeladen und versicherte meinen Eltern stets, dass er ein wachsames Auge auf ihn habe. Ein so sympathischer amerikanischer Offizier wurde von uns anderen Geschwistern sofort umlagert, sobald er auftauchte und wir wetteiferten, ihm unsere besonderen Sachen zu zeigen. Wir Älteren empfanden instinktiv, dass es sich hier nicht um eine ‚Fraternisation' (*verbotene Verbrüderung*) handelte, sondern um das Entstehen einer menschlichen Beziehung über die bisherigen Feindgrenzen hinweg. Wie schnell eine solche Beziehung zu peinlichen Schrecksekunden führen konnte, zeigt das folgende Erlebnis:

Mein jüngster Bruder, der Letzte von sechs Kindern, war zwei Jahre alt und ließ sich vom lebhaften Bestreben seiner älteren Geschwister anstecken, dem uns fremdartig anmutenden Offizier alle unsere wichtigen Spielsachen zu zeigen. Dessen Vertrautheit mit unserem ältesten Bruder ließ uns unsere Scheu verlieren und wir spürten seine Kinderliebe. Nun hatten wir in den Jahren vorher natürlich Spielsachen entsprechend der damaligen Zeit, also auch Soldatenfiguren mit den Uniformen der NS-Zeit. Bei diesen waren auch Offiziere, selbstverständlich auch in den braunen Uniformen der NSDAP sowie ziemlich getreu nachgebildete höchste Generäle des Generalstabs und Parteigrößen, wie Hitler, Göring, Himmler und andere. Man konnte sehr genau erkennen, wer dargestellt war. Meine Eltern waren ängstlich darauf bedacht, solche anstößigen Figuren vor den Besatzungstruppen zu verbergen, hatten sich aber nicht getraut, sie zu zerstören, sondern ‚ganz sicher' in einen alten totgelegten Kaminabzug verborgen. Alle älteren Kinder wussten Bescheid, aber keiner rührte unsere früheren Schätze an. Ich weiß nicht mehr, wieso der kleine Zweijährige davon wusste, geschweige überhaupt an das Versteck gelangen konnte. Jedenfalls tauchte er plötzlich auf, als wir alle um den Major herumstanden und uns wichtig machten, mit einer Hand voll solcher Figuren im Arm. Meine beiden Eltern erstarrten vor Schreck zur Salzsäule, wir Kinder wurden im selben Moment totenstill, gebannt erwartend, was nun passieren würde. Nur meine couragierte Tante schnappte sich die Figuren blitzschnell und verschwand damit. Der Major lachte und ich weiß bis heute nicht, ob er die Situation wirklich erkannt hat. Die brenzlige Situation hatte sich so aufgelöst, wie es ihr angemessen war, also als harmloser ‚Fehlgriff'. Doch war zu jener Zeit die Angst vor solchen unkontrollierbaren Begegnungen noch sehr groß, wusste doch keiner, wie ein Offizier wenige Monate nach dem Einmarsch reagieren würde, wenn plötzlich höchste NS-Größen auf dem Tisch standen, wenn auch im Kleinformat.

So ging der Sommer 1945 dahin. Die Schulen waren geschlossen, nicht nur wir Kinder, sondern auch die Bürger arrangierten sich nach und nach mit den durchziehenden und in Einquartierung befindlichen GI's. Mein Bruder wurde weiterhin regelmäßig abgeholt und versah seinen Dolmetscherdienst offensichtlich ohne größere Beanstandungen. Dieses Leben endete eines Tages mit der Versetzung des Majors, mit dem sich die Familie und vor allem wir Kinder bei seinen regelmäßigen Besuchen angefreundet hatten. Schließlich begann auch im Herbst die Schule wieder, der Unterricht, Schulaufgaben, Flanieren und alles das, was halbwüchsige Jugendliche so machten, nahm seinen normalen Lauf. Leider wurde das nachfolgende Jahr für meinen ältesten Bruder zu einer schweren gesundheitlichen Belastung, da man bei ihm eine Knochenmarksvereiterung in der rechten Schulter diagnostizierte. In regelmäßigen Abständen wurden ihm eiternde Knochenstückchen heraus operiert; er war gezwungen, mit einer Armstütze herumzulaufen und konnte den rechten Arm nur sehr begrenzt belasten, da die Verankerung der Armmuskulatur im rechten Schulterblatt nicht mehr genügend Halt zu finden drohte. Meine Eltern machten sich große Sorgen, da der Eiterungsprozess nicht zu stoppen war und die Kunst der Ärzte dort ihre Grenze fand, wo es für die deutsche Bevölkerung noch keinen Zugriff auf das allein helfende Penicillin gab. Die knappen Mengen standen nur den Besatzungsmächten und wenigen ausgewählten Patienten zur Verfügung. Diese Leidenszeit für meinen damals 15-jährigen Bruder dauerte mehrere Monate und muss für ihn eine arge Belastung seines Tatendranges gewesen sein, von dem er reichlich hatte. Eine Besserung der Situation war nicht in Sicht.

Irgendwann im Frühjahr oder Frühsommer 1946 kam der Major einmal wieder zur Stätte seines vorjährigen Einsatzes und besuchte natürlich auch seinen ‚Jürgen'. Er war bestürzt, ihn so behindert mit seiner Armstütze zu finden und ließ sich Verlauf und Dauer der Erkrankung ausführlich schildern. Die schweigende Aufmerksamkeit aller übrigen anwesenden Geschwister war ihm sicher und wir konnten beobachten, wie er das Gehörte, aufmerksam nachdenkend, bei sich verarbeitete. Und dann kam die Sensation, zumindest für uns Kinder: Er nähme den Jürgen mit und brächte ihn nach Marburg in das zentrale US-Militärhospital, um ihn dort mittels einer Penicillinbehandlung von seiner Staphylokokken-Infektion zu befreien. Er brauche nichts weiter mitzunehmen, als was er an Kleidung am Leibe habe, für alles andere würde er sorgen. Ein kurzes, aber heftiges Nachdenken meiner Eltern, denen aus der Rückschau nichts besseres passieren konnte. Und mit ihrer Zustimmung war er binnen einer halben Stunde auf dem Weg nach Marburg. Wie gesagt, auch dies war sicher nicht leicht für meine Eltern und schon gar nicht selbstverständlich. Dieser Entschluss zeigte von beiden Seiten schon das Ausmaß des Vertrauens, das sich in den Monaten seit Kriegsende aufgebaut hatte. Mir ist noch sehr gut in Erinnerung, dass es sich hier nicht um reine Philantropie handelte, sondern schon um ein gehöriges Maß an mitfühlender Teilnahme am Schicksal eines anderen Menschen.

Es bleibt noch nachzutragen, dass mein Bruder nach einigen Wochen wieder zu Hause war, ausgestattet mit Morgenmantel, Schlafanzügen, amerikanisch-modischer Kleidung und dem Clou: ein eigenes Radio, aus US-Militärbeständen mit blecherner Außenwandung, aber ein Radio. Das ließ ihn zwar hinsichtlich seines ohnehin nicht schwach ausgebildeten Selbstbewusstsein noch mehr abheben. Doch gönnten wir es ihm, waren wir doch froh, ihn gesund wieder zu haben. Mit Dankbarkeit erinnert er sich noch heute, mehr als 55 Jahre danach, dass die Ausheilung so vollständig war, dass weitere Eiterungen mit dem drohenden Verlust des Schulterblatts nicht mehr aufgetreten sind.

„Fraternisierung" oder selbstverständliche Menschlichkeit angesichts des Leids eines kranken Jungen? Ohne die emotionale Ebene zu sehr zu strapazieren, glaube ich, das Verhältnis des Majors zu dem deutschen 14-jährigen Jungen hatte sich während der Dolmetscherfahrten so entwickelt, dass die spontane Hilfsbereitschaft des Majors aus einem tief verankerten Impuls, zu helfen, entstanden ist. Ich bin heute überzeugt, dass dies dem christlichen Ethos, einem Bedürftigen zu helfen, ohne nach Kosten oder anderen Lästigkeiten zu fragen, entsprungen ist, genau so wie der Samariter des Evangeliums gehandelt hat.

Die Autoren

Dr. med. Franz Große, Everswinkel, wurde 1922 in Rimbeck/Westfalen geboren. Nach dem Abitur 1941 wurde er zur Kriegsmarine eingezogen, schlug die Offizierslaufbahn ein und kam 1945 in Gefangenschaft. Anschließend studierte Dr. Große Medizin, promovierte zum Dr. med. und absolvierte eine Facharztausbildung. Er ließ sich in selbstständiger Praxis in Everswinkel nieder.
Dr. Große ist verheiratet und hat zwei Kinder.

Dr. med. Hermann Twenhöven, Beckum, wurde 1920 als Achter von zehn Kindern geboren. Der Vater war Rentmeister und Generalbevollmächtigter Leiter eines großen Land- und Forstbetriebes. Dr. Twenhöven wuchs in einem sauerländischen 500-Seelen-Dorf auf, besuchte die einklassige Zwergschule, kam von dort in die Quarta eines Gymnasiums. Er wurde nach dem Abitur 1938 zur Wehrmacht eingezogen und 1946 aus der Kriegsgefangenschaft entlassen. Während des Kriegsdienstes leistete er einen großen Teil seines Studiums ab, Staatsexamen und Promotion folgten 1947. 1957 ließ er sich in Beckum nieder und baute die Frauenärztliche Abteilung am St.-Elisabeth-Hospital in Beckum, deren Chefarzt er war, aus.
Dr. Tewenhöven ist verheiratet und hat drei Kinder.

Lothar Ester, Warendorf, wurde 1925 in Würgendorf/Burbach (Siegerland) geboren. Nach dem Besuch der Gymnasien in Dillenburg und Brilon wurde er Soldat der deutschen Wehrmacht von 1943 bis 1945. Von 1945 bis 1948 war er Kriegsgefangener in der Bretagne. Er absolvierte das Studium der Pädagogik mit der Lehrbefähigung für Grund-, Haupt- und Realschule und wurde Rektor in Olsberg. Von 1966 bis 1990 war Lothar Ester Schulrat beim Regierungspräsidenten in Münster mit Sitz in Warendorf. Er ist Komtur im Ritterorden vom Hl. Grabe zu Jerusalem, Träger der Paulus-Plakette des Bistums Münster, erhielt die Silberne Pilgermuschel von Jerusalem, das Bundesverdienstkreuz und das Ehrenkreuz der Bundeswehr in Gold.
Lothar Ester ist verheiratet und hat zwei Kinder.

Erich Bomke, Beckum, wurde 1923 als Fünfter von sechs Kindern geboren. Er besuchte Volksschule und Oberschule für Jungen in Beckum und wurde im Juli 1942 zum Wehrdienst, zur Luftwaffe, einberufen, im Juni 1943 zur Infanterie abkommandiert. Die Umschulung fand in Marienburg statt. Gleichzeitig erfolgte die Ernennung zum Reserveoffiziersbewerber. Von Ende Januar 1944 bis April 1944 Fronteinsatz im Mittabschnitt der Ostfront und im Nordabschnitt Bezirk Narva. Nach einer Verwundung besuchte Erich Bomke einen Fähnrichlehrgang in Dresden, der mit der Ernennung zum Leutnant der Reserve abschloss. Anfang März 1945 folgte der Einsatz als Kompanieführer in der Einheit „Festung Stettin". Nach dem Krieg studierte Erich Bomke und übernahm von seinem Vater die Leitung der Firma Bomke und Bleckmann in Beckum. Ende der 60er-Jahre absolvierte er eine Ausbildung zum Diakon und war in der Pfarrgemeinde Beckum tätig. 1995 erhielt er das Bundesverdienstkreuz.

Erich Bomke ist verheiratet und hat drei Kinder.

Dr. Günther Drescher, Warendorf, wurde 1926 im nordmährischen Karwin geboren. Er wuchs auf Grund der wechselvollen Geschichte dieser Region in einer dreisprachigen Umwelt auf: Deutsch, Tschechisch und polnisch. Der Kriegseinsatz begann 1944. Bei Kriegsende 1945 geriet Dr. Drescher in russische Kriegsgefangenschaft, aus der er 1949 entlassen wurde.

In München studierte er Geschichte, Deutsch und Erdkunde, promovierte zum Dr. phil. und wohnt seit 1956 in Warendorf. Dort war er elf Jahre Studienrat am Gymnasium Laurentianum und von 1971 bis 1990 Oberstudiendirektor des Mariengymnasiums. Von 1980 bis 1994 war er Bürgermeister der Stadt und übte verschiedene ehrenamtliche Tätigkeiten in Verbänden und im Rat der Stadt aus. 1997 schrieb er Erinnerungen an seine Jugendzeit unter dem Titel „Geschichten aus dem Olsaland" nieder (Verlag Frieling & Partner GmbH, Berlin) und zeichnete damit ein einzigartiges, vielschichtiges Bild von der Atmosphäre des Grenzlandes im ehemaligen Piastenherzogtum Teschen. Er ist verheiratet und hat zwei Kinder.

Dr. Drescher ist Träger des Bundesverdienstkreuzes.

Die Autoren

Dr. Kurt Bomke, Beckum, wurde 1926 in Beckum geboren. Nach Volksschule und Gymnasium folgte 1943 Einzug zur Wehrmacht. Nach Entlassung 1947 aus Gefangenschaft studierte er von 1949 bis 1955 in Mannheim mit Abschluss und Promotion als Diplom-Kaufmann. Er wurde Unternehmer im Brennstoffgroßhandel und lebt heute im Ruhestand.

Dr. Bomke ist verheiratet und hat drei Kinder.

Heinz Dulisch, Warendorf, wurde 1936 in Allenstein geboren. Er absolvierte eine Banklehre und studierte anschließend Volkswirtschaft in Berlin und Münster. Seit 1965 war er bei der Deutschen Bank AG tätig unter anderem sechs Jahre als Leiter der Filiale Warendorf, anschließend in der Hauptfiliale Bielefeld, Kredit- und Firmenkundenabteilung. Seit 1983 bis zum Ruhestand war er Vorstandsmitglied der Volksbank Ahlen-Sassenberg-Warendorf eG.

Heinz Dulisch ist verheiratet und hat zwei Kinder.

Dr. Johannes Tovar, Beckum, wurde 1928 in Ahlen/Westfalen geboren. Von 1944 bis 1945 wurde er als Luftwaffenhelfer und Flaksoldat im Zweiten Weltkrieg eingesetzt. 1949 legte er das Abitur ab und begann im gleichen Jahr mit dem Studium der Veterinärmedizin in Hannover und Gießen. Von 1954 bis 1959 führte er eine tierärztliche Praxis. Seit 1959 war er Amtstierarzt im Kreis Beckum und seit dem Zusammenschluss mit dem Kreis Warendorf im Jahre 1975 Amtstierarzt und Leiter des Veterinär- und Lebensmittelüberwachungsamtes des Kreises Warendorf. Im Jahre 1993 wurde er als Leitender Kreisveterinärdirektor in den Ruhestand versetzt.

Dr. Tovar ist verheiratet und hat zwei Kinder.

Dr. Klaus Meyer, Oelde, wurde 1932 in Hamm/Westfalen geboren. Er ging zur Volksschule in Bochum, besuchte die Oberschule in Lüdinghausen bis 1952 und legte dort auch das Abitur ab. Es folgten Pharmazie-Studium in Marburg/Lahn bis 1957 und 1961 Promotion in München als Dr. rer.nat. Ein Jahr später gründete Dr. Meyer die „Wibbelt-Apotheke" in Oelde. Darüber hinaus war er in vielen Standesgremien ehrenamtlich tätig. Seine besondere Neigung gilt im Ruhestand der Geschichte der Pharmazie und der Seuchengeschichte. Durch seine zahlreichen, kompetenten Publikationen errang er sich einen über die Grenzen Deutschlands hinaus gehenden Ruf als exzellenter

Kenner der Pharmazie- und Seuchengeschichte. Seit 1996 ist er Präsident der Deutschen Gesellschaft für Geschichte der Pharmazie. 1997 wurde er in die „Akademie Internationale d'Histoire de la Pharmacie" berufen.

Dr. Meyer ist verheiratet und hat zwei Kinder.